本书是河北省社科联2017年度河北省社会科学重要学术著作出版资助项目；河北省金融创新与风险管理研究中心、河北省科技金融协同创新中心、河北省普惠金融研究基地和河北金融学院德融研究院2017年共同资助出版项目。

本书为2017年河北省社科基金项目"河北省农村金融扶贫效应、模式与绩效研究"（HB17YJ058）成果。

金融扶贫理论与实践创新研究

Study on theory and practice innovation of
financial poverty alleviation

王宁◎著

人民出版社

目　　录

前　　言

贫困是困扰人类社会经济发展和人类自身发展的重大问题。党中央一直高度重视扶贫工作。特别是近年来,在以习近平同志为核心的党中央的领导下,我国人民生活不断改善,脱贫攻坚取得决定性进展,6000多万贫困人口稳定脱贫,贫困发生率从10%以上下降到4%以下。但与此同时,深度贫困尚未根除,几千万贫困人口还没有稳定脱离贫困,脱贫攻坚的任务还十分艰巨。党的十九大报告明确指出,"让贫困人口和贫困地区同全国一道进入全面小康社会是我们党的庄严承诺。要动员全党全国全社会力量,坚持精准扶贫、精准脱贫","坚持大扶贫格局,注重扶贫同扶志、扶智相结合","确保到二○二○年我国现行标准下农村贫困人口实现脱贫,贫困县全部摘帽,解决区域性整体贫困,做到脱真贫、真脱贫"。这是党中央向全国人民、向全世界作出的庄严承诺。主动对接中央号召,主动参与到脱贫攻坚决战决胜的伟大斗争中来是每一位当代中国公民的时代责任和光荣使命。

王宁同志是我和许月明老师共同指导的一名博士研究生。2012年他刚开始构思选题时,我国的贫困情况还比较复杂,一方面存在数千万绝对贫困人口,一方面还存在区域性、整体性的贫困,仅河北省就有62个国家和省级的贫困县,有694万农村贫困人口,扶贫压力大、任务重,虽然各级党委、政府都采取了许多强有力的措施开展扶贫解困,但脱贫难、返贫易。如何找到更多更有效的措施,更有针对性、更稳定地解决贫困问题是各方普遍关注的问题。王宁出生于农村,本科就读于河北农业大学农业经济管理专业,对农业、农村和农民有着深厚的感情。博士论文开题时他在河北金融学院从事教学管理和研究工作,对金融学科知识有一定的掌握,对金融在经济发展中的作用有深刻的感受,所以当他提出这个选题构思时我们一拍即合,就把博士研究课题与政府关注、社会需要、群众急需解决的重点难点问题结合起来,研究金融扶贫问题。

金融应不应该参与扶贫?应该如何参与扶贫?金融机构如何在遵守金融规则、顺应金融规律、确保合理利润、防范金融风险的前提下,更好地支持经济发展、履行社会责任、推动扶贫攻坚、推动社会发展?这是我们关注的重点。我们认真梳理相关的研究基础,反复调整研究思路和重点,多次深入到基层,走访农户、中小企业、村委会,走访银行、保险和证券等金融机构,走访地方政府的扶贫办、金融办等相关部门,分析评估相关扶贫项目立项及实施情况。随着调查研究的不断深入,对金融扶贫的必要性、可行性、价值意义以及机理模式等的认识不断加深,研究的技术路线不断完善,研究的目标和内容愈发清晰。

通过研究认为,金融是现代经济的核心,金融扶贫应该而且必须是打赢脱贫攻坚战的重大举措和关键支撑,是我国扶贫开发战略不可或缺的重要组成部分。我们注意到,2015年12月中央扶贫开发工作会议上,习近平总书记强调:"要做好金融扶贫这篇文章""要通过完善激励和约束机制,推动各类金融机构实施特惠金融政策,加大对脱贫攻坚的金融支持力度"。李克强总理强调:"必须采取综合措施,鼓励和引导商业性、政策性、开发性、合作性等各类金融机构加大对扶贫开发的金融支持"。《中共中央、国务院关于打赢脱贫攻坚战的决定》提出了金融支持脱贫攻坚的20条举措。与过去单纯"输血"的粗放式扶贫相比,金融扶贫重在"造血",其有利于增加贫困地区金融服务的可获得性和提高扶贫开发的精准性。我们注意到,近几年金融扶贫工作在一些欠发达地区(如湖北恩施自治州、广西田东县、河北阜平县等地)得到了成功实践。我们对金融扶贫系统研究的重要理论与现实意义也不断加深认识。通过研究论证金融扶贫的动因,阐释金融扶贫的机理,在分析我国金融扶贫的现状和制约因素、借鉴国外农村金融反贫困发展经验的基础上,构建比较实用的金融扶贫研究框架,提出有效推进金融扶贫的思路与举措,我们认为,这对丰富和发展贫困和反贫困理论,为政府和金融机构持续推动金融扶贫工作提供更为充分的理论支撑和决策参考具有一定的理论意义和现实意义。

王宁同志在通过答辩的博士论文基础上,结合新的形势和新的研究,对文稿进行了修改完善,送交出版,旨在与同行推动交流和更加深入的研究。本书重点交流五个方面的阶段性研究工作:一是金融扶贫动因的经济学分析,分析阐述信贷权是包括贫困人口在内的所有人不可或缺的基本权利;金融服务及金融产品具有准公共物品属性;金融企业应承担五大社会责任;二是分析评估当前我国贫困现状与特征,分析我国农村贫困的金融成因,分析金融扶贫主要制度安排及金融机构扶贫实践,分析金融扶贫的制约因素;三是分析阐述金融扶贫直接作用机理,并对直接效应进行实证分析;四是分析阐述金融扶贫的间接作用机理,并对间接效应进行实证分析;五是从理念、体系、机制、模式和产品创新等方面进行探索,分析论证金融扶贫本身存在的公益性和商业性双重目标导致的矛盾和冲突。

当然,所做研究还有很多需要进一步持续深化之处,我们期待着与关心关注金融扶贫的各界人士加强交流,深入研讨,共同为我们伟大的祖国脱贫攻坚,为全面建成小康社会作出我们的一份贡献。

博士生导师:张义珍教授　许月明教授

二〇一七年十二月二十二日

绪　　论

在人类社会的发展历程中,贫困问题作为一项世界性的难题备受关注,减少和消除贫困是发展中国家的一项长期任务。我国是世界上人口众多的发展中国家,虽已经进入中等收入国家行列,但是受历史遗留问题及其发展模式的影响,我国在经济发展中形成了明显的城乡"二元"结构,农村经济社会发展较为滞后。改革开放以来,我国政府通过强有力的扶贫行动,经过体制改革推动扶贫、大规模开发式扶贫、八七扶贫攻坚、巩固成果综合开发和脱贫攻坚五个阶段,扶贫事业取得了巨大成就,农村贫困状况得到很大缓解。绝对贫困人口由 1978 年的 2.5 亿下降至 2016 年的 4335 万[按照每人每年 2300 元(2010 年不变价)的农村贫困标准计算]。反贫困工作取得了重大进展,成为全球首个实现联合国千年发展目标贫困人口减半的国家。

但与"到 2020 年,稳定实现扶贫对象不愁吃、不愁穿,保障其义务教育、基本医疗和住房。贫困地区农民人均纯收入增长幅度高于全国平均水平,基本公共服务主要领域指标接近全国平均水平,扭转发展差距扩大趋势"的总目标相比,我国在脱贫攻坚方面面临的压力和挑战依然很大。一是贫困人口总体规模还较大,扶贫成本高。当前未脱贫的农村贫困人口,大都处在自然条件恶劣、交通不便的深山区和边远地区,致贫因素多、贫困程度深、发展难度大、扶持成本高、脱贫任务重、压力大、见效慢。二是全国城乡居民收入差距持续拉大。据国家统计局公布的数据,2016 年,我国城镇居民人均可支配收入为 33616 元,农村居民人均可支配收入为 12363 元,城市和农村收入差距悬殊,竟高达 2.72 倍,相对贫困问题日益突出。党的十九大报告指出:"中国特色社会主义进入新时代,我国社会主要矛盾已经转化为人民日益增长的美好生活需要和不平衡不充分的发展之间的矛盾"。"要动员全党全国全社会力量,坚持精准扶贫、精准脱贫"坚持大扶贫格局,注重扶贫同扶志、扶智相结合"确保到二〇二〇年我国现行标准下农村贫困人口实现脱贫,贫困县全部摘帽,解决区域性整体贫困"。"让贫困人口和贫困地区同全国一道进入全面小康社会是我们党的庄严承诺"。由此可见消除绝对贫困,减少相对贫困已成为我国脱贫攻坚事业的重要方面。

众所周知,要如期实现 2020 年全面建成小康社会的脱贫攻坚目标,贫困地区异地搬迁、基础设施、产业发展等需要集中大量资金投入。虽然近几年中央财政投入扶贫资金的总量一直在增加,数量也不小,但与脱贫攻坚的需求相比仍显不足。资金约束一直是制约贫困地区和人口脱贫的一个重要因素。中央财政专项扶贫资金从 2006 年的 138.5 亿元增长到 2016 年的 667 亿元(见表1),增长了 4.8 倍。但按照"投入 2 万元大体解决一个农村贫困人口的脱贫问题测算,4335 万农村贫困人口脱贫需要投入 8670 亿元,如果每年脱贫 1000 万人,未来四年每年平均投入 2000 亿元左右"。①

表1　2006—2016 年中央财政专项扶贫资金一览表　（单位:亿元）

年份\名称	2006	2007	2008	2009	2010	2011	2012	2013	2014	2015	2016
中央专项扶贫资金	138.5	158.9	169.3	203.1	212.4	272	332	394	433	460.9	667

注:2004—2010 年数据来自《中国农村贫困监测报告 2004—2011》;2011—2014 年数据引自陈锡文:《坚决打赢脱贫攻坚战,如期实现全面小康目标》,中国人大网 2016 年 1 月 6 日;2015—2016 年数据引自国务院扶贫办 2017 年 2 月 28 日新闻发布会。

①　习近平:《在中央扶贫开发工作会议上的讲话》,《中共中央办公厅通讯》2015 年第 12 期。

在当前我国财力总体有限,特别是在经济仍面临下行压力的情况下,仅靠目前有限的财政扶贫资金,难以满足脱贫攻坚的巨大资金需求,必须将财政资金和金融资金有机结合,充分发挥金融杠杆作用,弥补扶贫资金缺口,增强贫困地区的内生动力和发展活力。但整体上来讲,贫困地区金融服务还很落后,与实际需要之间还存在一定的距离。根据《中国农村金融服务报告(2014)》数据显示,截至2014年年底,我国农村金融机构农村贷款余额为14.54万亿元,约占全国各项贷款的23%,农户贷款余额为3.62万亿,约占农村贷款余额的24.9%。另据统计,"建档立卡贫困农户中有信贷需求的约1000万户,信贷需求规模约3000亿元,而2014年扶贫小额信贷实际只覆盖了62万户,只占信贷需求贫困户的6.2%"[①]。当前我国农村贫困地区受可贷资金规模、审批程序等的影响,扶贫信贷覆盖率较低,难以满足贫困户的信贷需求。

面对脱贫攻坚时期的巨大资金需求,党的十八届三中全会以来,党中央把扶贫攻坚的着力点放在金融扶贫上,多次强调加大信贷等金融扶贫支持力度,同时地方政府要积极出台相关金融扶贫政策,通过税收、贴息、财政奖补、融资担保、风险补偿等机制,有效发挥金融在扶贫开发中的撬动和支撑作用。在2015年12月召开的中央扶贫开发工作会议上,习近平总书记特别提出"要做好金融扶贫这篇文章",这就要求金融监管部门及金融机构要有所作为,金融机构要积极承担社会责任,加强贫困地区的金融服务和产品创新,不断完善和改进贫困地区的金融服务。在一些欠发达地区如湖北恩施自治州、广西田东县、河北阜平县等扶贫开发实践探索中,地方政府部门与金融机构加强合作,在促进当地经济发展的同时,成功帮助贫困人口脱贫。金融扶贫理念与实践在扶贫开发中得以快速发展,地方政府出台了系列金融支持扶贫开发的政策文件,金融机构日益成为地方扶贫开发领域的重要力量。但

---

① 习近平:《在中央扶贫开发工作会议上的讲话》,《中共中央办公厅通讯》2015年第12期。

在实践中,金融扶贫也存在主体不清、对象不准、体系不健全、机制运转不畅等制约因素,致使金融机构参与扶贫面临的商业性和社会性双重目标内在矛盾,没有很好地解决,制约金融扶贫的成效。

实践证明,发展农村金融,加强对扶贫开发的金融支持,是减少农村贫困的有效途径之一。政府通过政策引导促使金融机构向贫困地区投入信贷资金,推动建立广覆盖、可持续、多层次和协同化的金融扶贫机制,让贫困人口获得信贷的机会,形成自我发展能力,如果这一过程开展顺利的话,政府、金融机构、贫困人口等参与者就都能在金融扶贫过程中受益,结果是推动贫困地区地方政府现代治理能力的提升,最终实现贫困地区经济社会良性发展,减贫摘帽。

综上所述,本书从金融的视角,对脱贫攻坚时期的扶贫开发问题进行系统研究,提出了信贷权是人权、金融具有准公共物品性质和金融企业的社会责任三大命题,用数理模型描述并实证金融扶贫的直接和间接效应,从理论上系统论证金融扶贫的应然性和可行性,设计了金融扶贫模式和机制,具有很强的理论与现实意义。

一是丰富和发展了贫困与反贫困理论。在对贫困与反贫困理论发展历程的梳理中发现,从物质资本范式到人力资本范式、再到社会资本范式的过程,这一发展过程就是对资本要素及其在反贫困中作用的不断深化认识的过程。本书从金融资本的视角研究我国贫困与反贫困问题,是对以往扶贫理论的丰富和发展。

二是有利于提高贫困人口金融服务可获得性。根据国务院扶贫办估算,在"十三五"期间,贫困户发展生产、贫困地区发展特色产业、贫困村基础设施建设的信贷资金需求高达2万多亿元。开展对金融扶贫的研究,将信贷、债券、股权、理财、基金等多种工具和手段广泛应用于扶贫开发事业中,为贫困地区发展提供大量的资金来源,增加贫困地区贫困人口的金融服务的获得性。

三是有利于提高扶贫开发的精准性。贫困地区大多具有稀缺且不可复制的资源禀赋优势,但受资金、技术等制约,贫困地区特色产业发展缓慢、层次较低,资源优势尚未充分发挥,扶贫精度低。通过对金融扶贫的研究,精心筛选项目和贫困人口,通过市场化的信贷机制,可以有效引导资金流入有一定发展潜力的贫困人口和特色产业,提高扶贫开发的精准性。

四是有利于提高财政扶贫资金功效。近年来,国家持续加大扶贫开发投入力度,各级财政通过多种渠道投入贫困地区的专项扶贫资金快速增长,但财政扶贫资金使用效益和覆盖面较低。通过开展对金融扶贫的研究,设计财政与金融相结合的相关扶贫性金融产品和融资模式,可以撬动数倍于财政投入的信贷资金进入贫困地区,大大提高财政资金的使用效果。

总之,金融扶贫是我国扶贫开发事业进入脱贫攻坚阶段后党和国家提出的重大方针战略,既契合我国扶贫开发"三个转变"的新要求,也是我国金融机构的责任和使命所在。本书研究成果对改革创新金融扶贫工作体制,加快转变扶贫开发方式,构建政府、市场、社会协同推进的扶贫大格局,促进贫困地区经济社会发展,具有极其重要的意义。

第一章 金融扶贫理论基础与研究综述

第一节 理论基础

在不同社会发展时期,经济特点表现各异,贫困的表现也各不相同,所对应的贫困与反贫困相关理论的侧重点也不尽相同,本节主要介绍几种比较有影响力的贫困与反贫困的相关金融理论。

一、相关贫困理论

(一)贫困成因理论

1. 亚当·斯密的贫困思想

亚当·斯密(Adam Smith)的贫困思想与其所处的背景密切相关,其关于系统的贫困理论还没有完全形成,但是在《国富论》中贫困思想已经有所显现。亚当·斯密认为贫困现象是伴随着财富的不断积累而产生的,它有其产生的特定背景和可追溯的原因。他认为"富国裕民"是政治经济学的主要目标,指出:"被看作政治家或立法家的一门科学的政治经济学,提出两个不同的目标:第一,给人民提供充足的收入或生计,或者更确切地说,使人民能给自己提供这样的收入或生计;第二,给国家或社会提供充足的收入,使公务得以进行。总之,其目的在于富国裕民。"①就是说,人民富裕、国家富强均是经济学研究的目的,"国富

---

① 亚当·斯密:《国民财富的性质和原因的研究》中译本(下卷),商务印书馆 1972 年版,第 1 页。

民强"缺一不可。亚当·斯密在提出工资理论的过程中,假定社会状态有三种——静止状态、进步状态和退步状态。关于静止状态,斯密以当时的中国作为参考,认为静止状态是经济停滞不前,国民财富积累不足,劳动力工资水平低,企业家所获得的利润微薄。关于进步状态,他以北美国家作为参考,认为随着国民财富不断积累,劳动者工资也随之不断提升,企业家所获得的利润也稳步提高,"今日英格兰确比北美各地富,然而北美各地的劳动工资却比英格兰各地高,北美虽没有英格兰那么富裕,但比英格兰更繁荣,并以大得多的速度增加财富"[1]。关于退步状态,斯密以当时的孟加拉作为参考,指出由于国家经济发展水平较低且后劲不足,在一定程度上削减了国民财富,进而也减少了劳动者的工资收入,不但没有推进整个国家的经济发展,相反还处于退步状态。"职业的竞争变得非常激烈,以致把劳动工资减低到极悲惨极贫困的生活水准。而且,即使忍受这些苛刻条件,还有许多人找不到职业。"[2]斯密指出一国财富富裕程度的衡量可以用劳动者的生活状况来反映,他认为有大部分成员陷于贫困悲惨状态的社会,绝不能说是繁荣幸福的社会。分析完这三种社会状态,斯密提出了消除贫困的思路:即保持经济的持续增长,因为只有经济增长才能为社会提供充足的就业机会,贫困人口才能通过工作获取自己的收入。

2. 马克思的贫困理论

马克思和恩格斯于19世纪40—60年代对空想主义所提出的贫困理论进行了深刻的批判,结合其所处的社会背景从制度层面对资本主义社会存在的贫困现象进行了深刻的剖析。马克思和恩格斯认为,资

---

① 亚当·斯密:《国民财富的性质和原因的研究》中译本(下卷),商务印书馆1972年版,第1页。

② 亚当·斯密:《国民财富的性质和原因的研究》中译本(下卷),商务印书馆1972年版,第1页。

本主义私有制和其存在的雇佣劳动制是导致工人阶级贫困的根源。在资本主义生产中,追求更多的剩余价值,即剩余价值最大化是资本家生产的目的。为了攫取更多的剩余价值,扩大生产规模是资本家的必然选择,而为了生产规模的扩大,必须把从工人身上攫取的剩余价值的一部分用于投资,随着资本积累的不断增多,资本的有机构成也发生着改变:不变资本增加,可变资本减少,而可变资本是用于购买劳动力的资本,它的减少直接导致从事工作的劳动者人口减少,从而导致相对人口过剩。相对人口增多为资本家降低劳动者的工资提供了可能,低工资使得工人的生活陷入更加糟糕的窘境,所以出现了两极分化的现象,使无产阶级陷入贫困;而占有社会资本的资本家则集聚了大量的社会财富,在生产中这种贫富差距还将继续扩大。

马克思关于贫困的理论对于正确认识资本要素在反贫困中的地位和作用具有重大意义。在社会主义市场经济条件下,资本要素与劳动力要素有着本质的区别,展现出不同的特征:从分布和使用集中程度上,资本要素较高,劳动力要素则相对均匀,这就意味着拥有大量资本的资本家必然能够获取巨大收益,拥有少量或没有资本的劳动阶级获得很少的收益,甚至无法获得收益,进而就会拉大资本家与无产阶级的贫富差距。随着科学技术的发展和进步,拥有资本就会拥有先进技术,劳动力要素的报酬会慢慢地被资本要素报酬所侵蚀。因此如何增加贫困人口的资本积累,使更多的贫困人口获得资本性收益,是当前反贫困战略中值得重点关注和研究的问题。

3. 纳克斯的贫困恶性循环论

低水平陷阱理论是由美国经济学家纳克斯(R.Nurkse,1953)在其《不发达国家资本的形成》一书中首次提出,即在发展中国家的经济中,供给和需求均存在恶性循环:供给方面存在着"低收入→低储蓄能力→低资本形成→低生产率→低产出→低收入"的恶性循环;需求方面存在着"低收入→低购买力→投资引诱小→低资本形成→低生产率

→低产出→低收入"①的恶性循环。供求双方面的恶性循环均由于资本形成不足所导致,进而导致贫困恶性循环,阻碍发展中国家的经济发展。

该理论主要包括以下三个观点:(1)在以上两个循环中,低收入水平既是导致贫困产生的原因也是贫困导致的结果,即"一个国家之所以穷是因为它穷"。(2)由于低收入水平导致资本形成不足,而资本形成不足又致使人均收入水平低,贫困恶性循环至此产生。这一贫困恶性循环由供给循环和需求循环两个序列共同组成,二者相互影响、柜互制约。(3)要打破资本形成不足导致的贫困恶性循环,必须大规模增加储蓄,在国民经济各个部门增加投资,以投资拉动国民经济各部门的需求,刺激经济发展,以此摆脱穷困,促进发展中国家的经济发展。

4. 纳尔逊的低水平陷阱论

理查德·R.纳尔逊(Richard R.Nelson)在其1956年发表的《不发达国家的一种低水平均衡陷阱理论》一文中,提出了"低水平均衡陷阱理论"。他分析了发展中国家的人均资本增长、人口增长、国民收入增长各自与人均收入之间的辩证关系,认为人口增长过快是阻碍人均收入提升的陷阱。低水平人均收入反复轮回,难以增长,致使居民储蓄低,投资规模小,从而导致资本形成不足,使得发展中国家长期处于低水平陷阱。如果不借助外力,这种贫困是一种很难打破的高度稳定的均衡现象。贫困地区实现脱贫,实现经济的持续增长,必须摆脱低水平的经济均衡。临界推动是摆脱贫困的主要政策取向,而金融反贫困是其中的手段之一,其策略为:一是能够通过降低农户的借贷成本而改善其生产和生活条件;二是通过提供资金保障鼓励其使用现代化技术以刺激农业生产的发展。

5. 缪尔达尔的循环积累因果关系论

循环积累因果关系论又称循环累积因果理论,累积因果理论是由

---

① ［美］纳克斯:《不发达国家的资本形成》,谨斋译,商务印书馆1966年版,第32—36页。

著名经济学家缪尔达尔在 1957 年提出的,后经卡尔多、迪克逊和瑟尔沃尔等人发展并具体化为模型。该理论认为经济发展过程是一个非均衡的动态过程,也是一个经济循环累积过程,累积效应在这个过程中逐渐形成,并分为两个相反的效应:扩散效应和回流效应。贫穷地区的劳动力和资金会向发达地区流动,这些地区所需的生产要素越来越匮乏,从而经济发展更慢,此为回流效应;同时发达地区的资金和劳动力也会流向贫穷地区,拉动贫穷地区经济的发展,此为扩散效应。在发展中国家,区域经济发展是否协调,取决于这两种效应各自的强弱,一般来说,不发达国家的回流效应往往会大于扩散效应,从而导致了该国家或地区的贫困。缪尔达尔认为"低收入的循环累积因果运动"基于这样一个形成过程:经济水平低下→人均收入水平低→接受教育程度低→劳动者素质低→劳动生产率低→产出低→收入低→贫困。他指出,在这些国家和地区,低收入的重要原因是资本稀缺和收入分配制度的不平等。要冲出"陷阱",必须进行大规模的投资,同时借助政府的干预,促进区域经济协调发展。

6.阿玛蒂亚·森的权利贫困理论

权利贫困理论是阿玛蒂亚·森(Amartya Sen)于 20 世纪 70—80 年代提出的,这是他对反贫困问题的卓越贡献。与其他的贫困理论相比较,最大的不同在于运用权利的方法来分析贫困与饥荒的产生。他认为:"要理解普遍存在的贫困,频繁出现的饥饿或饥荒,我们不仅要关注所有权模式和交换权利,还要关注隐藏在它们背后的因素。这就要求我们认真思考生产方式、经济等级结构及其他们之间的相互关系。"①森所指的权利关系主要包括:生产权利、交换权利、劳动权利、继承转移权利。他利用权利关系网分析粮食生产,指出粮食生产与权利关系本身没有任何关系,即使前者不发生变化,那么权利关系的变化也

---

① 阿玛蒂亚·森:《贫困与饥荒》,王宇、王文玉译,商务印书馆 2004 年版,第 12 页。

能引发严重饥荒。如果从权利的视角来分析贫困,那么贫困不仅仅是收入低下,而是人们被剥夺了基本能力和丧失了一些重要的社会机会,如政治权利、经济机会、社会机会的缺失,其中贫困人口面临的金融排斥和信贷权的缺失,是很典型的权利贫困的证明,因此应制定以保护人们的权利为目的的政策体系,才能切实提高贫困人口的可行能力,从本质上消除贫困。森的权利贫困理论为研究贫困提供了新的视角,为金融扶贫政策制定奠定了理论基础,但是在面对经济发展不景气和个体健康状况不佳等社会因素导致的贫困时,该理论会出现解释力不强的困境,因为它的假设前提是基于贫困人口有工作能力,只是缺乏一些重要的社会机会。

7. 不平等及贫困代际传递理论

世界银行在《2006 年世界发展报告:公平与发展》中,对不平等陷阱做了较为深入的分析和论述。该报告称,机会和政治权力的不平等对贫困人口家庭及其后代带来了很大的负面影响,而且这种影响长期存在并在代际之间自我传递,这种现象称为"不平等陷阱"。而机会的不平等是不平等陷阱和贫困代际传递的一个很重要方面。个人无法控制的一些社会变量,如种族、性别、等级、父母受教育程度、财富以及出生地等,这些先天性的机会不均等影响了子女的机会不均等,进而直接形成了代际传递,要突破"不平等陷阱",切断贫困代际传递的链条,行之有效的方案是从三个方面促进社会公平:一是投资于儿童早期开发、教育、健康、风险管理等用于提升贫困人口及其子女的能力;二是扩大贫困人口获得司法公正、土地所有和基础设施使用的渠道;三是消除金融市场、劳动力市场、产品市场中对贫困人口的歧视,促进贫困人口进入市场的公平性。

(二)反贫困理论

1. 涓滴理论

涓滴理论(Trickle-down Theory)也称涓滴效应(Trickle-down Effect),该理论最早出现于《不发达国家中的投资政策与"二元性"》一书,是由美国发展经济学家赫希曼(Albert Otto Hirschman)撰写而成。他认为在经济发展初期阶段经济发展出现非均衡现象,较发达地区经济增长较快,导致区域经济发展存在差异,但政府并不需给予贫困地区特别优待,因为较早发展起来的发达地区会通过向贫困地区辐射带动其消费和就业,逐步促进贫困地区的经济发展,从而实现区域协调发展。里根政府当年所执行的经济政策就是对涓滴理论的最好实践,其认为应优先发展经济,经济增长会带动社会财富的增加,进而人们收入水平提高,最终消灭贫困。然而20世纪70年代末期美国高经济增长率与高失业率、贫困并存的实践,却对涓滴理论造成了一定的打击。贫富不平等发展会使贫困人口丧失更多的社会资源,贫富差距不断加剧,因此减缓贫困仅仅依靠经济增长是完全不够的,还需要财政、税收、金融政策的引导调节与相应制度安排,各种手段有效结合,减贫目标才可能实现。

2. 大推进理论

大推进理论是英国著名的发展经济学家罗森斯坦·罗丹(Paul Rosenstein-Rodan,1902—1985)于1943年在《东欧和东南欧国家工业化的若干问题》一文中提出来的。他认为,发展中国家要摆脱贫穷的关键在于实现工业化,而资本形成不足是实现工业化的首要障碍。分散的、小规模的、个别部门的投资不能形成经济的快速发展,因为资本形成达不到足够规模,从而不能为工业化提供足够动力。这是因为,发展中国家经济具有两个明显的特征:一是不可分性(Indivisibilities),表现在作为工业化起步拉动力的需求和储蓄供给的不可分性,而必须达到足够的规模才能进行。二是缺乏工业发展所必要的外部效应,企业规模小,缺乏规模效益,企业间彼此相互提供的"外部经济"效应微小,社会投资回报率很低。因此,必须实行资本形成的"大推进"战略,但不是国民经济的所有部门都进行大规模投资,而是投资于相互补充、相互联系的基础设施和轻工业部门,因此需要运用政府手段加以推进。大推进理论为发展中国家提供了解决问题的钥匙,但是也存在一定的不足,它需要大量资本的投入和政府的主导,但是在发展中国家巨额资金难以获得,且如果完全依靠政府计划,那么市场经济的资源优化配置效应就难以得到有效发挥。

3. 人力资本理论

西奥多·舒尔茨(Theodore W.Schultz),在 20 世纪 60 年代提出人力资本理论,他认为人力资本是社会资源中最重要的资源,人力资本远远重要于物质资本,提高人口质量是人力资本的核心内容。该理论指出发展中国家摆脱贫困的重要途径就是加大对人力资本的投资,投资内容包括:为其提供各级正规教育机会、鼓励其参加职业技术培训、加大健康保健投入以及重视对孩子的培养教育等,其中教育投资更为重要。教育投资也应遵循市场供求规律,其中人力资本价格的浮动是衡量市场供求的重要符号。人力资本理论强调了人力资本对解决贫困问题的重要性,开辟了解释贫困的新角度,但也有诸多局限性。它完全从经济的角度来衡量,将教育也单纯地视为一种经济行为,忽视了教育的教化与传承的功能;同时其基于贫困群体均具备培育能力的假设前提,忽略了无劳动能力者需要社会救助的事实,在面对弱势群体时该理论并不能解决问题。经过近二十年的发展,资本形成理论虽然取得一定的认可,但并没有指导经济发展取得普遍成功,贫困问题在发展中国家依然形势严峻。

4. 赋权理论

赋权理论(Empowerment Theory)真正成为一种反贫困理论,主要还是源于阿玛蒂亚·森的"贫困的实质源于权利的贫困"观点。阿玛蒂亚·森在其《贫困与饥荒》(1981)一书中系统阐述了他的观点,即"一个人支配粮食的能力或他支配任何一种他希望获得或拥有东西的能力,都取决于他在社会中的所有权和使用权的权利关系"[①]。尤努斯

---

① 阿玛蒂亚·森:《贫困与饥荒》,王宇、王文玉译,商务印书馆 2004 年版,第 8 页。

在他的自传《贫困人口的银行家》中说，"贫困人口本身能够创造一个没有贫困的世界，必须去做的只是解开加在他们身上的枷锁"[①]。联合国教科文组织副总干事皮埃尔·萨内认为"贫困并不是一个生活标准，更不是某类生存条件：它既是全部或部分否定人权的原因，也是其结果"[②]。赋权是激发个人或群体的一种潜能，唤醒其权利和自我利益的主张，从个人、社会、政治权力中增强自身对外界的控制力，增强自己平等参与和自我提升的机会。赋权理论在促进社会公平、消除贫困方面体现了特有的价值，但也有其局限性，它只关注个人能力的发展，忽略了个人需要面对的巨大社会障碍，缺少对环境的评估与分析，从而导致新的不均衡。

二、相关金融理论

（一）金融发展理论

金融发展理论主要探讨金融与经济增长之间的关系，最具代表性的理论有"金融抑制论""金融深化论""金融约束论"。

1. 金融抑制论

金融抑制论指的是在发展中国家，政府会对金融体系与活动采取一些不适用的行政手段进行干预，结果是抑制了其金融活动的开展，其经济也陷入了停滞不前的状态，金融抑制使经济落后并形成恶性循环。政府采取不恰当的利率、汇率使金融价格发生扭曲。金融抑制使得市场资源没有资源分配不均匀的状况。政府部门对利率与汇率压到很低，并且进行过多的干涉，使得金融体系与经济体之间的状态持续恶化，会出现经济更加贫困、金融资金更加短缺、投资与储蓄效率低下等

---

① 穆罕默德·尤努斯：《贫困人口的银行家》，吴士宏译，生活·读书·新知三联书店2006年版，第16页。
② 皮埃尔·萨内：《贫困：人权斗争的新领域》，刘亚秋译，载《国际社会科学杂志》（中文版）2005年第2期。

现象,从而限制了经济的发展。金融被抑制之后对经济的影响主要表现在以下几方面:(1)限制资金利用效率,储蓄不能转化为投资,限制了经济的增长;(2)银行体系无法适应经济增长的需要,分配资金的权利掌握在国家手里,使银行自身出现了缺陷;(3)大型企业得到外部融资的门槛低,而中小企业融资受到很大的限制,使得社会上出现大量的失业现象;(4)经济分化更加严重,农村地区缺乏资本,贫困会更严重,城市地区资本多,更加富裕。

2. 金融深化论

金融深化指的是政府不再对金融进行过多的干涉,而是使金融自由化发展,利率与汇率可以反映实际的供求状况,从而缓解通货膨胀的状态,进一步促进发展中国家经济的发展。金融深化缓解了金融抑制的副作用。肖和麦金农(Shaw 和 Mackinnon)认为政府消除金融压制实施金融深化政策,使市场更加自由化,才能更加有效地抑制通货膨胀的发生,政府减少对经济的干预,从而使经济与金融形成良性循环。同时,金融深化一定程度上会使经济与金融形成良性循环,体现在以下几个方面:一是形成良好的储蓄效应,旨在使城乡、居民、企业与政府的储蓄量更多;二是形成高效的投资效应,对储蓄资产的分配和使用模式进行优化,会形成高效的投资效果,进而促进经济的发展;三是形成良好的就业效应,即金融深化使经济发展良好,创造出更多的就业机会,从而促进就业率的提高;四是形成良好的收入效应,即所采取的政策可以提高农民的收入,使利益分配更加平等,从而使经济更加稳定地发展。

3. 金融约束论

金融约束指的是政府实施金融制度以防止金融抑制产生的危害,并且能够使银行主动地去规避风险,解决市场失灵的问题,对存贷款利率、市场准入进行干涉,限制直接竞争,分配租金在各部门的份额。"租金"指的是金融约束政策可以为民间部门带来超过依靠竞争而得到的收益和福利。金融约束论的观点表明,由于市场信息存在不对称的现象,其导致的道德方面的风险以及代理行为,会致使金融市场发展畸形化。在这种情况下,政府采取一系列的金融约束政策会有助于提高金融市场的效率。金融约束的程度也会有所变化,会随经济发展程度而进行不断的调整。经济发展较弱阶段,金融约束力应大,经济发展强盛阶段,金融约束力应小。

(二)农村金融理论

为了消除农村地区经济贫困的状况,使其经济得到发展,学者们对农村金融理论进行了研究,分为农业信贷补贴论、农村金融市场论和不完全竞争市场理论。

1. 农业信贷补贴论

在相当长的一段时间里,农业信贷补贴理论地位还是很重要的。农业自身生长周期长,不确定因素多,收益比较低,农村居民特别是贫困群体过于贫穷而没有储蓄能力,以利润为目标的正规金融很难将农民作为信贷对象,资金短缺成为限制农村经济发展的关键性问题。现实情况存在的非正规的金融贷款利率比正规金融贷款利率要高很多,这种情况下的利率都具有高利贷的性质,对农户来说是一种剥削,这会加剧农户的贫困。为缩小农业与其他产业的收入差距,使高利贷在农村彻底消失,该理论认为应该实行政策性金融,将资金分配的权利放到具有非营利性质的金融机构中来,将大量低利率的政策性资金注入农村,进而发展农业生产,缓解农村贫困。

根据这一理论,很多发展中国家通过设立专门的政策性农业金融机构,增加对农村地区的融资额,进而对发展中国家农村地区经济的发展作出贡献。但是由于对外部资金存在过分依赖的现象,农村地区自身储蓄的能力不足,贷款存在返还危机,大多倾向于对中上层农民进行融资。实践表明,该理论主张的金融补贴政策会使信贷机构失去活力,影响金融市场的持续性发展,从而导致许多实行该政策的发展中国家同时陷入融资困境。

2.农村金融市场论

该理论强调市场机制应在融资中发挥重要作用,认为农村居民即便是贫困阶层也能够储蓄大量的存款,没有必要引入外部的资金。首先,该理论在批判农业信贷理论的同时,对麦金农和肖的观点表示了赞同,认为采取利息较低的政策会使人们不愿向金融机构存款,从而阻碍金融的发展;其次,该理论表明由于过分地依赖外部资金使得贷款很难收回来;最后,该理论认为非正规金融高利率的存在是理所当然的,原因就在于农村的资本大部分是有机会成本的。按照以上逻辑,该理论表明导致农村地区资金缺乏、农村贫困的原因是不合理的政府管制以及利率控制,并不是因为农民的储蓄能力低,利息补贴应对补贴信贷活动中的一系列缺陷负责。该理论完全依赖市场机制,极力反对政策性金融对市场的扭曲,在政策上主张要减少政府干预,充分使金融市场自由化,实现利率市场化,适当发展非正规金融。

该理论为农村金融市场化改革、农村非正规金融的发展奠定了基础。不过该理论的功效并没有想象中的那么大,例如由于缺少担保抵押物品和信息不对称,市场化的利率能否使农村贫困人口得到充分贷款,仍然是一个问题。所以仍然需要政府的介入以保障农户特别是贫困农户的信贷权利。

3.不完全竞争市场理论

20世纪90年代后,人们认识到一些社会性的、非市场要素的支持和运用,有利于培育一个有效率的农村金融市场。其中最具有代表性的理论就是约瑟夫·E.斯蒂格利茨(Joseph E.Stiglitz)的不完全竞争市场论。他指出,在发展中国家农村金融市场,存在严重的信息不对称状况,如贷款方对借款方的信息掌握不完全,这就是不完全竞争市场,完全依赖市场机制运行无法满足金融市场发展的需要,因此,采取政府介入金融市场或者使借款人具有组织性,将会促进金融市场的正常稳定运行。

该理论表明:(1)政策性金融对特定的部门采取低息融资的手段

能够取得显著效果,但前提是不能使银行的基本利润受到损害;(2)一些非市场要素对解决农村地区融资难的问题至关重要,例如借款人实现组织化,有研究表明政府应鼓励借款人采取联保小组、互助储金会、担保融资、使用权担保等方式进行贷款,以避免农村金融市场由于信息不对称而出现贷款方面的问题;(3)政府所采取的政策能促进农村市场的发展,政府可以适当介入并加以改善效率较低的民间金融市场。

不完全竞争市场理论作为政府介入农村金融市场的理论基础,也为发展新模式的小额信贷提供了基础。

(三)普惠金融理论

2005年5月在构建普惠金融体系的全球会议上,正式提出了"构建普惠金融体系"这一议题,该会议对构建普惠金融的探讨达到了顶峰,并成为构建普惠金融体系被正式提上国际日程的转折点。普惠金融采取的模式是将零散的小金融机构或者服务组合起来,作为一个整体来注入到金融整体发展过程当中,可以将其看作是小额信贷与微型金融的延续与升华。普惠金融的升华点就在于它将零散的、小的金融机构整合成为一个整体,使得社会各阶层、小微企业、农民、低收入者等弱势群体都能得到金融帮助。该理论有以下几个观点:

1. 信贷权利要求公平

这个概念所要求的同生存权、自由权等一样的平等权利,即每个人都可以用可负担起的成本来获得公平的信贷服务及其他金融服务,从而更加积极地参加到经济活动中来。

2. "普惠"涉及全部人群

金融的发展不能是少数地区、少数人的发展,发展中国家、落后的地区、农村地区以及弱势群体、弱势企业都应该得到金融方面的发展。因此,普惠就要面向全部人群,以公平、合理的方式提供金融服务。

3. 金融服务涉及内容全面

金融普惠所要求的金融服务项目,不仅仅是提供信贷融资项目,还会提供包括保险、投资理财等在内的项目。金融普惠旨在把金融的整个系统、金融的基础设施建设好，更把提供专业技术放在重要地位，其支付和清算服务也是便捷、安全的，给人们带来更全面的金融体验。

4.金融机构要广泛参与

普惠金融所扮演的角色、所承担的工作不仅仅是发放小额信贷的金融机构，而是要让所有的金融机构都能够积极参与到金融活动中来，形式没有限制。以普惠金融的方向为今后发展的方向。

5.要实现可持续发展

近年来，国际金融危机的不断爆发已经将传统金融的缺点暴露出来。普惠金融不是片面地去帮助发展中国家、小微企业、农民、弱势群体等，它强调的是调动整个经济体系的活力，让资源配置更加均衡，不断扩宽金融行业的业务及赢利范围，从而使金融业得到可持续性发展。普惠金融理论为金融扶贫提供了最为直接的理论基础。

表1-1　不同时期相关金融理论一览表

提出时间	名称	主要内容
20世纪70年代以前	金融抑制理论	政府对农村金融的管制和干预过多，政府对金融机构和金融工具政策设计，导致金融市场机制失衡，资源配置失衡，导致影响农村金融和农村经济发展
	金融深化理论	采取金融与经济相互发展的政策，促进农村金融发展
20世纪70—80年代	金融排斥理论	农村贫困人群和弱势群体被排斥在农村金融服务和产品之外，包括价格排斥、需求方自我排斥、机构排斥
	金融信贷补贴理论	强调农村金融低利率政策，并引进外部政策性资金和建立非营利性专门金融机构
20世纪80—90年代	金融市场理论	主张完善农村金融市场，完全依赖市场机制发展农村金融，主张利率市场化
20世纪90年代以后	金融约束理论	针对金融自由化市场失灵现状，主张通过政府适度干预促进农村金融深化发展
	不完全竞争市场论	主张根据农村金融自身规律，以政府引导和调控以及市场配置，促进农村金融与农村经济和社会协调发展
21世纪至今	普惠金融理论	强调信贷公平，金融服务惠及包括弱势群体在内的所有阶层成员，金融机构要广泛参与，实现可持续发展

注：该表是对张飞霞《公共政策视角下西部地区农村金融反贫困问题研究》的补充和优化。

第二节 国内外研究综述

一、关于贫困内涵的研究

"贫困"一词,具有丰富的内涵,其本身交叉着人类学、社会学、经济学、政治学等多学科门类。贫困的定义、起因、现象、危害、举措等都属于贫困研究范畴。在现有对贫困研究成果中,学者们站在各自不同的角度,对于贫困内涵的界定不尽相同。

从历史发展的角度追溯贫困内涵的发展历程,可以发现六个重要的理论辩证升华过程,每一次理论升华或理论学说又都有一个代表性的人物或组织机构。第一个代表人物是亚当·斯密(1776)。他提出贫困是一种"不体面"的行为。而这种"不体面"所指的是在社会生活中连生活必需品都没有的最低生活状态。他还将一个普通的工人连一件亚麻衬衫都没有的状态称为贫困。第二个代表人物是西伯姆·朗特里(Seebohm Rowntree,1899)。他提出的贫困概念,认为一个家庭的总收入不足以购买"最低必需品"即可以被认为贫困。第三个代表人物是威廉·贝弗里奇(William Beveridge,1942)。他提出了"收入中断的假设",即有一定工龄的人如果收入突然中断,若衣食住行的基本需求得不到基本满足就可以称为贫困。第四个代表人物是斯图尔特·兰斯雷(1985)。他用更为简洁、浓缩的语言把贫困概括为被迫缺乏社会上通用的必需品,而这种高度概括可谓是一种升华。第五个代表人物是阿玛蒂亚·森(1992)。他把贫困定义为缺乏更为宏观的基本综合机能,而这种基本综合机能涵盖了身体疾病、营养不良、衣食堪忧等身体基本问题,以及精神修养缺失、社会责任感缺失、言行举止不得体等社会综合问题,是"贫困缺乏说"的代表。第六个代表是世界银行(2001)。世界银行通过世界各地贫困案例分析得出,贫困归根结底是部分人口无法获得生活所需要的最低资源以及所必需的某种能力问题,是"贫困排斥说"和"贫困能力说"的代表。

国内很多学者包括白人朴(1990)、汪三贵(1994)、康晓光(1995)等,论述了"贫困缺乏说""贫困排斥说""贫困能力说"三者的关系与侧重。"贫困缺乏说"更加强调贫困的内在原因,也就是贫困人口由于自身的各方面缺陷所导致的贫困。"贫困排斥说"和"贫困能力说"是在"贫困缺乏说"的基础上建立的,利用价值判断和社会评价,旨在进一步探寻除了贫困个人以外的深层原因,更加注重贫困人口的家庭因素、社会因素。"贫困排斥说"认为贫困是由于外部环境所致,强调致贫的被动性、客观性、外在性。而"贫困能力说"与"贫困排斥说"相反,认为贫困是由于自身原因所致,强调致贫的主动性、主观性、内在性。但正如黄承伟、刘欣(2016)所谈到的"现有的反贫困理论研究还缺乏整体性和系统性",综合国内外研究历史,会发现仍然没有将"贫困缺乏说""贫困排斥说""贫困能力说"三者综合考量的学说,仍值得学者们对贫困内涵进行进一步的研究。

二、关于贫困成因的研究

国外学者从经济、文化和社会等多角度出发,注重对于贫困成因的理论研究与探索,并收到了卓有成效的效果。与此同时,对于贫困成因的研究同样受到了国内学者的关注。

从经济学视角研究贫困,代表性的观点有四个,分别是贫困循环论、均衡陷阱论、循环积累关系论、人力资本论等观点。这四个观点从各个时期影响经济增长的内部因素及其相互影响等方面展开分析。第一个是纳克斯(1953)的"贫困循环"理论,强调由于贫困人口的资本缺乏会使得其陷入贫困恶性循环。第二个是纳尔逊(1956)的"均衡陷阱"理论,是指低收入人群的人均收入水平可能会在短期内因为政府政策倾向等原因获得增长,但如果增长到与人口增长率相符合的人均收入水平时,之前短期内最低水平人均国民收入的增长也将会被人口的增长所抵消。第四个是缪尔达尔(1957)的"循环积累关系"理论,其研究对象为发展中国家,人均收入依然较低是导致发展中国家及其人口贫困的主要原因。第五个是舒尔茨(1962)的"人力资本"理论,认为传统家庭当中缺乏高素质劳动力等人力资本是贫困的主要原因。

在社会学方面,主要是从文化、制度、历史和地理等社会因素方面研究贫困的主要成因,主要观点有贫困文化论、贫困结构论、贫困功能论、贫困处境论、剥夺循环论、个人现代性、不平等和异质性理论等。从社会学视角研究贫困,虽然观点众多,但最著名的还是威廉·阿瑟·刘易斯(William Arthur Lewis,1959)所提出的"贫困文化"理论。他把贫困与文化相联系,认为贫困的成因与未开化的文化有直接关系,并把"贫困文化"作为贫困的标志。这种亚文化状态把贫困者及其家庭陷入到贫困的恶性循环中。

国内学者借鉴了国外经济学和社会学方面贫困的成因,结合我国贫困的自身特点,形成了自然决定论、人力缺乏论、制度不利论三大理论。成升魁(1996)、张廷武(2003)等学者认为恶劣的自然环境是导致贫困的重要原因。具体来说,生态恶化、自然灾害丛生、区域性或全国性环境问题是导致我国农村致贫的主要原因。王成新(2003)、胡鞍钢(2004)借鉴了国外人力资本论,认为在传统的小农经济为主导的中国,普遍依靠农户劳动力是农村致贫的主要原因。另外,康晓光(1995)、吴理财(2004)、刘冬梅(2003)、叶普万(2006)把农民的贫困归咎于经济、社会等制度的不完善,特别是农村金融制度与我国经济发展明显呈现滞后、创新不足等问题,致使贫困人口很难利用金融手段或工具来实现脱贫。而孙红蕾等(2016)另辟蹊径,针对新型城镇化所产生的贫困群体,立足信息生态的新环境,提出了信息脱贫的治理策略和方案。总的来说,国内学者更多是侧重于单学科的研究,对于贫困所涉及的经济、社会、地理、人文、历史等多学科交叉研究还有诸多不足。

三、金融与贫困关系的研究

国内外学者也对金融与贫困的研究日渐深入。综合相关研究成果和路径,主要有以下几个大的方向:一是金融发展减贫效应研究;二是金融扶贫制度研究;三是金融扶贫政策工具研究;四是微型金融扶贫绩效研究;五是金融扶贫模式与目标偏离研究。

(一)关于金融发展的减贫效应研究

国外关于金融发展对贫困减缓的作用,学者们有较大分歧。阿吉翁和波顿(Aghion 和 Bolton,1997)等持有否定观点,认为由于贫困人口在现实生活中即便可以顺利实现小额贷款,但也可能因为自身发展动力不足以及小额贷款利息可能较高的原因致使无法偿还贷款。但英国国际发展部(Department for International Development)在 2004 年指出金融服务可以通过两种途径进行减贫,一是相关的金融机构向贫困人口提供信贷服务,以保证贫困人口有足够的资金提高生产力,也可以解决生活、医疗、教育、养老等问题。二是相关金融机构为贫困人群提供储蓄服务,增强抵御未来不确定风险的能力。此外,克莱森斯和费延(Claessens 和 Feijen,2006)、比当古(Bittencourt,2010)也证实了金融服务对改善贫困的重要作用。多拉尔、克雷(Dollar Kraay,2002)认为在全球经济一体化的背景下,金融在推动经济发展方面扮演着不可或缺的重要力量。现代社会金融事业的迅猛发展,贫困人群的收入水平也必将随之提高。加利廉(Jalillian,2005)以 26 个发展中国家金融发展为实证研究对象,得出发展中国家金融水平的提高与贫困人群收入的增长成正比,金融业务应用于贫困人口的比例增加,其收入水平也会随之提高。伯吉斯(Burgess,2004)通过对印度 20 世纪 70 年代到 90 年代农村银行分支机构的数据分析,发现在农村所开设的各类金融机构数量与农村贫困率之间也存在正比关系,即金融机构数量的增多会降低农村的贫困率。贝克(Baker,2000)通过比对 58 个发展中国家从 1980

年到 2000 年的数据,研究发现金融发展可以减小收入分配差距,从而有利于减少贫困。贝克(2007)又提出金融发展会使贫困人口收入增长快于人均 GDP 增长,将有利于缩小贫富差距,降低贫困人口的贫困程度。

从上述金融发展与贫困减缓关系研究的发展历程可以看出,从 20 世纪末开始,金融的发展水平与贫困人口的收入关系成为国外学者研究的重点,并提出了一系列理论假说,其中包括著名的"库兹涅茨"假说。格林伍德和约万诺维奇(Greenwood 和 Jovanovic,1990)利用实证研究,建立了内生经济增长模型,以此研究金融对于贫困的减缓作用。通过模型得出金融对贫困的减缓是先恶化后改善的非线性关系。两人通过进一步分析得出其非线性关系与金融中介成本有关。具体来说,经济发展前期,因贫困人口无法跨越资金门槛,因此无法享受金融服务所带来的利益;而随着金融应用于减贫业务的不断完善,贫困人口开始有了一定的资本累积,金融减贫的作用逐渐显现,收入分配的差距进一步拉近。

但另一方面,詹纳涅和达波尔(Jeanneney 和 Kpodar,2005)把金融发展比作"双刃剑",在承认金融发展有利于减贫的同时,又清楚地认识到金融发展所存在的风险,这种风险可以毁灭金融发展的优势。在此之后,阿赫塔尔(Akhter,2010)进一步阐述了金融不稳定会导致经济发展受阻等一系列问题,从而不利于减缓贫困人口的贫困状况,可以说如果金融风险失控,其给贫困人口所带来的危害要明显高于富裕人群。

国内学者在借鉴国外金融发展与贫困关系论证成果的基础上,也形成了类似观点,即在充分肯定金融发展所起到的积极作用的同时又认清了金融发展是把"双刃剑",也就是金融发展与贫困减缓之间不仅只是呈现线性关系,有时还会呈现出分段函数。

一方面,大部分学者用数据说话,实证分析了金融发展有利于贫困的减缓。苏基溶和廖进中(2009)利用广义矩估计法得出,金融发展的收入分配效应以及经济增长效应都有利于贫困人口减贫。此后,胡卫东(2011)关注了乡镇银行推行的小额信贷金融模式改革,并运用内生金融理论分析了改革对治理贫困的作用,并得出农村内生金融模式的实践可以更专注于贫困人口自我发展能力的提高,从而减轻贫困。伍艳(2012)经过搜集全国2001年至2011年金融发展数据,对反贫困的效果进行了研究,发现当我国金融发展水平提高1%时,贫困发生率会下降1.58%。田银华和李晟(2014)运用省际面板数据对金融与减贫的区域差异问题进行了实证分析,得出虽然金融减贫效应在东、中、西部之间的发展水平存在较大的地域差异,但金融发展水平有助于拉动地区人均收入提高的事实是无可非议的结论。吕勇斌和赵培培(2014)认为,随着农村居民储蓄的增加,农村信用社等存款规模较大的农村金融机构能够将资金有效运用到效益比较高的农业项目中,更有利于提高金融反贫困的效果。

另一方面,也有部分学者从反面论述了金融发展对减贫的不利因素。其中,杨小玲(2008)通过实证分析,得出我国农村的金融发展对农村减贫的短期和长期影响。认为我国农村金融发展对农村减贫只有在短期内呈现一定的促进作用,但很难成为长久减贫的重要因素。杜凤莲和孙婧芳(2009)的研究发现,我国的金融减贫具有明显的波动性,特别是农村的合作金融的自发调节极易使农民收入分配更加不均衡,还需要政府在政策层面出台系列金融法律、法规以保障收入分配向贫困人口的倾斜。师荣蓉(2013)建立了人均收入与金融减贫函数。该函数呈现明显的分段特点,即当人均收入处于较低水平时,金融发展对减贫会起到积极且隐性的作用;当人均收入超越贫困陷阱,金融发展就会呈现出显性的作用,而人均收入增加的势头将会越发显现;当人均收入处于高水平时,金融减贫的作用又会呈现出消极且隐性的反作用。苏静(2014)采用面板平滑转换模型研究了我国农村金融发展对减缓贫困的效应,得出我国金融减贫呈现出两极分化的趋势,只有人均收入跨越"贫困陷阱",金融发展对贫困减缓才具有明显的促进作用。吴芳(2015)认为加大财政扶持力度,发展金融等扶贫方式不足以解决我国贫困人口在数量、分布、文化贫困、人口返贫等方面的综合性问题。除此之外,谢婷婷(2016)利用二元经济结构理论,指出其存在会进一步导致向城市居民倾斜的金融政策,而对于农民的收益将有极大的影响,因此可能会加剧农民的集体贫困。

(二)关于金融制度安排对贫困的影响研究

国内外学者关注到政府的公共政策,特别是农村金融制度的完善在金融减贫中的作用。学者普遍认为政府利用公共政策工具制定完备的金融制度是金融扶贫的重要保障。

加利廉(Jalilian,2005)提出贫困人口因为金融信用等级普遍较低,会使许多贫困人口失去最佳的投资机会,从而对脱贫没有起到实质作用。兰詹和津加莱斯(Ranjan 和 Zingales,2003)指出金融体系的构建以及金融制度的设计要具有开放性、竞争性、合理性、平衡性,否则金融发展仅仅会眷顾到富裕阶层,从而忽视贫困人群。斯蒂格·利茨认为政府在农村金融市场的调节作用无法替代,特别是对于金融扶贫具有重大作用和意义。贝尔哈内(Berhane)认为只有放宽金融市场对贫困人口的信用限制,使其直接参与更多的金融活动,接触更多的金融产品,享受更多的金融服务,才能充分发挥金融的基本功能来提高贫困人口收入并达到减贫的效果。

国内的学者从农村金融反贫困的限制条件、地位、意义和改革路径等方面进行了多元化论述。著名学者林毅夫(1994)认为我国农村金融体系总体来说不够健全,区域性融资差异大,政府金融机构、民间金融机构以及金融市场的发育受到很大限制。孙天琦(2001)提出我国农村小额信贷脱贫应规避政府过度介入所产生的依赖,倡导建立适合我国经济发展的市场化、本土化、内生化农村小额信贷扶贫。韩俊(2003)以农村信用社为农村金融体制改革的重点研究对象,发现我国农村信用社等服务农村的金融机构存在着法人结构不完整、所有权不清晰等诸多问题。特别是激励机制和风险防控机制的不健全和不均衡制约着金融扶贫成效。温铁军(2003)提出引入民营资本的概念,强调应该充分发挥民营资本的作用,放宽农村金融市场准入,把民营资本引入农村金融市场。何广文(2005)认为我国农村金融要进行全面改革,尽早完善政策金融与多种合作金融相结合的共赢模式,并进一步完善合作金融的法律保障机制。他认为只有以农民金融需求为导向,才能充分发挥农村中小型金融机构的作用。在此基础上,合理调整并努力构建完备的农村金融组织体系,才能使农村金融扶贫工作顺利开展。王曙光(2006)站在民族区域经济发展的视角下,认为建立系统的农村金融反贫困政策框架可以有效解决民族区域经济发展较为落后的状况,强调运用制度化的手段可以保障民族区域金融反贫困的推进。姜霞(2009)则认为金融扶贫除了建立多层次、功能全的农村金融组织体系,以及完善农村金融市场创新金融产品之外,还应重视政府主导的金融机构减贫工作,给予涉农银行更多政策倾斜等。邵传林(2014)进一步通过建立微观的理论模型证明金融反贫困战略不仅可以帮助农村实现金融全覆盖,而且通过投资组合的跨期配置提高了资金配置率和投资收益率。

(三)关于金融、财政政策工具对贫困的影响研究

制定行之有效的金融政策工具才能进一步解放贫困人群的生产力并加强风险的抵抗能力。具体来说,金融扶贫的政策工具主要包括金融政策和财税政策。

一方面,运用金融政策工具。在反贫困过程中主要可以运用金融政策的信贷工具。刘冬梅(2003)不仅从宏观角度提出建立扶贫性金融政策运行机制以及通过信贷政策支持确保扶贫信贷投入的落实,而且从微观方面提出了农村抵押和担保制度在金融政策运行中的重要地位,必须保证抵押物符合农村经济发展的特点。李阳(2009)针对我国农村金融发展过程中造成的区域不平衡问题,建设性地提出了建立存款准备金政策以及贴现政策,最终目的是解决欠发达地区金融发展的差异以及"融资难、融资贵"的突出问题。

小额信贷得到了国内外学者在反贫困理论与实践中的关注与支持。杜晓山(1992)、中国人民银行湖南益阳中心支行课题组通过对孟加拉国乡村银行的小额信贷金融政策的研究发现,大部分村落积极响应小额信贷金融项目,每年通过农村小额信贷金融政策,有相当一部分农民摆脱了资金的束缚。在国内,学者们又分别从孟加拉乡村银行小额信贷模式、小额信贷资产证券化、公益性小额信贷等多角度论证了小额信贷扶贫的意义。巴曙松、栾雪剑(2009)提出小额信贷资产证券化是解决我国小额信贷资金来源普遍不足的有效手段,可以有效提高农村小额信贷机构的贷款率,解了多数贫困户的燃眉之急。段应碧(2011)提出鉴于单纯依靠营利性的农村合作金融机构无法完全解决农村贫困农户的贷款难问题,必须建立不以营利为目的的公益性小额信贷组织,来提供贫困农户改良生产或创业所必需的资金。

另一方面,财政政策是政府利用金融扶贫的又一把利器。反贫困过程中的财政政策主要包括税收优惠、财税补贴、延长扶贫信贷贴息期限、贷款利息补贴、风险规避保险等。李海平(2008)认为政府激励补贴手段的效果要优于扶持补贴手段。政府如果能够合理运用激励补贴的工具不仅会提高政府或民间农村金融机构的服务水平和产品创新意识,也有利于鼓励贫困人口更加积极地运用补贴工具来脱贫致富。焦瑾璞(2007)、师荣蓉(2013)提出可以设立部分贷款利息补贴和风险规避保险,以此来保障资金来源的可靠,以及信贷资金的安全、高效使用。谢婷婷(2016)充分肯定了财政支出对于提高金融反贫困效率的积极作用,政府应该进一步整合财政扶贫和金融扶贫,充分发挥财政支出与金融发展减贫的协同作用。

（四）关于微型金融发展对贫困的影响研究

在国外,学者们对于微型金融的观点大体可分为支持和保守两类观点。一方面,对微型金融持肯定态度的学者们认为其不仅可以增加贫困人口的贷款数额以及延长还款时间,而且还可以进一步改善贫困人口的家庭收入与生存状况并达到良好的社会效应。乔纳森·默多克（Jonathan Morduch,2002）指出,微型金融已被证明是反贫困的有效和有力手段,其为最穷的人提供了金融服务,有着积极的社会和经济效益。凯默·瓦塔（Kamal Vatta,2003）表示,将 GB 模式引入印度并尽量避免其中不良的因素,将会为长期的反贫困和金融深化起到重要的作用。同样,伊斯拉姆（Nazrul Islam,2009）表述,微型金融对减少贫困肯定存在影响,且微型金融不仅通过直接途径影响贫困,而且通过间接途径减少贫困。微型金融年会（2006）上指出,微型金融对反贫困工作有积极意义,有助于提高贫困人口的福利待遇,但是也要看到微型金融反贫困中还有许多不确定因素需要进一步研究破解。

另一方面,一些学者对于微型金融反贫困持有保守和观望的态度。他们认为微型金融可能因处理不慎会造成更严重的债务负担,甚至是给贫困的家庭雪上加霜。克拉克（Clark,2008）强调微型金融反贫困的绩效尚存在许多不确定因素,而且对于微型金融反贫困绩效的量化研究和评估资料都较为匮乏。印度经济学家乔杜里（Chaudhuri,2009）强调微型金融在丰富农村金融工具方面有一定的创新,但在减贫方面的实际效用仍然不够明确,有待进一步实践。

国内学者对于非政府金融机构所实施的微型金融反贫困项目的效果普遍持肯定的态度,而认为政府组织的微型金融项目却在反贫困方面的绩效逊色许多。肖望新（2007）以世界银行的农业贷款发展项目为研究对象,深入分析了微型金融反贫困的效果,得出了微型金融不仅有利于保障贷款的还款率以及增加农民收入,而且在深层次上有利于促进产业结构调整以及改善农业生产条件,促进农业技术进步。朱乾宇、董学军(2007)通过对湖北省恩施少数民族自治州农村信用社的调研以及褚利明(2008)对安徽霍山县农村资金互助社的调研,得出了微型金融在提高农民增收的过程中发挥了积极作用。冯涓、邹帆(2008)选取2002—2006年我国27个省份的农村信用社实施微型金融状况利用多元线性回归法,得出微型金融对贫困人口人均纯收入具有促进作用的结论。刘庆娜(2008)基于2001—2006年度农村信用社微型金融发展数据,认为微型金融解决了金融机构与农户贷款博弈中长期存在的信息不对称和小额信贷的高固定成本两个基本问题。她认为微型金融促进了信用状况的改进,带来了信贷结构、市场结构和产业结构的资源优化配置,最终突破了农村经济发展中的金融瓶颈。

(五)关于信贷目标偏离对贫困的影响研究

在国内外学术界,对"目标偏离"相关研究的时间并不长,是扶贫领域的新领域,但许多学者越来越关注"目标偏离"的存在原因及后果。

迪齐奥(Ernest Dichter,1997)指出,受利益驱动机制的影响,微型金融机构在追求财务可持续性的过程中,把信贷目标或对象指向富裕阶层,而偏离真正有信贷需求的贫困人口或弱势群体;罗伯特·H.弗兰克(Robert H.Frank,2008)也认为利润是信贷目标偏离的主要因素,当然与微型金融机构的商业化运作有着密切的关系,正是由于微型金融机构追求高利润、规避高风险,从而使信贷向那些收入更高、风险更低的客户靠近,进而偏离低收入客户。

在国内,部分学者如陆磊(2005)、焦瑾璞(2006)、杨骏(2007)认为目前我国农村金融服务的覆盖面较广,特别是正规金融机构所提供的农户贷款、存款总量,以及汇兑业务都高于国际平均水平的结论。然而,相当一部分学者却持有相反的观点。刘福合(2006)在对农村金融服务的研究中发现,农民贷款额度、客户普及的期望需求与贫困农户和农村小企业的实现满足之间还存在很大的差距。程恩江(2008)通过对内蒙古宁城县、河南南召县以及山西的左权县和临县四个贫困县小额信贷项目的入户调查,指出小额信贷项目的覆盖率仍然较低,诸如孟加拉乡村银行的小额信贷模式尚不能完全符合我国贫困地区实际,有些贷款融资项目使得农村贫富差距反而增加。孙篙、李凌云(2011)从农村金融服务的业务出发,运用层次分析法,了解其整体服务状况,研究表明贷款、存款、基础设施等方面的金融服务所占比重较大,但针对贫困人群的农村普惠金融体系还需要进一步培育与完善。

四、金融扶贫研究评述

综上所述,国内外有关金融反贫困的研究可以总结概括:金融促进经济增长减缓贫困论、金融获得减缓贫困论、微型金融减缓贫困论和内生金融减缓贫困论。对这些理论的简要评价如下:

(一)对"经济增长论"的简要评析

经济增长减贫论主要是指反贫困的过程中形成的涓滴效应,其是按照金融发展促进经济增长、经济增长促进全体社会成员收入提高的基本逻辑结构展开。金融发展无论是过去还是现在都不是单方面行为,而是与经济增长、收入分配两者之间存在着相互促进、相互协调、相互制约等关系。实践证明,国民经济的增长以及财政支出的提高在缓解贫困方面也会收到良好的效果,同样可以增加就业机会以及提高贫困人口收入等。因此,金融减贫与经济增长、收入分配之间存在着多种复杂的关联关系,甚至存在着多重不稳定的因素。一方面,金融减贫与经济增长之间的关系不仅仅是同增、同减的关系,还有可能会因为金融总量过度增长而对经济发展造成阻碍。如果后者出现,不仅会使金融扶贫的效应无法实现,而且贫困问题还会进一步蔓延甚至愈演愈烈。另一方面,经济增长有可能造成收入差距的进一步拉大。特别是在城乡、区域经济差距较大的情况下,金融促进经济增长的反贫困效应不仅会大打折扣,还可能加剧贫困。

（二）对"金融获得论"的简要评析

随着金融扶贫研究和实践的深入，"金融获得论"受到了许多学者的关注。究其概念，"金融获得论"是指在经济全球化的背景下，金融作为一种重要的扶贫工具，对增加贫困人口的收入、提高其生活水平有着重要作用。"金融获得论"具有代表性的模型是盖勒和扎伊尔（Galo 和 Zeira, 1993）"两部门跨期"模型。该模型认为贫困人口的贫困问题难以解决的原因，归根结底是由于贫困人口要想摆脱命运进入中产阶级甚至是富人阶级，就必须跨越一个无形的鸿沟，即资本的约束。只有当金融市场充分得到发展，金融服务更加完善，金融才能够为人力资本投资提供有力支撑。这样才可以进一步提高贫困人口的收入水平并进而缩小社会整体的收入差距。此研究的特点是以从现代部门能够提供足够的就业机会为前提，从人力资本投资、劳动者素质提高等角度研究反贫困作用的。

值得一提的是国内学者对金融扶贫的研究常常站在如何使贫困人口得到更多金融支持与服务的视角。但是实际上，贫困人口即使获得了良好的金融服务，也不一定能够达到良好的扶贫效果。究其原因是，向贫困人口提供的金融服务有生活性、生产性等借款形式，如果资金投入到家庭教育、医疗、养老等生活性贷款中就不能很好地促进生产，只能"输血"不能"造血"，这样很难实现彻底的脱贫。另一方面金融不是解决贫困的万能手段，只有与其他要素相结合才能形成稳定的缓解贫困的效应。

（三）对"微型金融论"的简要评析

近年来，微型金融顺应时代发展的潮流已经成为一种重要的金融反贫困模式。从孟加拉国的格莱珉银行（1970）到"微型金融年（2005）"，微型金融也走过了四十多年的发展史。微型金融迅猛发展的内在根源是全球经济加速一体化，使得世界或区域之间的经济发展状况更加不均衡，甚至由于收入差距的不断拉大造成了社会不稳定因素的增多。微型金融的出现有效地解决了经济不均衡所造成的负面效应，有效地缓解了经济、社会的矛盾。微型金融在融资快、风险小、效率高方面与贫困人口的实际情况相吻合，可以有效地解决贫困人口融资难、融资贵的烦恼，更易于深入特定的群体和地域进行微型化经济改革。

但如上文所述，学者们对微型金融的扶贫效果有很大的分歧。提倡运用微型金融工具的学者认为微型金融的反贫困绩效显著，特别在国民收入差距过大时，为贫困人口输送资金本身就具有积极的经济意义和社会价值。相反，有学者认为微型金融需要与其他一些必要条件相结合才能够起到更好地缓解贫困的效果。因为相关的统计数据难以获得且项目数量众多、微型金融反贫困有时呈现出难以评价的不足。而且微型金融使贫困人口脱贫的效果非常有限，其作用只局限在让少数贫困人口致富，但无法使贫困地区、贫困人口彻底消除贫困。这说明微型金融的本质只可以算作是反贫困的一种必要模式，具有单一性、个体性的性质，要使贫困人口彻底改变现状还要从国家层面发展经济和生产。

（四）对"内生金融论"的简要评析

二元法和内生法是农村内生金融两种最常见的界定方法。"二元法"是相对于政府主导的正规农村金融而言，指建立在二元金融结构理论基础之上。"内生法"指农村经济发展中的某些特定因素所促成的金融活动。学者们普遍认为二元法和内生法之间的外延概念差异不大，但内生法更加强调农村内生金融源自我国传统的小农经济社会特质。可以看出，我国小农经济社会的一些特质是农村内生金融得以发展所赖以生存的土壤。这些特质包括小农社会的农业经济、熟人社会、家庭圈层等。

国内多数学者的研究认为社会因素和制度因素是决定信息不对称程度、交易成本大小及风险管理水平的关键因素。他们的研究多以我国传统的小农农村经济社会为案例,旨在说明我国民间内生金融比正规金融更"接地气",更具有强大的适应性和生命力,并形成了新的内生金融发展理论。但这种观点也明显具有片面性,特别是忽略了我国农村正处于一个二元经济的急剧转型期,我国政府主导的政策性金融机构对于治理贫困的投入力度越来越无法匹敌。

另外,近年来我国各地农村频频爆发民间借贷危机,其最主要的原因就是农村内生金融逐利性效应膨胀。一般来说,农村内生金融的逐利性会形成诸多非对称性金融发展以及资本束缚,使金融扶贫的目的从减贫悄然变成追求利益,最终会使农村金融在反贫困领域的路越走越窄,甚至是失去生存空间。需要警惕民间借贷、小额信贷等微型金融工具在反贫困过程中如果不能完全摆脱逐利性的偏好,那么金融风险就得不到有效控制,农民收入的差距将进一步扩大,甚至会出现信用危机等严重后果。因此,只有金融的逐利性很好地得到了防控,金融扶贫才能够更好地实现。在解决好农村金融逐利性的前提下,与融资功能外的其他要素相结合才能更好地促进经济增长,达到良好的反贫困效果。

综上所述,国内外学者对金融扶贫的相关研究提供了重要的理论依据,也为开展相关研究提供一定的理论借鉴。但由于各国经济、社会环境不同,国外大多数学者对发展中国家的农村金融发展状况理解并不透彻,在研究问题、解决问题方面具有片面性。而国内多数学者又恰恰是借用国外学者相对成熟的模型来展开相关宏观实证分析与研究,但通过微观操作层面研究金融反贫困模式却非常匮乏。如何在阐明金融反贫困机理的基础上,结合当前我国实施的异地搬迁、产业扶贫、基础设施扶贫、光伏扶贫、旅游扶贫、电子商务扶贫等新兴扶贫开发方式的融资需求,从金融资源配置的角度,系统研究构建我国金融反贫困的组织体系,为贫困地区提供具有可操作性、可供选择的多种融资模式和相应对策,提高金融扶贫的覆盖面和精准性,同时保障金融机构财务的可持续性,发挥好包括正规金融、非正规金融以及政策性金融、商业性金融、合作性金融、保险机构、担保机构、基金和资本市场在反贫困中的比较优势和作用,形成政府、金融机构和社会三方协同的脱贫攻坚机制等方面还有待于进一步深入探讨,这也为本书的创作提供了较为宽阔的空间。

第三节　相关概念界定

一、几个贫困概念解析

(一)贫困内涵

有关"贫困"的内涵界定,根据社会经济环境的变化以及贫困的发展状况,有狭义与广义之别:从狭义方面来说,所谓的"贫困"是依据经济收入的多寡来进行界定和衡量的,是指社会物质生活贫乏的现象;然而,从广义方面来说,"贫困"的界定不仅仅局限于经济收入层面,还包括人们所处的社会地位、个人所享有的社会权利以及自身的能力等多维度的内容。

1. 狭义内涵

英国学者郎特里(Rowntree)仅从经济范畴即个别家庭收入的多少层面对"贫困"进行界定,他认为所谓的"贫困"就是支出大于收入,也就是说家庭的总收入不能满足家庭成员正常的最低生活开支,从而使他们处于物质生活资料贫乏的状态。随后,一些学者和研究机构也从经济收入状态和物质生活水平的层面对"贫困"概念进行科学而又准确的界定,其中比较有代表性的是弗雷德·费尔柴尔德(H. R. Fairchild),他通过研究表明,经济意义上的贫困与收入的多寡是有关系的,相比较而言,是收入水平较低的一种状态;史密斯(S.CxSmith)则从满足基本生存条件所需要的生活必需品出发,指出所谓的贫困就是缺乏生活必需品的一种状态。在欧盟和世界银行的一些研究报告中也涉及"贫困"的概念,是以注释或者其他解释说明的方式出现的,这些解释说明也都仅仅局限于经济层面。

2. 广义内涵

舒尔茨指出,"贫困"是一种社会经济状态,并结合当前发展实际指出这种状态是由于经济发展不平衡所导致的,当前或未来的一段时期贫困还将存在着。詹姆·肯凯德(James Kencade)从多维度、多层面对"贫困"进行了界定,他认为贫困不仅仅是收入水平低的问题,更是真实地反映其所处社会地位的低下,在这种被边缘化的境地中依靠成员自身已经难以改变其生存环境。奥本海默(Oppenheim)在《贫困真相》一书中从经济、社会、文化以及情感等方面,界定"贫困"是一种多维度、综合性的贫乏的生存状态。阿玛蒂亚·森从经济收入、个人能力、社会权利以及精神状态等视域来诠释贫困,他认为所谓的贫困人口则是被剥夺了自身所享有的社会权利、个人生存能力以及精神文化享受的人。

依据上述分析,本书对贫困的内涵与特征做如下界定:

从贫困问题研究的历程来看,表现出一定的动态性和历史性。在实际工作中,可能某一阶段的贫困是一成不变的,处于静止状态的,但是随着社会经济发展水平的变化、公众生理生存需求的调整,"贫困"概念的内涵也会随之发生变化。换句话说,同一时期的不同国家或地区、同一国家或地区的不同发展阶段,由于生产力发展水平、社会权利的享有程度、文化认同度以及公众对最低生活标准认识等的差异,使得贫困的衡量标准和概念界定都会发生相应的变化,这种静态特性只是相对的、短暂的。

从贫困问题产生的原因及其表现来看,形成的原因是复杂多变的,不仅有经济因素还有社会、文化因素,同时也有精神与灵魂层面的因素,成因的多元性决定了表现形式的多元特征,如经济贫乏、精神匮乏等。

总之,本书认为对贫困概念的内涵既要从经济收入层面入手,还要着重考虑贫困群体的社会权利、文化认知和情感需求,造成贫困的原因不仅包括国家的基本经济制度、生产力发展水平等制度性因素,还包括个人能力、社会环境等非制度因素。这与传统意义上对贫困概念的界定来讲,更加注重公众生存生活需求的多元化和多样性,使其概念的界定更加准确、科学。

(二)贫困线确定方法

为了能够更好地分析了解世界各国的贫困状况,国际上主要采用生活必需品法、营养构成法、恩格尔系数法、马丁法等对贫困线进行划定:

1. 生活必需品法

所谓的生活必需品法就是依据满足公众的最低生活标准的必需品来进行衡量的,生活必需品的数量与相应价格的乘积即是公众的基本生活费用,也是贫困线的确定方法。

2. 营养构成法

"营养"构成法,顾名思义,即通过对满足公众最低生存需求的营养量的计算来划定贫困线的标准,营养量在一定程度上更加准确、具体地反映出公众的收入水平状况,也是对公众生理需求的尊重。

3. 恩格尔系数法

恩格尔系数能够较为准确地反映出人们的幸福感,幸福感的强弱与比值的大小成反相关,它是在消费生活中反映出来的食品支出额与消费支出总额的比值,进而用食品消费项目乘以食品的价格,最终能估算出最低收入水平,也就是贫困线。

4. 马丁法

这种贫困线的确定方法是由著名经济学家马丁提出来的,他认为贫困线可以划定为低贫困线和高贫困线,这个划定是以食物支出水平为标准的。

本书认为这四种贫困线划定方法,对贫困的进一步理解起到非常重要的作用,但是在贫困线的划定中,各种方法也存在一些弊端。如生活必需品的标准难以确定,哪些是必需品而哪些是非必需品,怎么来划分,不同国家和地区、不同时期不同阶段公众的必需品也是不一样的;营养量计算与划定亦是如此,贫困线的划定要求比较稳定,而这些划定标准又是不断变化的,因而使得贫困线的划分缺乏一定的说服力。对于马丁法,在实际的贫困线的划定中可操作性不强,难以得到公众的认可和推广。考虑研究工作中的可操作性和数据可获得性,本书在实证分析部分采用恩格尔系数法来计量我国的贫困状况。

(三)贫困的类型

导致贫困的因素很多,如社会经济发展水平、生活方式、政府所采用的反贫困政策措施等。为此,在学术界和实际工作中人们将贫困划分为绝对贫困和相对贫困。

1.绝对贫困

绝对贫困也称之为生存贫困,是由英国学者郎特里(Seebohm Rowntree)和布什(Bush)最先开始研究分析的,在此之后,国内外一些学者也对绝对贫困问题进行了深入研究和探讨。罗伯特(Robert)认为,绝对贫困就是满足公众最低生存生理需要的物质生活资料,注重物质条件;阿尔柯克(Alcock)在对绝对贫困问题的研究中,主要采用生活必需品法进行界定,他认为那些低于维持基本生存水平的、缺乏足以延续生命的必需品,就会处于绝对贫困的状态。童星等人的研究表明,绝对贫困是指那些吃饭问题、住房问题等基本生活问题没有解决,在短时间内也难以解决,难以维持简单再生产的状态。

国家统计局在《中国城镇居民贫困问题研究》和《中国农村贫困标准》两个课题研究中,对绝对贫困是这样定义的:"绝对贫困是收入低,基本的温饱问题难以解决,总的说来还是生产力水平较低和生活方式落后所造成的,简单再生产难以维持。"与学者童星界定的概念有一些相似之处,更加符合中国的国情和公众生活实际,对贫困问题的研究提供一定的理论基础。

综上所述,本书认为无论是理论学者还是实际工作部门,尽管对绝对贫困内涵的界定表达方式不统一,但所反映出来的实质是一样的。即绝对贫困是与社会的经济发展方式、公众的生活方式以及维持生命的最低物质条件相关的,低于最低物质条件的家庭和个人称之为贫困户或贫困人口。从这个意义上来讲,绝对贫困也称为生存贫困,是相对静态的概念,随着社会经济的发展和公众生活水平的提高,家庭收入会有所增加,绝对贫困现象会大幅减少,也就说明随着社会经济的发展有可能会消除绝对贫困,达到理想的社会生存状态。

2. 相对贫困

相对贫困是与绝对贫困相对应的,也反映的是低收入人口或者家庭的经济状况。对此,近年来,相对贫困问题也成为世界各国关注的焦点和研究的重点。罗伯特指出,相对贫困是与中等社会的经济收入差距相对比形成的,这个贫困线的划定也是不断随着参数的变化而变化。阿尔柯克则认为,相对贫困的标准难以确定,这个标准是贫困人口的生活水平和较为不贫困的群体的生活水平对比而形成的,主观性相对较强。童星等学者的研究表明,相对贫困是指公众基本的吃饭问题、住房问题得到解决,能够剩余一定的物质资料来进行简单再生产,但这也仅仅是满足最低生活之后的较少剩余,难以实现扩大再生产。

世界银行在《贫困与对策》一书中从经济范畴对相对贫困的概念进行了界定:"所谓的相对贫困是指个人或者家庭的经济收入低于同一时期本国的平均收入水平的状态",通过这个概念界定可以看出,贫困线的划定不是固定不变的,会随着经济发展水平的变化而作出相应改变。国家统计局的研究课题《中国城镇居民贫困问题研究》和《中国农村贫困标准》指出,相对贫困人口是处于基本生活标准之下的那部分群体,所占的比例较少,仅有 5%左右。

根据以上分析,本书认为相对贫困是一个"相对"概念,如农村相对于城市、低收入群体相对于高收入群体是处于相对贫困的状态。另外在不同的国家、不同时期相对贫困的划分标准也是不一样的,如在一些国家认为个人经济收入低于平均收入40%的就归入相对贫困人口,而在世界银行的一组数据中显示,凡是个人收入只有(或少于)平均收入的1/3就可以视为相对贫困。另外,本书认为相对贫困是难以摆脱和消除的,它将会一直存在着。所以,在本书中所使用的扶贫或反贫困内涵只能是缩小贫富差距、缓解相对贫困而已,而不可能彻底将相对贫困根除。

(四)贫困程度计算方法

1.贫困发生率

贫困发生率是对一个国家和地区在一定时期内贫困程度或状态的反映,它是贫困人口数量与总人口数量的比例,这个比例的变化能够直观地反映贫困的变动趋势。但是贫困发生率在反映贫困程度上存在一定的局限性,在权重的确定上,难以衡量处于贫困线以下的人口及变化情况。

2.收入缺口比率

收入缺口表示的是一组差距,即一个国家一定时期内贫困人口的实际收入与贫困标准线之间的差距。要跨越这一道鸿沟缩小差距,离不开国家公共财政的支撑和社会闲散资金的注入。收入缺口的公式表示为:

$$g = \sum (z - y_i) = \sum g_i \qquad (1.1)$$

其中 $g_i = z - y_i$,g 为收入缺口,z 为贫困线,y_i 为第 i 个人的收入,T 为贫困人口构成的集合。

收入缺口率:

$$I = g/q \qquad (1.2)$$

其中 I 为收入缺口率,g 为收入缺口,z 为贫困线,q 为贫困人口数。

通过收入缺口这一指标,能够较为准确全面地反映当前社会的贫困程度,与贫困发生率相比较是一大优势。但是也存在一定的局限性,就是无法估算贫困差额的分布,随着社会经济的发展,经济收入逐渐靠近富者,那么就会使得贫困人口的收入状况更加糟糕,而这恰恰是收入缺口比率的盲区。

3. 森贫困指数

为了消除贫困发生率和收入缺口率的局限性,较为全面准确地反映贫困群体内部的收入分配情况,1974 年阿玛蒂亚·森研究出标准化度量的一般性公式:

$$P = H \times [I + (1-I) \times G] \tag{1.3}$$

其中 P 是贫困指数,H 表示贫困人口的百分比,G 是贫困人口的基尼系数,I 是贫困人口收入差距的总和除以贫困线,即贫困距,$0 < I < 1$,贫困距仅适用于贫困线以下的个体。

通过森的研究发现,由于贫困人口的收入不同,所以不能把贫困发生率 H 和收入缺口比率 I 结合起来反映其收入分配状况。而他研究的贡献刚好弥补了这一局限,通过绝对差异和相对差异来反映贫困群体内部个体之间的收入分配情况。

二、几个金融概念解析

(一)扶贫性小额信贷

作为一种新型的融资方式的小额信贷将低收入人群及微型企业作为其服务对象。有关扶贫小额信贷的概念界定,其中比较具有代表性的观点为:马杜罗(Morduch,1997)指出小额信贷是帮助低收入者尤其是农村中的贫困妇女来实现自我增值的一种有效方式,与世界各国的经济环境都是相适应的,并具有收益性高和可持续性的特征。穆罕默德·尤努斯(Mohammed Yunus,1998)认为小额信贷给了贫困人口一个机会,让贫困者凭借自己的双手来掌握自己的命运,有尊严地活着,在实现自我增值中逐渐地摆脱贫困。吴国宝(1998)指出,小额信贷作为一种融资方式,必须遵循公平公正的竞争原则,具有组织化和制度化的金融服务机构,以此来为贫困人口提供信贷服务。杜晓山、孙若梅(2000)指出,小额信贷是一种融资活动,在这个过程中持续地向低收入群体提供信贷服务。小额信贷的服务对象主要是低收入群体或者家庭。

(二)贫困村发展互助资金

所谓贫困村发展互助资金(以下简称"互助资金"),是指由省扶贫办统一规划、市县扶贫办具体指导、乡(村)组织实施,以财政扶贫资金为引导,村民自愿按一定比例交纳的互助金为依托,无任何附加条件的社会捐赠资金为补充,在贫困村建立的民有、民用、民管、民享、周转使用的生产发展资金。宗旨在扶贫,关键在互助,方向在发展。

(三)微型金融

随着经济的发展和金融行业的逐步完善,微型金融应运而生。它是由 microfinance 的英文单词直接翻译过来的,是专门为低收入群体或者微型企业提供信贷、储蓄或者支付等服务的金融服务体系。微型金融在反贫困的过程中取代小额信贷,相对小额信贷而言,微型金融不仅包括信贷业务,还有储蓄、保险以及支付等服务项目。从这个层面来说,小额信贷是微型金融的一个重要组成部分。在当前,微型金融与其他金融体系之间的差别越来越小,一些银行或者其他的商业组织也都加入进来,形成了一个比较完善的支持和服务于贫困人口、帮助其实现脱贫目标的金融体系。

(四)普惠金融

"普惠金融"理念源于 15 世纪罗马教会设立的当铺,20 世纪 70 年代随着孟加拉乡村银行的成功试验,现代意义上的小额信贷逐渐形成,并掀起了小额信贷的全球化浪潮;20 世纪 90 年代小额信贷又开始过渡到微型金融;进入新世纪,随着互联网和信息技术的推广,联合国在

2005 年正式提出"普惠金融"的概念,一个更具平等、开放、便利、草根性的普惠金融体系逐步形成。2013 年在党的十八届三中全会上,把普惠金融提高到国家战略的高度,得到了社会的认可。

根据学者们的现有研究成果,本书尝试给"普惠金融"下定义:即能够为所有阶层和群体提供服务的金融体系,其主要任务就是为那些传统上被排斥的对象如低收入农户、贫困人群及微型企业提供信贷资金或让其都能够及时享受到价格合理、便捷安全的金融服务。换句话说,普惠金融就是对全体社会成员无论贫困与否、也无论处于哪一个社会阶层上,都能够以合理的价格,随时随地享受到金融机构提供全面的、有效的金融服务。

三、金融扶贫概念界定

(一)反贫困内涵

反贫困是与贫困相对应提出来的,意为摆脱贫困或者消除贫困,是近年来世界各国讨论的焦点,占有主导的话语地位。有关"反贫困"的概念最初是由冈纳·缪尔达尔提出来的,在他有关贫困问题研究的著作《世界贫困的挑战》(The Challenge of World Poverty,1970)中谈及贫困问题以及治理贫困的政策,可见他是以治理贫困、反贫困的视角进行诠释,这对以后的研究起到了非常深远的作用。在此以后,学者们对有关治理贫困、消除贫困的理论研究成果与实践经验展开了深入研究和探讨。

综合以上理论分析和对"反贫困"政策实践的研究发现,"反贫困"概念的界定突出过程、手段、落实以及目的四个方面,相对应也形成了四种表达方式,即 Poverty reduction(减少贫困)、Poverty alleviation(减缓贫困)、Support poverty(扶贫)和 Poverty eradication(消除贫困),也反映出公众对其不同视角、不同维度的理解。根据前面对贫困的类型划分可以看出,在反贫困的过程中,绝对贫困或者暂时的贫困是有可能通过一些治理贫困的政策来消除的,但由于相对贫困是相对应存在的一种贫困状态,是难以消除的,无论是理论界还是政策实践都要认识到这一点。在经济发展水平不平衡的当前,绝对贫困与相对贫困同时存在着,并将不断地滋生相对贫困,一些国家将在脱贫与返贫中挣扎,消除贫困只能是公众的一个理想,并需要付诸努力去实现的战略目标。因此,在一些研究中,涉及"反贫困"问题时,学者们的用词都比较谨慎,更多地使用"缓解贫困",而非"消除贫困"。

除此之外,还可以从制度、政策以及个人生存能力等方面来分析反贫困的内涵:第一层面,制度化层面,需要在各级政府的领导下建立贫困人口最低生活保障制度,并保证这项制度能够长久持续地发展下去,确保公众的基本生活。第二个层面,体制层面,破除城乡二元格局,促进收入分配公平公正,保障公众的各项权利,缩小贫富差距。第三个层面,公众自身的生存与发展能力,给予贫困人口平等的社会地位,如政治权利与自由、人格尊严等,确保其就业、医疗、教育等权利的享有,彰显出人文关怀的沐浴阳光,避免贫困人口疏离化、边缘化。

本书认为反贫困的主力和主体依然是贫困人口自身,因此在治理贫困的过程中要突出贫困人口的主体性作用,为其创造发展机会和条件,从而提高贫困人口自身的反贫困能力,从而达到缓解贫困的目的。

(二)金融扶贫内涵

金融是货币流通和信用活动以及与之相联系的经济活动的总称,是伴随着人类社会的发展逐渐成长起来的。金融作为市场经济的产物,涉及社会经济生活的方方面面,金融领域中银行、证券、基金、保险、信托等行业在当代经济社会中发挥着举足轻重的作用。金融机构支持贫困地区的经济社会发展,既是其作为企业应承担的社会责任,也是金融机构开拓广大农村金融市场的难得机遇。

金融扶贫作为我国扶贫开发战略的重要组成部分,因其参与主体之一为金融机构,对扶贫开发项目的营利性有一定的内在要求,这决定了金融扶贫既不是慈善救济,也不是纯粹的商业行为,而是在保持资金安全的前提下,通过信贷投放,启动示范和带动效应明显的扶贫项目,激发贫困人群的内生发展动力,从而实现可持续的脱贫和发展。

根据各地金融扶贫实践和理论界的探讨,本书初步对"金融扶贫"这一概念做如下界定,即政府运用法律、货币政策、财政政策等机制或手段,调动金融机构增加对贫困地区信贷资金的供给,为那些长期遭受金融排斥的贫困地区中小企业和贫困群体提供均等的金融服务机会。银行、保险、证券等金融机构通过创新金融产品和服务,为贫困地区的基础设施、产业发展、中小企业、贫困人口或者家庭提供资金支持,最终带动有自主发展能力的贫困人口脱贫致富。这一概念有以下几层含义:

金融扶贫的发起者是政府,即政府需要通过出台相关法律,明确贫困人口的信贷权,或是通过财政贴息、降低准备金率、税收优惠等手段,促动金融机构参与到扶贫开发事业中来。

金融扶贫的主体是金融机构,即金融机构作为提供资金服务和生产信用产品的特殊企业,通过汇兑、储蓄、信贷、保险和担保等手段的创新,向贫困地区增加信贷资金供给,满足贫困地区中小企业和贫困人口的信贷资金需求,履行好金融企业的社会责任。

金融扶贫的对象是贫困个体,也可以是贫困地区的中小企业,即有金融机构主要对那些具有强烈脱贫致富意愿和一定自主发展能力的贫困个体或能够带动贫困人口脱贫的贫困地区中小企业提供信贷支持。

(三)金融扶贫特征

金融扶贫被称为"造血式"扶贫,它是各金融扶贫主体通过相互协作,借助于金融手段,通过市场化机制来实现的,呈现出明显的特征:

第一,需要系统化实施。金融扶贫不是各金融扶贫主体各自为战、单打独斗,而是需要政府及各金融机构相互协作,建立起一套比较完善的金融扶贫组织体系,明确各自的职能,发挥各自的比较优势,形成扶贫合力,从而保证金融扶贫可持续发展。

第二,借金融手段实现。与各级政府通过行政手段分配财政资金的财政扶贫不同,金融扶贫是依靠银行、担保公司、保险公司以及小额贷款公司等金融企业为贫困地区的中小企业和贫困人口提供储蓄、信贷、保险、担保等金融服务和产品,以支持他们生产、创造发展机会,从而缓解贫困。

第三,市场机制是关键。财政扶贫主要是依靠各级政府行政命令层层推进,相比较而言,金融扶贫更多地是政府通过降低准备金率、税收优惠、财政贴息等,调动各金融机构支持扶贫开发。金融机构以市场化的方式向贫困地区和人口提供信贷支持,并能够持续盈利。其参与扶贫的金融机构在相互竞争、追逐自身利益的同时,也存在着一定风险。

第四,"造血"是重点。要想帮助贫困人口缓解或者摆脱贫困,单纯地依靠国家公共财政"输血"是不够的,授之以鱼不如授之以渔。金融扶贫的对象是那些具有一定自主发展能力,但缺乏资金和有效抵押物的贫困人口和能够带动贫困人口脱贫致富的中小企业。而对于那些丧失劳动能力的贫困人口,则需要社会保障政策兜底。

第二章　金融扶贫动因经济学分析

传统理论认为,银行具有典型的"嫌贫爱富"特征,将贫困人口视为"金融的不可接触者",在该经营哲学的指导下,弱势群体(或贫困人口)长期被以银行为主体的金融机构拒之门外。而孟加拉尤努斯教授创办的格莱珉(译为贫困人口)银行极大地颠覆了金融机构一直所奉行的"贫困人口是金融的不可接触者"的经营哲学,创造了金融史上的一个奇迹。针对这一现象,本章将从信贷权是贫困人口的基本权利、金融服务具有准公共物品性质和金融企业的社会责任三个层面,对金融扶贫的动因做全面深入的经济学分析。

第一节　贫困人口信贷权经济法权分析

一、金融排斥现象分析

大多数国家的银行经营理念固守"无恒产者无恒信"的传统观点,总是将贫困人口视为"金融的不可接触者",在经营取向和服务对象上往往锁定的是有一定经济实力、能够承担相应经营风险的大型企业集团和个人,一般不与经济实力较弱的小企业或者弱势群体相接触,在他们的观念中,贷款给小企业或弱势群体所耗费的单位贷款的平均成本和边际成本较高,总预期收益相对较低,同时面临贫困人口经营容易失败而不能偿还贷款所产生的坏账风险,收益具有很大的不确定性。如果坚持给贫困人口贷款,不符合亚当·斯密的"理性经济人"原则,银行的自身经营和财务的可持续性就会遇到困难。因此,基于这一理论,只有向富人提供贷款才能够获得足够的抵押担保,因此也只有富人能够获得一定的信贷支持。这一信贷哲学长期流行于金融领域中,对金融行业的发展产生着巨大的影响,造成那些缺少抵押担保品的弱势群体(贫困人口)面临较高的信贷门槛,甚至长期被排斥在银行大门之外。因此说银行具有典型的"嫌贫爱富"特征,其经营行为多是锦上添花,而非雪中送炭。

在该经营哲学的指导下,弱势群体(或贫困人口)长期被以银行为主体的金融机构拒之门外,且这种现象具有相当的普遍性,并不是个别国家所独有。据有关资料统计,现阶段,国际上大多数国家基本上有一半以上的人口在生活中受到金融机构的不公平待遇,无法获得金融机构的信贷支持,这种现象也被金融领域的研究者形象地称之为"金融排斥"(Financil Exclusion),对弱势群体(或贫困人口)无法获得传统信贷支持的现象进行了较为明确的界定。具体来说,所谓金融排斥,主要是指某些弱势群体或边缘群体,由于缺少信贷所需的抵押担保品而被传统的金融机构所歧视,不愿为其提供金融服务,致使这些弱势群体丧失了获得必要信贷的机会。从更广阔的视角看,金融排斥事实上是一个多维度的复合概念,其不仅仅是一个经济问题,更是一个社会问题,其基本内涵涉及六个方面的思想:(1)地理排斥(Physical Access Exclusion),传统金融机构不向部分经济欠发达地区提供相应的金融产品和服务;(2)条件排斥(Condition Exclusion),附加于某些金融产品上的相关条件不适合某些人群的信贷需求;(3)评估排斥(Access Exclusion),部分贷款评估企业在评估过程中将部分群体判定为弱势群体,不适合提供金融服务;(4)价格排斥(Price Exclusion),一些人只有支付自己无法承受的价格才能够获得所需的金融产品;(5)营销排斥(Marketing Exclusion),部分人群被排除在传统金融机构所设定的营销市场外；(6)自我排斥(Self-Exclusion)，个体基于自身相关条件限制，认为自己获得金融产品和服务的可能性较小，进而将自己排除在金融服务范围外。对弱势群体(或贫困人口)实施金融排斥的原因虽有主客观两方面的原因，但对贫困人口金融排斥的结果折射出传统的金融机构对抵押担保品过分倚重，而忽略对人的基本信任和权利的尊重。这种排斥很容易导致"马太效应"，即贫者越贫，富者越富，加重贫富两极分化。

　　结合以上分析，接下来围绕贫困人口没有信用的命题在实践中是否成立，贫困人口由于没有抵押担保品，其信贷权是否应该被剥夺的现象进行进一步探讨。孟加拉国学者穆罕默德·尤努斯教授创办的格莱珉银行专门针对贫困人口的小额信贷实践给了明确回答，他指出，"贫困人口虽然缺少抵押物，但是有信用的，甚至相对于富人，贫困人口在某种程度上可能更讲求信用，因为他们除了信用一无所有"①。也就是说虽然弱势群体(或贫困人口)缺少一定的抵押物，但是他们是具备一定信用基础的，甚至这些贫困人口相对于富人来说，从某种意义上说信用程度更高，其对履行契约的意识和责任更强，因为贫困人口深知在金融信贷领域中，其能够凭借的唯一优势就是信用。1977 年 10 月，穆罕默德·尤努斯教授在创办孟加拉格莱珉银行伊始，就对小额信贷的两项基本原则进行了合理的限定，即只对弱势群体(或贫困人口)提供贷款和弱势群体(或贫困人口)不需要提供任何贷款抵押。相关数据显示，2015 年年底格莱珉银行的借款者已拥有近四百万，其中信贷对象是孟加拉农村中缺乏经济独立、社会地位低下的妇女，但她们在格莱珉银行小额信贷的支持下，通过经营当地农村的手工项目获得了极大成功，增加了家庭收入，缓解了贫困；另一方面，格莱珉银行自创办以来，除了水灾特别严重的两个特殊年份外，创造了高达 98.89% 的还款率，

---

　　①　穆罕默德·尤努斯：《贫困人口的银行家》，吴士宏译，生活·读书·新知三联书店 2006 年版，第 25 页。

财务上一直保持盈利。这极大颠覆了金融机构一直所奉行的"贫困人口是金融的不可接触者"经营哲学，创造了金融史上的一个奇迹。

二、贫困人口信贷权提出的依据与内涵

（一）"信贷权是人权"论断的提出

不是所有的金融机构都将贫困人口作为金融排斥对象，格莱珉银行的创始人穆罕默德·尤努斯教授就认为要想实现持久稳定的和平，就必须探寻一种能够缓解贫困问题的理论，而小额信贷就是一种相对有效的方式，因此其所创办的格莱珉银行在运营管理过程中秉持着专门为贫困人口提供相关金融信贷服务的理念，为数以万计的贫困人口提供信贷服务，帮助他们摆脱了经济困境。基于此，2006 年 10 月 13 日，诺贝尔和平奖委员会决定将这一奖项颁给格莱珉银行的创始人穆罕默德·尤努斯教授，颁奖词中写道，"要实现持久的和平，除非人们找到对抗贫困的办法，而小额信贷就是这样一种有效的办法"[1]，颁奖词表达了对尤努斯教授开展贫困人口信贷服务的认可和支持。

世界各国在长期的发展中普遍意识到贫困减缓与和平发展的内在逻辑关系，一个社会只有逐步改善贫困现状，才能够维持和谐稳定。基于这一理念，在尤努斯教授的推动下，世界各国纷纷开展小额信贷工程，这既是对传统的金融体制和经营哲学的颠覆性变革，也是减缓贫困的有效手段之一，促进了社会的和平稳定。

尤努斯教授认为传统的金融体制和银行的经营哲学是不正义的，因为它使贫困人口无法获得金融服务和信贷支持，从而在一定程度上扼杀了贫困人口摆脱贫困的机会和能力，其结果是给富人带来越来越多的经济和社会效益。尤努斯教授在研究中明确地指出，"如果我们给予贫困人口和富人同等的机会，贫困人口是能够依靠自己的努力摆

---

① 诺贝尔和平奖评审委员会：《诺贝尔和平奖评审委员会颁奖文告》，转自《中国日报》2006 年 10 月 13 日。

脱贫困的,我们给予贫困人口的这样一种机会,其实只是帮助他们解开传统观念强加在他们身上的枷锁而已"①。也就是说如果在金融领域开展金融信贷服务的过程中能够为贫困人口和富人提供平等的机会,那么贫困人口也必然能够结合自身能力积极把握这一机会努力摆脱贫困的现状。由此可见,在金融信贷领域为贫困人口提供相应的信贷服务,给予贫困人口平等的机会,是在帮助他们摆脱传统观念的束缚,而一旦摆脱这种束缚,贫困人口必然能够把握机遇获得新的发展。格莱珉银行小额信贷的成功(减缓了贫困,实现了银行财务工作的可持续发展),进一步证明贫困人口是具有一定信用基础的,其可以在金融借贷领域中获得相应的信任。基于此,信贷权应不应该成为贫困人口一项不可或缺的权利,就涉及在信用面前是否人人平等或者说金融服务和资源分配是否公平的问题,这就需要我们从人的生存权、发展权等人权的视角看待贫困人口信贷权的问题。一般来讲,人权就是人之所以为人而应该自然享有的权利,它具有普适性特征,即对所有人都适用。关于人权所包含的内容随着人类社会的不断进步,其内涵与外延都在发生变化,从最初的、最基本的包括生命权、生存权等逐渐演化为包括发展权、自由权以及免于匮乏的权利等,但由于人类社会经济发展的不均衡性以及各国历史文化的差异性,尽管人们在对抽象的权利概念和理论的理解方面能够基于这一问题形成了统一认识,但是在实践应用过程中却又面临着巨大的矛盾和分歧。

(二)贫困人口信贷权确立依据与内涵分析

贫困人口信贷权是贫困人口为满足基本的生存与发展需要而依法获得国家直接或间接的扶助性贷款的权利。这一权利的提出主要有以下依据:

首先,贫困群体信贷权符合公平正义的道德要求。贫困人口作为

---

① 穆罕默德·尤努斯:《贫困人口的银行家》,吴士宏译,生活·读书·新知三联书店2006年版,第218页。

有生命的个体,同样拥有免受匮乏、摆脱贫困并过上体面生活的权利。格莱珉银行的小额信贷的成功,就证明了这样一个道理:信贷权绝不是天生就和贫困人口无缘,贫困人口不是没有信用,他们更能够接受道德和法律的约束;贫困人口本身并不缺乏借助外在力量摆脱贫困的能力、决心和勇气,他们在成长过程中也怀揣着一定的创业、致富梦想,只是囿于社会的陈旧观念,贫困者较富人来说,其生存权和发展权利受到剥夺,导致贫困人口必然无法真正摆脱贫困经济环境对其的束缚。正如著名经济学研究者阿玛蒂亚·森在《作为能力剥夺的贫困》一文中针对这一问题的论述,"贫困必须被视为一种对基本权利和能力的剥夺,而不仅仅是收入低下"①。也就是说贫困最终被看作是对人类个体基本权利的强制性剥夺,其不仅仅是受到经济收入低下的影响,更是不公平不正义的制度安排所致。

在一个坚持民主法治的现代社会,国家存在的主要目的就是为国家中的每一个社会主体提供公平发展的权利,如果由于被不公平对待,贫困人口丧失了发展的权利,政府此时就有责任和义务去遏制和根除不公平对待现象。如果明确贫困人口所享有的、涉及自身发展的相关法律权利,那么贫困人口在发展过程中就能够对自己应该享有的权利加以判定,并明确这些权利是否已经受到一定的侵害,就可通过各种法律手段保障自身权益,这样贫困人口被不公平对待的现象就会逐渐消除。因此可以认为信贷权是社会中弱势群体(或贫困人口)所应该享有的基本权利,而并非特权。

总而言之,一个秩序良好的社会,由于个人资源禀赋和条件不同,每个人的财富有差别是正常的,符合正义原则。但如果由于生存和发展权利被歧视或剥夺,从而导致富人和贫困人口之间的财富分配悬殊,就是不公平和不正义的。正如阿玛蒂亚·森所指出的,社会弱势群体

---

① 阿玛蒂亚·森:《贫困与饥荒》,王宇、王文玉译,商务印书馆2004年版,第8页。

（或贫困人口）之所以贫困，最为主要的原因就是其所享有的权利过于贫困。

其次，贫困群体信贷权是发展权中的基本权利之一。在现代社会中，市场竞争成败在很大程度上取决于各个市场主体能否有效利用各种金融手段，不会运用或是没有机会运用金融手段发展自己的市场主体在竞争中一般会处于不利地位。一般来说，商业性金融基于信贷安全与收益的考虑，对贫困地区、弱势行业、贫困人口存在金融排斥，这种排斥现象不仅不公平，而且正在影响经济社会的可持续发展。2006年孟加拉格莱珉银行（Grameen Bank）总裁穆罕默德·尤努斯教授认为，每个人甚至乞丐都应该有获得金融服务机会的权利，只有每个人拥有金融服务的机会，才能让每个人有机会参与经济的发展成果。事实证明信贷权及金融服务的可获得性是事关贫困人口生存和发展的不可或缺的权利。金融是现代经济的核心，一个市场主体能够在市场竞争中充分并合理地应用金融工具，将各项资金和资源等转化为资本，成为决定其能否顺利获得市场竞争优势的关键因素。所以，社会中的经济弱势群体在生产和生活过程中是否能够获得一定的信贷权利，享有金融机构所提供的金融信贷服务，对其生存和发展产生着至关重要的影响。对于社会中的贫困人口个体来说，只要获得一定的金融支持就有机会逐步脱离贫困，进而获得更好的发展路径，促使贫困人口真正摆脱贫困，实现个人及家庭的良性发展。

最后，贫困群体信贷权切合普惠金融的发展理念。2005年联合国在宣传小额信贷年时提出"普惠性金融体系"（inclusive financial system）的概念。其基本目标是通过建立覆盖到社会所有阶层和群体的金融体系，旨在让那些长期被排斥在正规金融体系之外的弱势群体获得金融服务。从本质上说，普惠性金融体系理念的实质在于很强的包容性，它特别强调给弱势群体提供一种与其他客户平等享受现代金融服务的机会和权利，认为向贫困地区开放金融市场，将金融资源配置到贫困地区,让那些包括贫困人口在内的弱势群体成为金融机构服务的对象,使每个人都能有机会参与经济的发展,才能逐渐摆脱贫困。联合国主张的包括贫困人口在内的弱势群体的信贷权,实质性地保障了贫困人口等弱势群体的信贷权利。贫困人口信贷权概念的提出就是要引起社会各界的广泛关注,以便建立起包括实现贫困人口信贷权在内的更为包容的金融体系。

贫困人口信贷权这一概念,主要包含以下几层含义:

其一,信贷权的权利主体是相对贫困人口,即家庭收入仅够维持全家人基本生存需要,但具有一定自我发展能力的相对贫困人口,非贫困人口和缺少发展意愿和能力的绝对贫困人口不能成为这一特殊法律关系的主体。其二,贫困人口信贷权的义务主体主要是国家,也就是说,国家具有通过直接或者间接运用财税、货币工具等经济调节手段,实现贫困人口信贷权的义务。至于作为独立市场主体的商业性金融机构,对贫困人口仅负有不排斥、不歧视的一般信贷契约责任,但并不负有免息扶助义务。其三,贫困人口信贷权的主要功能在于满足贫困人口发展的需要,该项权利是否实现主要以是否增加贫困人口参与经济发展的机会,而不是单纯以贫困人口是否投资盈利为判断标准。

(三)贫困人口信贷权的实现

如果认可信贷权是人权,那么接下来需要进一步探讨在市场失灵的环境中,如何实现贫困人口的信贷权。经济学理论分析了市场失灵现象存在的原因以及国家干预的必要性,正如斯蒂格利茨所说,政府在工作中所表现出来的一定现行特征,简单地说就是其享有对全体社会成员强制力,能够对全体社会成员实施强制管理,并且这种强制力的存在能够帮助政府有效处理市场失灵问题,提升市场宏观调控效果。

首先,政府立法保障贫困人口的信贷权。从法律的视角看,贫困人口的信贷权具有明显的经济法权性质,贫困人口信贷权的实现需要经济法律制度的完善。在立法过程中,社会上不同的利益主体受到其自身社会经济地位和社会立场的影响,其对社会利益的认识、理解以及追求必然也存在着一定的差异,因此不同社会利益主体不可避免地会遇到一定的冲突,甚至在不同利益主体之间的不断摩擦下,这种冲突会日渐激烈,因此只有在法律的支持下,借助法律的力量对这些矛盾和冲突进行缓解和调和,虽然有时经济时间成本是巨大的,但基于人双和公平正义的考量,如果各利益主体特别是贫困人口的权利和主张能够得到承认和保护,再大的成本也是值得的。因此应该将信贷权看作是贫困人口所应享有的一项基本法律权利,并且要制定相应的法律法规为贫困人口享有这项权利提供相应的保障,进而促使贫困人口在社会上的相关金融信贷权利可以最终在法律法条上得到确认,给人以稳定可靠的预期,进而对整个社会起到宣示的作用。

其次,政府对信贷市场进行必要的干预。信贷权在法律上的实现,还不能完全意味着贫困人口就能自动获得信贷权利。正如前文所述,消除对贫困人口的信贷歧视,使贫困人口享受信贷的权利与银行等金融机构的可持续发展战略存在巨大的矛盾,换句话说就是贫困人口群体和银行等金融机构之间存在着难以协调的矛盾,因此要对两者之间的利益冲突进行有效的调和,除了有法律制度的安排,还需要政府对市场的干预。尤其是信贷市场的市场失灵现象突出,这就需要政府运用财政、货币政策,甚至是行政的手段对信贷市场进行有效的干预,法律意义上的贫困人口的信贷权才能得以真正实现。但在这里需要说明的是,政府干预有必要,但要适可而止,不能过度,否则就会容易导致"政府失灵",从而导致各利益主体都受损失。

当前我国现行法律还没有明确确立贫困人口信贷权这一权利形态。我国目前的金融制度相对落后,金融体系尚不完善,呈现明显的城乡二元结构特征,能够保障弱势群体信贷权利实现的制度设计还较为稀缺。绝大多数弱势群体之所以无法获得公平信贷的机会,其最为直接的影响因素是传统正规金融机构所存在的金融排斥问题,而对其进行更为深入的分析,则主要是由于法律制度不够完善并且市场机制存在一定的失灵现象,从而最终造成金融机构逐渐对社会弱势经济群体产生不信任心理,并由此产生了对社会弱势群体的歧视和排斥问题,在一定程度上造成社会弱势群体的生存环境进一步恶化,使其发展能力受限。

如何向那些长期受金融排斥的弱势群体提供较为全面的金融和信贷服务,为贫困人口创造更好的生存和发展环境,成为我国政府部门亟须解决的重要问题。2020 年全面建成小康社会的战略目标任务倒逼各项改革的加速和深入,建立对贫困人口的金融支持体系,给予长期以来被金融机构歧视和排斥的贫困人口在法律上平等的融资机会,创新金融工具,保障其信贷权的实现,增强其自我发展的能力,帮助贫困人口彻底摆脱"贫困陷阱"。总之,无论是从人权所涵盖的公平正义角度还是从政府纠正市场经济失灵的角度,贫困人口信贷权的实现问题应成为当下我国法律和金融改革目标的题中应有之义。

第二节　金融准公共物品性质分析

一、公共物品的含义与特征

对于社会公共物品的研究最初开始于对人性和公共性的讨论。英国哲学家、经济学家大卫·休谟(David Hume)是较早对这一问题进行深入研究的学者,其在《人性论》中分析道,"两个邻人能够基于某一问题达成协议,共同在平地上进行排水,但是 1000 人却往往无法基于这一问题达成同样的协议,因为每个人都妄图直接享受成果"[1]。根据休谟对人性的一些基本观点,我们可以初步概括出公共物品的几个基本特征:(1)某些物品具有可供多人共同使用或消费的特征。(2)在使用

---

① 休谟:《人性论》,关文远译,陕西人民出版社 2007 年版,第 10 页。

和消费这些物品时,自利的个人有坐享其成的心理。(3)这种心理最终可能导致物品的使用或消费出现困境。为此,休谟认为:一部分对社会上的每一个人都具有一定益处的事情,只能够借助集体行动或者在政府参与下由政府辅助完成。瑞典经济学家托马斯·林达尔(Tomas Lindahl,1919)对公共物品的概念进行了科学而又合理的界定,自此凡是经济社会中所涉及的物品,都以公共物品的概念为依据被划分为公共物品和私人物品。20 世纪中期,美国著名经济学研究者保罗·A.萨缪尔森(Paul A.Samuelson)在其研究著作中也使用了公共物品的概念,认为对于私人物品的供给和配置,在理论层面借助市场机制就能够得到良好的解决,但是对于社会公共物品的配置和供给来说,纯市场机制就无法保证效果,因此必须在税收工作中借助预算支出来完成。

萨缪尔森与威廉·D.诺德豪斯(Will D.Nordhouse)从物品是否可分割的角度,讨论了公共物品与私人物品之间的区别,萨缪尔森与威廉·D.诺德豪斯合著的《经济学》一书中明确指出,和纯粹私有物品所能够产生的经济效益存在一定的差异,公共物品所能够产生的经济效益往往会牵涉到多个不可分割的外部消费问题,因此相对来说,如果能够对一种物品进行人为的分割,并且可以按照竞争得出的价格将不同的分割部分转售给不同的个体,在这一过程中其他个体并未因此产生特定的外部效果,那么就能够将这种物品看作是私有物品。在这一理论中,由于私有物品和公共物品的性质存在一定的差异,因此决定了两种物品不同的供给途径,公共物品在供给过程中往往需要借助集体行动来完成,而私有物品则可以在市场上以更为有效的方式被提供。公共选择学派的奠基者布坎南也表达了类似的看法,即将公共物品具体限定为在社会上任何借助集体或者社会集团来进行决策,由特定的集体所提供的特定物品或者相关服务。又一位美国经济学家、诺贝尔经济学奖获得者斯蒂格利茨从消费行为是否会产生一定的排他性和竞争性方面进行分析,对公共物品的基本特征进行了研究和探索,并在其所撰写的《经济学》一书中写道,公共物品简单地说就是在个体对其产生分享时并不会造成成本的上升,他们所涉及的消费都具有明显的非竞争性质,而要想对任何人对其分享进行排除都必然需要付出巨大的成本,可见它们具有一定的非排他性。

世界银行也曾针对公共物品的概念进行了适当的界定,其在《1997 年世界发展报告》中明确指出公共物品的概念具有一定的特殊性,具体指具有明显非竞争性和非排他性的货物,其中非竞争性表明个体对这一物品进行消费并不会对其他个体对这一物品的消费产生影响;而非排他性则指任何一个个体都不能够排除在这一物品的目标消费群体之外。这两种特征的存在表明任何一个部门不能够针对公共物品消费问题进行收费,这种特殊性的存在也导致私人对公共物品提供的积极性较低,对公共物品消费也产生了一定的不良影响。

根据休谟、萨缪尔森、布坎南、斯蒂格利茨等众多研究者对公共物品概念和特征的分析可以看出,公共物品所表现出的性质主要包含三个方面的内容:非竞争性、非排他性以及效用不可分割的性质。下面就对这三个方面的性质进行具体分析:

其一,非竞争性。非竞争性主要是指某人在消费某公共物品的过程中一般不会对其他人对这一公共物品的消费产生影响,其他人能够从消费中获得一定的效用。用经济学的边际理论对其进行具体分析,非竞争性是指受到特定生产力水平的影响,为新增加的物品消费者提供这一物品能够产生零边际成本,但是边际效应却不会受到严重的影响,每一个消费者都能够完全享有这一产品或者所提供的服务。如对于一盏路灯来说,不仅可以同时供多个消费者使用,同时任何一个消费者对其的使用都不会对其他消费者的使用效益产生影响,而且在消费和使用的过程中不会产生成本。

其二,非排他性。这一特性具体来说就是某人在对特定公共物品进行消费的过程中不能对其他人的消费加以限制,所有消费者都有权利同时消费这一物品。

其三,效用不可分割性。效用不可分割性简单地说就是由于所有的公共产品都是向社会全体成员所提供的,因此在对这一物品进行消费的过程中不能够对其进行分割,也不能将其转移到某个人或者特定的家庭所使用,也不可以受到成本限制将效用转移到为之付款的个体,因此可以说公共物品具有效用不可分割的性质。

二、公共物品的分类

公共物品可以从不同的角度加以划分。现阶段研究者普遍认同的分类标准是公共物品所表现出的消费非竞争性和非排他性程度,以此将公共物品划分为纯公共物品和准公共物品两种类型。其中纯公共物品主要指消费过程能够表现出明显非竞争性和非排他性的物品,这一类型的公共物品在社会上相对较为少见,如国防设施就是较为典型的纯公共物品,其在消费过程中所表现出的非竞争性和非排他性更为明显。而准公共物品则主要指在消费中不具有排他性,对其消费不会影响其他人的使用效益的物品,如道路、路灯等都是典型的准公共物品,在一定的条件限定范围内,社会个体对道路进行消费并不会对其他人的消费活动产生影响,但是一旦在一定时空范围内对这一物品进行消费的消费者超过相应的限度,就会出现道路拥堵现象,对其他人对道路的消费产生妨碍。也就是说对于准公共物品而言,其非竞争性和非排他性都具有一定的限制,一旦超过某种指标,其自身非竞争性和非排他性就会消失,影响公共物品的使用。

一般来说,在当前社会上准公共物品主要涉及拥挤物品、俱乐部物品以及可拥挤俱乐部物品三种形式。其中,拥挤物品代表着在消费过程中能够表现出一定竞争性但是不具备非排他性的物品,然而一旦超过特定的指标这种物品消费也会产生一定的竞争,如公共厕所和公路桥梁等,这种物品一般被经济学研究者形象地称为"公共池塘资源",

这样消费者所需要花费的成本大于边际成本,但是却与平均成本存在一定的差距。俱乐部物品主要代表在消费过程中非竞争性明显但是同时也具有一定排他性的产品,消费者在对这一类型物品进行消费的过程中首先应该支付一定的费用来获得相应的准入资格,而进入俱乐部后对此产品的消费则一般具有零边际成本的特点,如有线电视就是一种典型的俱乐部物品。拥挤物品和俱乐部物品的混合形式则主要指这种类型的公共物品具有一定的排他性并且在特定的条件限制下也能够表现出竞争性的性质,即消费者需要付出一定的资金才能够对这一物品进行消费,并且在消费者达到一定数量后每增加一个消费者,其他成员的效用都会产生相应的损失,如西方发达国家提供的国家教育和卫生服务等,就是这一类型公共物品的典型代表。

此外,也可以按照有形和无形两种方式对公共物品进行适当的划分。顾名思义,有形的公共物品就是指能够被消费者看见和触摸的产品,如公共设施;而无形的公共物品则具体指所能够为消费者提供的相关公共服务,如法律、制度和政策等。

其实,公共物品的分类虽然方法不一,但基本的原理是相通的,都是根据不同需要采取不同的角度,因此不同的分类方式具有一定的科学性,不能够简单地对哪一种分类方式的优劣进行评价和应用,而是应该结合具体问题探索适用的分类方式和应用方式。

三、金融准公共物品性质分析

斯蒂格利茨认为金融市场不是完全竞争的市场,信息存在严重的不对称,金融市场是一个不完全竞争的市场,金融领域的信息具有一定的"外部性特性",在某种程度上来说,具有一定的"公共产品性质"。

(一)金融的排他性分析

与国防等纯公共物品不同,消费者享用金融机构提供的贷款、汇款业务服务时需要按照一定的价格支付一定的费用,如贷款利息就是借款者通过提供有价值的抵押担保物品,按照一定的利率向银行支付的使用资金的费用,如果不能提供抵押或担保和无力支付一定的利息,借款者很难从银行得到贷款服务。因此说,金融服务具有消费的排他性特征。受到金融本身具有一定规模经济的影响,随着规模经济的扩大,其具体价格也必然会出现逐年下降的趋势,进而降低了金融的排他性性质。在此基础上,金融领域中所涉及的相关服务项目,如为客户提供存款、贷款和汇款等业务、对金融知识进行适当的宣传教育和普及都应该在具有一定开放性质的市场中完成,并且要想达到完全的排他效果则具有较大的技术难度,经济上的效果也不能得到相应的凸显,也就是说具体服务项目的设置必然会对金融服务的排他性产生相应的弱化影响。此外,客户在消费金融服务的过程中还表现出一定的外溢性特点,这一特点的存在导致金融服务的效用共享性得到了一定的凸显,金融非他性也会受到影响而随之增加。基于此,在此后的研究中可以从金融的需求和供给两个角度对金融服务所具有的非排他性特征进行更为深入的分析。

在金融领域中,金融供给不足现象的产生实质上是金融排斥行为发生作用的结果,金融排斥现象的出现以及在金融排斥影响下出现的金融歧视具有明显的负外部性,因此正如上文所探讨的,金融排斥现象的出现是由于信息不对称或缺少抵押物等引致的逆向选择和道德风险,金融供给存在配给,贫困群体往往被排除在金融服务之外,因此价格机制不再正常运作。金融排斥是一种市场失灵的现象,金融的非排他性是金融本身的属性,它们是两个性质不同的概念,两者不能混同。因此不能依据是否存在金融排斥而判断金融的排他性高低。

金融需求不足的现象,准确说是金融有效需求不足,则是因为存在需求价格配给和需求非价格配给与相关需求契合性较低以及金融从业者自身主观意识方面原因所造成的。金融有效需求不足也是市场失灵的一个表现,金融有效需求不足和金融非排他性也是两个性质不同的概念,因为市场失灵而导致部分人享受不到金融服务不等于金融自身有很强的排他性,所以不能因金融需求不足而依此界定金融的排他性程度。

关于金融的排他性的强弱,可以从金融的内生性和外生性、交易成本和产权的视角进行分析。首先,外生金融的产生一般受到政策规制的决定性影响,在一定程度上表现出对政府部门意志的反映,可以为政府部门实现相关目标提供金融制度保障。对于政府部门来说,借助一系列金融制度的安排能够为全体社会成员提供一定的金融服务平台。内生金融以追逐自身利润最大化为目标,具有明显的私人物品性质,所以在消费过程中能够表现出明显的非排他性。同时,受到农村地区金融活动特殊性的影响,内生金融一般能够占据较大比例,这一现象的存在造成农村地区金融服务的排他性更强。

其次,交易成本具体来说是在不断完成某一交易的过程中所产生需要花费的费用,与交易量之间并不存在着直接的联系。交易成本的高低实质上是对当前我国现行制度安排效率的反映,因此不能够以交易成本的高低对金融服务的排他性进行论证。

最后,产权归属以及界定的清晰与否只能够对产权排他性进行适当的反映,其与交易成本一样一般也不会对公共物品的排他性产生直接的反映。

简言之,从不同的角度对金融的排他性进行分析可以发现,金融本身在发展过程中就表现出一种明显的"嫌贫爱富"本性,但是在金融领域现实条件的多种约束下,排他性逐渐被弱化,因此金融这一公共产品在消费过程中开始逐渐呈现出一定的非排他性倾向。

(二)金融的竞争性分析

金融服务最主要的功能就是全面推动经济社会的建设,金融这一功能的实现过程源于资本逐利的本性,金融机构本身希望能为每一个具有融资需求,且有偿还能力和信用,能够推动经济发展的个人、企业和家庭提供融资服务。一般来讲(金融危机除外),金融机构的储蓄存款远远大于实际贷款,增加一个借款者,并不会影响其他借款者借款数量的减少,其非竞争性非常突出。换句话说,金融有效需求越旺盛,相应的金融供给越充分,且通常情况下金融供给远远大于金融需求,每一个符合金融机构所规定的信贷资质借款者都可充分满足其自身的借款需求,因此我们说金融服务的外溢性直接表现为消费上的非竞争性,这种非竞争性是由金融的本质功能所决定的。不过,在某一时期或地区,由于存在市场失灵,导致金融资源配置扭曲,尤其是落后地区人均占有的金融服务和相关资本数量一般都不足,因此在金融消费过程中极易导致个人消费对其他消费者的消费效用产生影响,出现明显的拥挤问题,从而在一定程度上造成金融服务竞争性的日渐弱化。换言之,受到市场失灵所造成的金融供给不足问题必然会导致金融消费的竞争性逐渐提升,在此影响下,与其相对应的金融有效需求就会出现不足情况,并且这一情况的出现恰恰是弱势群体对这种竞争性作出的被迫理性选择。

但从长期来说,只要政府采取适当调控手段,促使落后地区形成新的经济增长点,激发经济主体活力,促进金融有效需求的增加,金融的供给会成倍增加,最终金融供求达到均衡状态,因此,我们不能因局部或一时的金融供给不到位,而判断金融本身就具有较强的竞争性。至此,我们可以认为金融具有比较明显的非竞争性特点。

综上所述,通过梳理公共物品定义与内涵、运用经济学理论对公共物品的分类,以及从公共物品的竞争性和排他性两个方面进行分析,能够发现金融是在消费方面表现出一定的排他性和非竞争性的物品,可以得到结论:金融具有准公共物品性质,但更接近于准公共物品中的俱乐部物品,但又不能够非常严谨地认为其与准公共物品中俱乐部物品"只有消费的排他性但是却不具备竞争性"这一性质吻合,因此在本次研究中尝试将其定义为"近似俱乐部物品",对其属性进行了准确的概括。

四、金融准公共物品供给探讨

由于公共物品具有消费上的非排他性、非竞争性和不可分割性,导致公共物品投入成本较高,且收益较小,甚至为负。一般来说,个人或企业很难也不愿从事公共物品的生产和供给,从而导致市场机制下的公共物品供给数量达不到或是远远小于帕累托最优状态,即便是某公共物品对大多数人都必需且有益。对此,先后有庇古、林达尔、萨缪尔森等经济学家,通过建立相应的公共物品均衡模型对公共物品的供给工作进行了较为细致的分析和探索,最终发现私人物品的帕累托最优提出应该以个人边际替代与转换率等同,这种均衡状态在市场机制下可自动实现。与私人物品不同,公共物品的帕累托最优要求所有人的"公共"边际替代率总和等于边际转换率,要想达到此种均衡状态,政府的介入就成为必要。

(一)贫困地区金融供求帕累托最优分析

金融产品及服务既不是私人产品也不是完全意义上的公共产品,作为全体社会成员都有权享有的金融服务不只是融通资金,其具有准"公共产品"性质,并为每个经济主体所需要。但在市场机制下,特别是在经济落后的贫困地区,由于信息不对称导致的逆向选择和道德风险问题比较突出,再加上贫困地区的金融有效需求不足,对于逐利性很强的金融机构来说,提供单位数量的金融服务的成本要远远高于经济发达地区,而获得收益却远远低于经济发达地区,甚至收益为负,从资金供给的机会成本来说,金融机构即便是在贫困地区有盈利,但盈利水平也远远低于经济发达地区。总之,由于贫困地区金融服务成本高昂,为此金融企业往往不愿意向贫困地区提供"金融服务"这种公共物品,导致欠发达地区的金融供给和需求很难达到帕累托最优均衡状态。

如图2-1所示,在单纯依靠市场机制调节的贫困地区金融产品供给与需求情况,其资源配置效率会出现一定的损失。S是贫困地区贷款供给曲线,由该贷款的边际生产成本决定,D是贫困地区贷款需求曲线,由贷款利率价格决定,MU是贫困地区贷款社会边际效用曲线,由于外部效应的存在,MU位于D的上方。在无外界干预的情况下,资金

供求双方在 E_1 处实现均衡;但从社会效益最大化角度考虑,供求均衡点应该为 E_2 点,由此造成的损失为三角形 E_1E_2M 的面积。

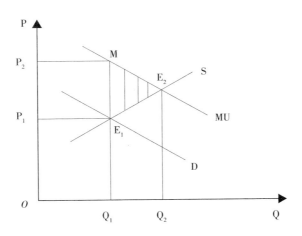

图 2-1 单纯市场机制下的贫困地区金融供求情况

政府为了改善上述情况,可以对金融机构进行贷款风险补偿,使其对贫困地区的企业和农户放贷有利可图,从而增加信贷供给,使供给曲线由 S 向右移动到 S′ 或者 S* ,如图 2-2 所示。当供给曲线为 S′ 时,效率损失有所减小,当供给曲线为 S* 时,效率损失完全得到弥补。

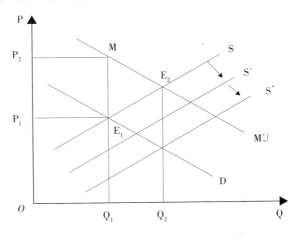

图 2-2 政府介入后的金融供给需求情况

（二）贫困地区金融准公共物品供给方式分析

建立基于政府财政贴补路径的对金融机构的风险补偿分担机制，是保障贫困人口享受金融服务权利，满足贫困地区对金融这种公共物品需求的有效路径。只有政府财政保持合理的持续介入，才能激励金融机构以市场化的方式，不断为贫困地区提供金融服务和金融产品，进而增加贫困地区金融准公共物品的供给。介入的方式有如下几种：

一是采取财政贴息方式。它可以提高贫困地区中小企业或贫困农户资金的可获得性。具体来说有两种方式：第一是直接向贫困地区的中小企业和贫困农户贴息。即金融机构按照市场化利率向中小企业和贫困农户发放贷款，贷款利息由政府直接补贴给中小企业和贫困农户，中小企业或贫困农户按照和金融机构签订的贷款契约进行本息还款；第二是向金融机构贴息，即金融机构按照低于市场利率向中小企业和贫困农户发放贷款，金融机构的利率缺口由政府财政进行补贴。

二是采取担保补贴方式。政府对担保机构提供优惠或者损失补贴，以此激励担保机构为中小企业或贫困农户提供担保，帮助他们从银行获得贷款，一旦这些中小企业或者贫困农户不能按期归还贷款本息，银行可以向担保机构追偿。

三是建立风险补偿金。对银行向贫困地区中小企业或贫困农户的贷款损失提供补偿，比如对银行因此产生的呆账损失进行补贴。风险补偿金可以消除银行对贫困地区贷款的顾虑，但不会因此使其放松信贷风险管理，因为风险补偿金不能完全覆盖银行的风险，一般来说是政府财政资金负担80%，金融机构负担20%，从而有助于银行自身加强风险管理。

总之，由于贫困地区经济发展水平往往相对较低，在单纯市场机制下，金融机构的设置不足，有效金融需求不足，资产负债失衡，维持的费用高，承受风险的能力较弱，金融资源配置扭曲、信贷市场失灵普遍。所以，本书认为金融扶贫本身就具有公共物品性质，需要政府采取财政贴息、风险补偿金和担保补贴等方式介入贫困地区金融市场,降低金融企业在贫困地区提供金融服务公共物品的成本,推动金融资源、金融服务向贫困地区延伸。

第三节　金融企业社会责任分析

社会责任是一个社会整体道德建设的重要组成部分,作为社会细胞的企业除追求自身利益最大化的同时,如果能够关注并加强自身的社会责任建设,那么会极大地推动社会整体道德建设水平的提高,同时企业自身的品牌和形象也会得到相应提升,这一点在业界和学界已得到广泛认同。

一、企业社会责任含义

社会责任是指一个组织对社会应尽的责任和义务。即一个组织的经营和管理应以一种有利于社会的方式进行。如一个企业在追求除自身经济利益目标的同时,还追求对社会有利的长期目标并加以实现,一般认为这样的企业是有社会责任的。

企业社会责任是 20 世纪以来融社会学、管理学和伦理学等多学科领域,凸显企业管理经营理念的一个重要概念,被认为是建构企业与社会和谐关系的基本思想。企业社会责任的概念源于 20 世纪初美国"社会进步运动"中发起的关于企业对其所有利益相关者应承担什么样责任的讨论。一般认为是 1923 年英国著名学者欧利文·谢尔顿(Oliver Sheldon)在其撰写的《管理哲学》(*The Philosophy of Management*)一书中提出的,其从学术研究角度对这一问题进行分析,并经过系统的研究提出了"企业社会责任"的思想,右研究中将企业所应该承担的社会责任以及企业经营管理人员在经营管理过程中满足企业内外部需求的责任相联系,并明确指出在对企业礼会责任进行分析的过程中应该适当地融入道德因素,"企业社会责任"概念一经提出,并没有被广泛接受和认同。20 世纪 30 年代,来自同一所大学——美国哈佛大学法学院的阿道夫·贝尔(Adolf A.Berle)和多德(E.Merrick Dodd)两位教授关于企业的社会责任有着不同的认识和看法,就企业的管理者究竟受谁的托付,展开了大讨论,引发了著名的"哈佛论战"。其中贝尔教授认为,企业管理者只受托于股东,只为股东创造价值,只对股东负责;多德教授则认为,企业是既追求自身利润,又服务社会的经济组织,企业不仅受托于股东,也受托于包括雇员、消费者和公众等更为广泛的社会成员,负有社会责任。

直到 20 世纪 50 年代初期,对社会责任进行深入研究的霍华德 R.伯文(Howard Bowen)总结自身研究理论发表了《商人的社会责任》一书后,该书的正式发表标志着对企业责任问题的关注和探讨,并不断深化和发展。此后,有相当一批学者也对社会责任阐释了自己的观点和见解。在伯文的研究理论中对社会责任的概念进行了适当的限定,"商人按照社会的目标和价值,向有关政策靠拢、作出相应的决策、采取理想的具体行动的义务"①。其认为商人在经营过程中按照当时社会发展目标和价值体系,向相关政府部门靠拢,在政府部门的领导下作出各样的决策,进而采取具有一定科学性的具体行动义务。艾利斯和沃顿(Eells 和 Walton,1961)从公司或企业可能产生的对社会负面影响的角度,对企业社会责任概念进行了更为深入的探索,并实现了对"社会责任"概念的进一步发展。在他们的思想主张中,当社会大众对企业的有关社会责任的问题进行谈论和分析时,他们一般将企业发展给社会造成的消极影响作为主要探索对象,并且对企业发展所应该坚持的伦理准则作为重点研究内容。戴维斯、罗伯特(Davis,Robert,1975)在总结前人经验的基础上结合自身研究观点,撰写了《经济与社会:环

---

① Bowen,H.R.,*Social Responsibilities of the Businessman*,New York:Harper 1953,p.31.

境与责任》一书,对社会责任的概念进行了明确的界定,"社会责任是指决策制定者在促进自身利益的同时,采取措施保护和增进社会整体利益的义务"①。他认为社会责任具体来说就是企业相关经营决策人员在不断提升自身利益的基础上所应该履行的对社会整体利益加以维护的义务。20世纪60年代初的学者针对这两种思想进行具体的分析和探索,逐渐将社会责任与经济、法律义务环境的构建相联系,从而对社会责任提出全新的观点和见解,以此指导企业在发展中不仅应该承担特定的经济和法律义务,同时在完成这些义务的基础上还应该坚持履行其他社会义务。但是这一思想具有一定的局限性,其并未对法律和经济义务之外的社会义务进行具体的明确。

由此可以发现,企业社会责任这一概念具有较强的复杂性,众多研究者基于这一问题进行了广泛而深入的论争,发表自己的看法,逐渐促使这一概念的内涵日渐丰富。到20世纪70年代末期,美国著名学者阿尔奇·B.卡罗尔(Archie B.Carrol,1979)对社会责任这一概念进行了综合性的界定,他认为企业社会责任就是在特定的时间范围内社会对相关企业组织在经济、伦理、法律、道德、慈善方面的总期望值。此概念一经提出在很长的一段时间内得到了国际研究者的广泛认可。此后,对企业社会责任的研究逐渐从理论上的纷争让位于实践上的行动。从西方企业在经营发展过程中率先作出表率并带动世界各国企业的纷纷响应,理论界和业界进一步加强了对企业社会责任研究的重视,企业社会责任的理念和实践逐渐跨越疆域,在全世界广泛流行开来。现如今就连《财富》和《福布斯》这样的商业性强的杂志在给企业排名时都加上了"社会责任"标准。

---

① Keith Davis and Robert L.Blomstrom,*Business and Society:Environment and Responsibility*,New York:McGraw-Hill,1975.p.39.

二、企业社会责任分类与内容

如上文讨论,自 20 世纪 70 年代起,美国学者卡罗尔提出的企业社会责任概念被广泛接受,他具体构建并刻画了两种关于企业社会责任的模型。

一是金字塔结构模型。企业社会责任具体来说可以划分为四个不同的发展层面,从上到下进行具体分析分别为经济、法律、道德、慈善这四种责任,这四种责任呈现出"金字塔结构"(Pyramid of Corporate Social Responsibility)(Carrol, 1979),在"CSR 金字塔结构"中,经济责任处在金字塔最底端,占据最大比例,意味着经济责任是基础,是其他责任实现的前提。在金字塔结构中,对法律、伦理以及慈善方面的责任进行分析可以发现法律的、伦理的以及慈善方面的责任能够进行依次排列,并且所占比例呈现出明显向上递减的趋势,这就意味着企业在坚持承担直接经济责任的基础上,还应该主动承担所涉及的相关法律责任、道德责任以及自行裁量的慈善责任,并且在承担这几种责任的过程中从下向上进行排序,其所需要承担的边界和范围逐渐呈现出明显的缩小趋势。

二是同心圆结构模型。从同心圆结构模型进行分析可以将企业所应该承担的社会责任设定为相应的同心圆结构,并且在同心圆结构中由内到外的圆圈分别代表经济、法律、道德和慈善四个方面的责任。在以同心圆结构模型对企业社会责任进行分析时,同心圆结构模型的内核是经济责任,表明对企业影响最大并且受到企业强烈关注的为经济责任,然后才是法律、道德和慈善三方面的责任,同时这种关注依次排列且向外圈扩散,这就意味着,企业除了聚焦经济责任外,还应关注或基于社会需求承担相应的法律、伦理、自行裁量慈善责任。在此处需要重点关注的是在同心圆结构模型中,内外圈差别能够反映出一定的涟漪效应,即能够对企业各项社会责任的相应时间顺序和强弱程度进行界定,但是却不能够对企业社会责任的边界范围加以界定。同时,充分利用同心圆结构模型表示的企业社会责任存在着"责任回归"现象,即企业对慈善责任、道德责任和法律责任的承担与实现,最终要"回归"到其内核——经济责任方面,一旦失去企业社会责任的内核,则必然会对其他方面各项责任的承担造成严重的不良影响,甚至导致其他责任消失,企业应该承担的一切社会责任都将不复存在。

由此可见,企业在建设发展过程中要适当地履行上述几种社会责任,尽量协调好上述几种责任之间的关系,尽管在这几种责任中,经济和法律责任具有较强的强制性,而伦理和慈善方面的社会责任则约束力相对较差,但是也不能够一味重视经济和法律方面的责任,应该同时保持着对伦理和慈善责任的高度关注。唯有如此,在当前社会背景下,企业才能够处理好自身经济、法律、伦理和慈善责任之间的关系,企业在促进经济社会发展方面的作用也才可以得到充分的发挥,进而获得社会大众的全力支持,保证企业的建设和发展能够获得更为充足的社会资源和更为广阔的发展市场。

三、金融企业的社会责任界定

金融是我国现代经济领域中的核心构成元素,在长时间的发展过程中,金融企业已经逐渐成为对国家建设以及世界经济发展产生巨大影响的经济力量,在社会大众日常生产生活中所发挥的作用也日趋增大。因此受到金融企业特殊地位以及其社会责任日渐重要的影响,金融企业不能够看作是简单的企业组织,而是承担着企业公民的任务,是社会的重要组成部分,尤其是其经营的商品是货币,使每个人都或多或少或直接或间接地与其发生联系,社会经济活动的方方面面都离不开金融媒介。正如前文所述,金融本身具有广泛的公共性和社会性,因此,其在经营中应该担负一定的社会责任,不能唯利是图,在追求自身利益的同时,还要考虑其他社会主体的利益和增进社会整体福利。

（一）金融企业的利益相关者

在对企业社会责任进行研究的过程中涉及最多的就是企业利益相关者方面的内容。弗里德曼（Friedman）在其研究中就从战略管理的角度对此问题进行了具体的分析，并对企业利益相关者所涉及的范畴进行了明确的划定，"任何能够影响公司目标的实现，或者受公司目标实现影响的团体或个人"[①]。也就是说，对于企业来讲，其利益相关者一般被划分为主动和被动两种形式，并提出了广义上的利益相关者研究思想，具体而言就是企业中任何一种能够对企业目标的实现产生影响或者受到企业发展目标实现影响的团体和个人都是企业的利益相关者。

国内相关研究人员李维安和王世全也在积极借鉴国内外学者先进研究经验的基础上对利益相关者的概念进行了适当的论述，认为可以具体将企业利益相关者限定为狭义和广义两种形式，从狭义上分析企业的利益相关者，具体来说就是脱离组织的支持就无法独立存在的团体或者个人，主要包括股东、管理人员、债权人、供应商、企业员工、顾客和消费者等；从广义上分析企业的利益相关者，则指任何能够对企业组织目标的实现产生影响或者受到组织目标实现影响的团体、个人，主要包含股东、特殊利益集团、政府、社区、公会、员工、顾客、竞争对手等。

结合上述对利益相关者的定义，接下来重点分析金融企业的利益相关者。

鉴于金融业外部性和准公共品特征决定了其利益相关者与一般工商业企业不同，其在发展过程中被赋予了一定的特殊使命，要求其实现股东与普通工商企业的目标，也就是说在对股东负责的同时，还要对存款人以及企业发展过程中所涉及的其他利益相关者负责，承担相应的责任。具体而言，对于金融企业来说，利益相关者除了有股东这一既定

---

① Friedman, M., "The Social Responsibility of Business is to Increase its Profits", *New York Time Magazine*, No.13 Sept.1970, pp.122-126.

类型外,还包含债权人、政府部门、员工和存款人员等。因此,本书不仅梳理金融企业的经营发展特点、规律以及其在经济社会建设中发挥的作用,同时还对股东以及金融企业的利益相关者即直接利益相关者和间接公共利益相关者进行分析,分析其企业社会责任。

直接利益相关者主要指金融企业债权人、政府部门、员工、管理层和存款人。这几个群体都具有主动和被动两种性质,一方面他们的行为对金融企业的经营发展情况以及所能够获得的经济效益产生着直接的影响,另一方面,不同团体在发展中也受到金融机构的影响。间接利益相关者主要指尚未与银行形成法律层面的契约关系,但是在发展过程中却受到金融企业外部性影响的团体或者个人。虽然这一群体经常受银行的被动影响,但是从金融企业层面进行分析,其重要性远远不足,其利益要求实现的紧迫性也往往相对较低,因此如果从金融企业所具有的广泛性方面进行具体的分析,这一类型的利益相关者也能够对银行业产生影响,是银行业获得持续稳定经营发展的保障。

所以,在金融领域中金融企业的利益相关者是客观存在的,并且金融企业的利益与企业利益相关者的利益具有极其紧密的联系,其不仅仅代表股东的利益。因此金融企业所持有的治理权甚至所涉及的所有权实现都要求企业管理者在实施经营管理的过程中应该平等对待不同的利益相关者,促使股东和其他利益相关者之间实现利益均衡。这就要求金融企业在做决策和运营时,既要考虑股东的利益,也要考虑各类利益相关者的利益。

(二)金融企业的具体社会责任

2009 年中国银行业协会基于综合考虑分析,制定了《中国银行业金融机构企业社会责任指引》,该文件对我国金融企业所应该承担的社会责任进行了明确的限定,即当前我国金融企业在建设发展过程中除了追求自身经营利益以及股东利益的最大化外,还应该将其他利益相关者的利益作为关注重点,如债权人的利益、企业管理者的利益、员工的利益等,积极担负金融企业在社会上所应该承担的社会责任,为和谐社会的构建以及社会主义现代化建设贡献一定的力量。这一文件的核心思想是积极倡导金融企业加强对社会责任的重视,应该坚持为推动社区经济的建设发展作出一定的努力,进而为社区提供有效的金融服务便利,促使社会经济得到良好的发展。因此基于金融企业利益相关者存在的巨大差异,对金融企业社会责任的分析可以从以下几个方面入手:

一是对国家战略所承担的责任。在当前我国经济制度下,我国国有金融企业最大的股东是国家,具体来说就是国家才是国有金融企业的真正所有者。即是说,国有金融企业应承担的社会责任的核心是积极实现国有金融资产的保值增值。国有金融企业应在经营管理过程中积极恪守职业道德,严格遵守法律法规,积极配合国家宏观调控政策,维护金融秩序的安全平稳运行。具体来说就是一个对国家和社会负责的金融企业在自身发展过程中应该注意密切配合国家出台的各项经济战略,在社会经济呈现出过热发展趋势时全面贯彻执行政府相关部门提出的紧缩货币政策和财政政策,在社会经济呈现出低迷发展态势的时候积极落实相对宽松的财政和货币政策;在支持城市发展的同时,也要支持农村的发展,这样才能促进社会经济又好又快发展。

二是对消费者权益承担的责任。金融企业在发展过程中需要对消费者承担的责任主要包含对债权人和债务人两方面,具体而言,一方面,金融企业应该为存款人存款资金提供相应的安全保障,并且保证借款人具备良好的偿还能力,在流动资金不足的情况下,金融机构积极利用资金协调机制完成对资金的协调,进而有效稳定人心,全力避免大规模挤兑现象的发生,为金融系统的安全稳定运行创造良好的条件。另一方面,金融企业还应该为客户的知情权和安全权提供相应的保障,在此基础上充分维护客户的基本权益,在向客户提供相关金融产品的过程中,要让客户对金融产品形成全面的了解,并进行必要的风险提示,在保护客户账户安全的基础上获得客户的信任。此外,金融企业在承担消费者责任的过程中还应该进一步加大对中小企业以及弱势群体的资金支持,借助直接或者间接融资渠道完成融资,全面促进中小企业发展,改善弱势群体生存发展状况,促使金融相关资源优化配置。

三是对企业员工发展承担的责任。企业员工是金融企业的经营管理主体,也是金融企业发展的重要力量,因此企业对员工的责任也是金融企业应该重点关注的问题。基于此,金融企业应该高度重视软硬件设施建设,在软件建设过程中将人才培养作为重点工作内容,定期组织员工参加相应的教育和培训,引导员工完善职业生涯规划工作,促使员工的未来发展目标和企业建设的战略目标相吻合。同时执行好劳动合同制度对员工的各项权益加以维护。在硬件建设方面,由于金融企业的特殊性,要加强员工工作场所的安全保卫措施,在办公室中营造良好的工作氛围,切实肩负起对员工的责任,促使金融企业能够在现代社会中获得稳定发展。

四是对生态环境保护承担的责任。随着当前我国经济社会的飞速发展,人们生活水平得到了显著的提升,在人们获得高质量物质生活享受的同时自然界的生态环境却遭到了严重的破坏。因此新时期金融企业要想获得持久稳定发展,还应该积极树立生态、绿色、低碳金融的建设发展理念,在经济发展的过程中自觉承担起保护和重建生态环境的重要责任。具体来说就是金融企业在提供信贷等相关金融服务的过程中,加大对节能减排绿色项目的扶持力度,减少对高污染企业的扶持,为经济社会的可持续发展贡献相应的力量。

五是对社会和公益事业承担的责任。金融企业的众多金融网点多分布在城市或农村社区,服务对象多是一些普通百姓,有必要与社区建立和谐共荣的关系。这就要求金融企业在提高和改进服务质量、效率上下功夫,大力加强对金融知识的宣传,并且为了提升金融知识的普及效果还需要结合不同的社区提供有针对性的金融服务,特别是要面向贫困地区开发专门的扶贫性金融产品,积极发展"普惠、特惠"金融。这些工作的开展都能够促使金融企业在社会上树立良好的形象,进而获得社会大众的广泛认可,逐步积累无形资产,为企业未来的持续稳定发展提供相应的保障。

四、金融企业社会责任的实现

结合上述分析,金融企业的建设和发展与社会的整体建设和发展存在着紧密的联系,因此应该将其当作系统工程协同建设。具体而言就是金融企业发展与社会经济社会发展互为前提和基础,国家为金融企业的发展营造良好的环境,金融企业的发展反作用于经济社会发展,金融企业要想实现持久稳定运行,需要逐步提升市场竞争力,逐渐获得社会大众的广泛认可,进而在建设企业文化的基础上创造永久的价值,为企业的发展和传承奠定坚实的基础。

当前以大型银行、保险、证券等为主的金融机构在国有资本中占主体地位,对国家经济命脉产生着决定性影响,是政府部门发挥自身宏观调控能力的重要措施。因此说金融企业自身具备营利性和公益性的双重属性,因此企业除了应该坚持实现最为基本的国有资产增值保值目标,还在一定程度上承担着对企业经济结构进行调整、积极转变经济发展方式、对国际收支情况进行改善、适当缓解就业压力、促进经济社会建设发展等责任;另一方面,政府对金融企业在注册资本、股东构成、行政审批等设置了较高的准入门槛,具有国家所赋予信用和特许经营权带来的垄断利润,呈现出明显的高负债经营性和高垄断性特点,其作为国民经济的核心构成元素,发挥着推动社会资源优化配置的重要作用,在我国经济社会的构成中处于国民经济的枢纽地位,甚至能够对经济的发展以及社会的稳定产生特定的影响。因此金融机构应该让渡部分垄断利润以反哺社会。

国有金融企业所具有的国有企业和金融企业双重属性促使其与一

般性的金融企业区分开来,并且在一定程度上决定其在国有金融企业经营发展过程中,在社会责任的履行、政策目标的贯彻落实等要求上,较之于一般性的企业相对较高。换句话说,国有金融企业承担着一般性金融企业无力承担或者无法实现的社会责任,国有金融企业不仅要承担一般性金融企业所应该承担的社会责任,还出于国家战略需求要承担特殊的社会责任,因此基于国有金融企业社会属性方面的特殊性,其应该在发展过程中充分发挥自身宏观经济调控方面的能力,秉持着对国家、社会和人民负责的态度,积极配合国家战略特别是扶贫开发战略的开展。

　　总而言之,金融企业在建设发展过程中对社会责任的承担,实质上并不是消极被动的付出,著名管理学研究者彼得·德鲁克说,"将社会上存在的问题逐步转变为企业在建设发展过程中的机遇一般不在于新的产品、技能或者服务,而在于企业对社会问题的解决"。所以在当前我国社会重点关注扶贫开发工作的背景下,伴随着社会经济增长方式的转变,金融企业要想获得发展的契机,就应该对弱势群体特别是贫困人口加强关注,勇于承担社会责任,不断创新扶贫性金融产品,通过体制机制创新,加大对贫困地区的信贷投入,尽最大的努力为脱贫攻坚提供强大的金融服务,为金融企业自身持久稳定发展奠定基础。

第三章　金融扶贫现状及其制约因素

第一节　我国贫困现状与特征

一、我国农村贫困现状分析

（一）贫困标准

长期以来,我国依据人均年收入水平,设立了绝对贫困标准和低收入标准共存的扶贫标准,比如 2007 年我国的两个扶贫标准分别是 785 元/年和 1067 元/年,由于两个标准带来了诸多不便,2008 年将两个标准进行统一。如表 3-1 所示,2009 年和 2010 年依据消费价格指数变化,扶贫标准分别上调至 1196 元/年和 1274 元/年。2011 年我国将人均纯收入 2300 元作为新的贫困标准,与 2010 年标准相比提高了 80%。经过此次大幅上调,年收入 2300 元人民币的中国扶贫标准,按照 2005 年的购买力标准计算,2300 元人民币约相当于 1.8 美元的国际标准,超过了世界银行 2008 年制定的国际贫困新标准人均一天 1.25 美元。

表 3-1　我国农村历年的贫困线标准

年　份	贫困线（元/人年）	年　份	贫困线（元/人年）
1978	100	1997	640
1980	130	1998	635
1984	200	1999	625
1985	206	2000	625

续表

年　份	贫困线（元/人年）	年　份	贫困线（元/人年）
1986	206	2001	630
1987	227	2002	627
1988	236	2003	637
1989	259	2004	668
1990	300	2005	683
1991	304	2006	693
1992	317	2007	785
1993	350	2008	1067
1994	440	2009	1196
1995	530	2010	1274
1996	580	2011	2300

注：(1)2008年国家正式用低收入线取代了绝对贫困线，官方扶贫标准大幅提升，故2007年到2008年期间，贫困线数值以及贫困线相对水平产生较大幅度变动。(2)2011年年底，国家大幅下调了扶贫标准，重新设定2011年贫困线为2300元(2010年不变价)，新标准显著高于2010年官方贫困线，故两年之间的贫困发生率有巨大变化。另除2008年、2011年官方颁布的贫困标准，其他年份资料来源于历年《中国农村住户调查年鉴》，数据经作者整理。

（二）贫困规模

按现行国家农村贫困标准测算，1978年贫困人口规模为2.5亿人，全国农村贫困发生率为30.7%。2015年贫困人口规模为5575万人，全国农村贫困发生率为5.7%。总体来说，我国减贫成就巨大，但任务仍然很艰巨。具体见表3-2，1978—2007年，贫困标准不断提高，从1978年的100元提高到2007年的785元，但贫困人口总量和贫困发生率却呈现明显下降趋势，我国贫困人口总量从1978年的2.5亿减少到2007年的1749万，贫困发生率从1978年的30.7%降至2007年的1.6%；2008—2010年，贫困标准小幅提高，从1196元提高到1274元，但贫困人口从2008年的4007万人下降到2010年的2688万人，贫困发生率从4.2%降至2.8%，贫困人口数量和贫困发生率下降幅度较大；2011—2015年，我国贫困人口从2011年的12238万人减少到2015

年的 5575 万人（按照 2011 年 2300 元的贫困线标准），贫困发生率从 2011 年的 12.7% 降至 2015 年的 5.7%。

中国经济发展对全世界的减贫事业作出了巨大的贡献，据联合国《千年发展目标 2015 年报告》显示，1990 年到 2015 年，全球贫困人口从 19 亿减少到 8.36 亿，中国贡献率超过了 70%，连续多年实现减贫工作的巨大突破。

表 3-2　我国农村贫困标准、贫困人口和贫困发生率

年　份	贫困标准（元）	贫困人口（万）	贫困发生率（%）
1978	100	25000	30.7
1985	206	12500	14.8
1990	300	8500	9.4
2000	625	3209	3.5
2001	630	2927	3.2
2002	627	2820	3
2003	637	2900	3.1
2004	668	2610	2.8
2005	683	2365	2.5
2006	693	2148	2.3
2007	785	1479	1.6
2008	1196	4007	4.2
2009	1196	3597	3.8
2010	1274	2688	2.8
2011	2300	12238	12.7
2012	2300	9899	10.2
2013	2300	8249	8.5
2014	2300	7017	7.2
2015	2300	5575	5.7

数据来源：《2015 中国统计年鉴》，《中国农村贫困监测报告 2015》，中国统计出版社。

（三）地区分布

据《中国农村贫困监测报告 2015》相关数据显示，2014 年我国有

51.3%的贫困人口位于西部地区,35.1%的贫困人口位于中部地区,剩余13.6%位于东部地区,贫困人口的地区分布与各区域的经济发展水平相符。从贫困发生率来看,西部、中部、东部地区依次为12.4%、7.5%、2.7%,与各地区经济发展水平相符。整体上看西部地区农村贫困人口减少数量最多,但东部地区农村贫困人口下降速度最快。近四年多来西部、中部、东部地区农村贫困人口分别减少了4829万人、3090万人和1631万人,分别减少57.3%、55.7%和63%;贫困发生率分别下降16.8、9.7和4.7个百分点。

(四)省际分布

《中国农村贫困监测报告2015》数据显示,2014年贫困人口仍在500万以上的省份有6个,包括豫、湘、川、贵、滇、桂;在300万—500万的有4个,包括冀、皖、陕、甘;在100万—300万的有7个,包括晋、辽、赣、鲁、鄂、渝、新;100万以下的有14个,包括京、津、内蒙古、吉、黑、沪、苏、浙、闽、粤、琼、藏、青、宁。贫困发生率在15%以上的省份有5个,包括贵、滇、藏、甘和新;在10%—15%的有5个,包括晋、桂、陕、青、宁;在5%—10%的有13个,包括冀、内蒙古、辽、吉、黑、皖、赣、豫、鄂、湘、琼、渝、川;在5%以下的有8个,包括京、津、沪、苏、浙、闽、鲁、粤。

二、我国农村贫困特征分析

(一)集中连片分布,中西部贫困严峻

当前我国农村贫困人口的分布呈现出"广泛分散、区域集中"的特征。"广泛分散"表现为从全国范围来看,除京津两市,其他省市都不同程度地存在农村贫困人口;"区域集中"则是指农村贫困人口主要集中分布在通行不便、自然条件恶劣、经济发展水平低的老、少、边、远地区,呈现出明显的集中区域分布的特征,形成14个连片贫困地带。据《中国农村贫困检测报告2015》数据显示,在这14个连片特困地区农村贫困人口中,滇黔桂石漠化区农村贫困人口占13.9%、武陵山区占

13.5%、秦巴山区占 12.6%、乌蒙山区占 12.6%、大别山区占 11.1%、六盘山区占 9.9%、滇西边境山区占 6.8%、燕山—太行山区占 4.3%、罗霄山区占 3.8%、四省藏区占 2.9%、南疆三地州占 2.8%、大兴安岭南麓山区占 2.1%、吕梁山区占 1.9%、西藏区占 1.7%。

从表 3-3 和表 3-4 可以看出,中国农村贫困人口主要集中分布在中西部地区。从表 3-3 可以看出,中国八七扶贫攻坚计划中确定的全国 592 个国家贫困县中,东部有 77 个,而中部和西部则分别达到 149 个和 366 个。2014 年中国贫困县绝对贫困人口总数达到 1763 万,其中 66.1%分布在西部贫困县,30.3%在中部贫困县,仅 4.6%在东部。另据不完全统计(见表 3-4),2014 年年末,民族自治区地方有 1238 万农牧民尚未解决饮水不安全问题,缺乏基本生存条件、需易地搬迁的农牧民有 85.7 万户、355 万人。

表 3-3 2014 年国家级贫困县分布情况

划　　分	贫困县个数	2014 年贫困人口比重
东　　部	77	4.6%
中　　部	149	30.3%
西　　部	366	66.1%

数据来源:《中国农村贫困监测报告 2015》。

表 3-4 2011—2014 年民族自治地方农村贫困状况一览表

指　　标	单位	2011 年	2012 年	2013 年	2014 年
农村饮水不安全人口	万人	4182	3412	1996	1238
缺乏基本生存条件需易地	万户	75.5	65.2	51.5	85.7
搬迁对象	万人	304	2724	2224	355
年末乡村人口	万人	12841	12817	12645	12497
年度扶贫资金总额	亿元	185.4	268.3	310.6	365.3

数据来源:《中国农村贫困监测报告 2015》。

（二）绝对贫困缓解，相对贫困加大

当前,随着我国经济社会的不断发展,贫困的性质发生了明显变化,绝对贫困大幅缓解,相对贫困更加突出,农村贫困已经不再单纯是缺衣少食的生存型贫困,而更趋向于农民收入增长相对缓慢的相对贫困。其主要表现:一是城乡收入差距较大,并呈现出进一步扩大的趋势;二是农村内部贫富差距拉大。

在城乡收入差距方面,据国家统计局发布的官方统计数据显示,截至 2016 年年底,中国的城镇及农村家庭居民人均可支配收入分别为 33616 元和 12363 元,城乡人均可支配收入之比为 2.72:1。恩格尔系数分别为 35.6% 和 37.9%,后者仍高于前者约 2.3 个百分点。

在农村内部贫富差距方面,见表 3-5,2014 年贫困地区农户按照人均可支配收入从高到低排序,贫困地区高收入组、中高收入组、中等收入组、中低收入组、低收入组农村居民人均可支配收入分别为 13753 元、8082 元、6023 元、4386 元和 2013 元。高收入组人均可支配收入是低收入组的 6.8 倍。

表 3-5　2014 年贫困地区农户按人均可支配收入五等份分组收入情况

（单位:元）

指标名称	平均	低收入组	中低收入组	中等收入组	中高收入组	高收入组
可支配收入	6852	2013	4386	6023	8082	13753
1.工资性收入	2240	860	1547	2098	2735	3961
2.经营净收入	3033	586	1898	2570	3510	6600
3 财产净收入	81	26	37	55	89	199
4 转移净收入	1497	542	905	1300	1748	2992

数据来源:《中国农村贫困监测报告 2015》。

（三）抗风险能力较弱，返贫现象突出

我国扶贫工作虽然取得了显著成效,但对刚刚达到或超过官方规定的 2300 元贫困标准的低收入群体来说,其生存环境和生产条件并未

发生根本性的改变,自身抵抗市场风险和自然风险的能力很低,有着极强的脆弱性。主要表现在:一是自身文化水平和自我发展能力不强,自身拥有的土地资源价值很低,很难在现有资产水平上迅速提高收入,抵御市场风险能力较弱;二是大部分处于极为边远和自然条件极其恶劣的地区,一旦出现重大自然灾害、疾病,他们很容易重新陷入贫困状态。根据《中国农村贫困监测报告 2015》数据显示,中国农村每年的返贫率高达 20%。其中,近七成行政村经历过自然灾害。如 2014 年贫困地区67.4%的村经历了自然灾害,主要以旱灾、水灾、植物病虫害为主,分别占 35%、15.2%和 6.2%。

(四)贫困类型多元,代际传递性增强

以往中国政府减贫战略的重点主要是消除贫困人口的物质贫困,这是合理的政策选择,也是十分必要的。但是进入知识经济信息化时代,能力贫困、知识贫困、权利贫困等新型贫困问题日益突出,所涵盖的人群远远超过物质贫困人群,逐渐成为主要贫困类型。这类新型贫困人群受教育程度较低,获取信息以及维护自身权利方面能力较差。如表 3-6 所示,2014 年中国贫困地区农村劳动力的文化水平主要是初中程度及以下,其中初中文化程度占比 45.7%,小学文化程度占比 35%,不识字占比 8.7%,高中及高中以上文化程度占比仅为 10.5%。

表 3-6　2014 年贫困地区劳动力文化程度分布　　　　（单位:%）

劳动力文化程度	女性劳动力	男性劳动力	全部劳动力
1. 不识字或识字不多	12.7	4.8	8.7
2. 小学	39.2	31.1	35.0
3. 初中	40.6	50.7	45.7
4. 高中及中专	5.5	10.5	8.0
5. 大专及以上	2.0	3.0	2.5

数据来源:《中国农村贫困监测报告 2015》。

受教育水平较低制约了贫困农户对自身经济状况的改善。研究表明,户主文化程度较低的群体,贫困发生率相对较高。根据《中国农村贫困监测报告 2015》数据显示,2014 年,按现行国家农村贫困标准测算,户主文化程度为文盲的群体中贫困发生率为 14.5%;户主文化程度为小学的群体中贫困发生率为 10.7%,户主文化程度为初中的群体中贫困发生率为 5.7%;户主文化程度为高中的群体中贫困发生率为 4.7%。

除了知识贫困,权利贫困也日益突出。如农民贫困不仅体现在收入、消费差距上,更体现在城乡二元结构造成农民普遍的发展权利、机会的不平等,如农民家庭孩子考取重点大学的比例很低,从正规金融机构得到贷款的机会以及参与社会保障的权利缺失等等,导致农民异常脆弱、被社会排斥,普遍处于弱势地位。从某种程度上说,权利贫困已经成为我国扶贫开发战略中不容忽视的问题,否则很容易出现贫困的马太效应,即越穷的家庭,其拥有的产权、教育和信贷等基本发展权利也越少,改变自己贫困状态的能力就越缺乏,下一代享受良好教育、就业的机会也越少,这样贫困就具有了越来越强的代际传递性。

第二节　贫困的金融成因分析

一个地区之所以贫困,既有地理位置、自然资源、气候条件等方面的原因,又有经济基础、社会风俗、科技人文等方面的原因。其中,金融资源配置失衡导致的资本形成受阻是贫困的一个重要原因。本节将从这一角度结合我国实际分析金融致贫的内在机理。

一、金融致贫机理分析

资本、劳动力和技术同为生产要素,但资本发挥着媒介、组合诸生产要素的作用,是基础性的金融资源。按照拉格纳·纳克斯的观点,贫困地区之所以落后的一个重要原因是资本形成不足,而且因资本形成不足导致的贫困会形成一种自我维持的恶性循环。至于哪些因素导致了资本形成不足,20 世纪 70 年代出现的金融压抑论对此进行了详细的阐释,该理论认为,发展中国家普遍对金融实行不同程度的管制,人为压低利率水平,阻碍了资本形成;实行选择性的信贷政策,导致投资效率低下,并最终阻碍自身的经济发展。具体来说,由于利率管制,实际利率远远低于均衡利率水平,大多数贫困国家和地区都存在着资本外流的现象,资本外流使得本已稀缺的资本更加紧缺,居民和企业需要付出高昂的成本才能得到所需资本,而选择性的信贷政策造成金融资源配置的扭曲。在上述政策的合力作用下,当地经济不仅没有取得预期的快速发展,反而受到阻碍,停滞不前,最终导致贫困,贫困又从供求两方面影响金融资源的配置,形成恶性循环。

从供给方面看,如图 3-1 所示,金融资源的错配会直接导致一个地区的资本形成不足,阻碍其生产力的提高和经济的发展,导致贫困的产生。这意味着金融机构在为贫困地区居民和企业提供金融产品和服务时需要更加广泛地收集借款人信息,更加小心地甄别及严格地筛选,支付更高的信息成本。同时,贫困意味着当地自然条件、基础设施较差,金融机构单位业务的交易成本和管理费用较高。这使得金融机构在贫困地区收缩其分支机构,减少投入,弱化当地的金融服务,将资金转向效益更好的经济较发达地区。这将进一步加剧当地的贫困,贫困又将进一步影响当地金融资源的配置。

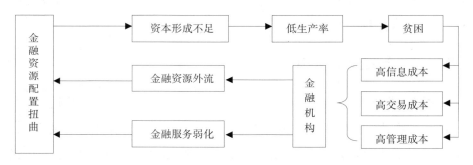

图 3-1　供给视角下的金融资源配置扭曲与贫困恶性循环

　　从需求方面看,如图 3-2 所示,三类因素制约了贫困地区居民对金融的有效需求:第一,贫困地区居民家庭财富少,可供抵押担保的物品较少,抵抗下岗、疾病或意外伤害的能力较差;第二,贫困地区居民消费限于维持基本生活,投资渠道和机会较少,加之人们思想观念陈旧,对新信息新技术接受能力较差,创新创业能力较差;第三,贫困地区居民的收入渠道单一且水平较低,还贷能力较差。上述原因导致贫困地区居民对金融资源的有效需求不足,进一步促使金融机构把资源向其他地区倾斜,加剧了金融资源错配,造成了贫困恶性循环。

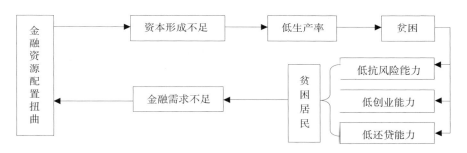

图 3-2　需求视角下的金融资源配置扭曲与贫困恶性循环

二、金融致贫因素分析

　　近些年来,我国加大了对"三农"的投入,农村金融取得了较快的发展,但是,金融供求不足对农村经济发展的制约依然存在,具体表现在六个方面:

　　第一,利率管制对农村负面影响深远,利率市场化预期效果短期内难以显现。为了拉动投资,实现经济的赶超发展,我国曾经长期施行利率管制。虽然 1990—2015 年 38 次调整存款利率,40 次调整贷款利率,并逐步增加了利率种类和档次,丰富了利率体系,但长期的金融抑制扭曲了资金价格,资金以低廉的价格不断地从落后地区流向发达省份,从西部地区流向东部地区,从乡镇企业、民营企业流向国有企业,降低了市场效率。同时,由于商业银行单纯依靠稳定的存贷利差就可以获得丰厚的利润,进而弱化了其开拓农村市场以及服务落后地区的动力。

虽然在利率管制的同时,我国利率市场化也一直在不断地向前推进,如表3-7、表3-8、表3-9所示,但如果没有配套的措施,比如政策性金融的补充、专项基金的扶持,利率管制放开可能给贫困地区带来更大的金融弱化。因为,利率市场化后,金融机构都在创新产品和服务,无论居民还是企业都面临着更多的选择。这使得资金更容易从落后地区流向效率较高的地区。鉴于一般贫困地区产业发展都比较落后,如果政府这只看得见的手不加以干预或干预不到位,贫困地区的资金流失规模会更大、速度会更快。

表3-7 利率市场化改革稳步推进阶段

时　间	内　容
1993 年	确立利率市场化改革的基本设想
1996 年	放开银行间同业拆借利率
1997 年	银行间债券回购利率放开
1998 年	放开贴现与转贴现利率
1999 年	存款利率改革初步尝试
2000 年	放开外币贷款利率与 300 万美元以上的大额外币存款利率
2002 年	统一中、外资金融机构外币利率管理政策
2003 年	放开部分外币小额存款利率管理
2004 年	完全放开金融机构人民币贷款利率上限
2006 年	扩大商业性个人住房贷款利率浮动范围

表3-8 利率市场化改革加速阶段

时　间	内　容
2012 年	存款利率浮动区间的上限调整为基准利率的 1.1 倍; 贷款利率浮动区间的下限调整为基准利率的 0.8 倍
2013 年	全面放开金融机构贷款利率管制
2014 年	存款利率浮动区间的上限调整至基准利率的 1.2 倍

表 3-9　利率市场化改革完成阶段

时　间	内　容
2015 年 3 月 1 日	存款利率浮动区间的上限调整至基准利率的 1.3 倍
2015 年 5 月 11 日	存款利率浮动区间的上限调整至基准利率的 1.5 倍
2015 年 8 月 26 日	放开了一年期以上(不含一年期)定期存款的利率浮动上限
2015 年 10 月 24 日	下调金融机构存款准备金率 0.5%,对符合标准的金融机构额外降低存款准备金率 0.5%,对商业银行和农村合作金融机构不设置存款利率浮动上限

第二,贫困地区农村金融活动受到严格限制。贫困地区王规金融机构不仅面临着民间金融的竞争还面临着监管部门的严格监管。1997年为了防范金融风险,关闭了农村的农村合作基金会。加之商业化改革之后的国有银行纷纷撤销农村基层网点,经营效率低下的农村信用社曾一度成为农村金融的主力,直到 2003 年以农村信用社改革试点启动为标志的新一轮农村金融改革全面推进,要求主要涉农金融机构坚持服务三农的市场定位,农村金融的状况才有所好转。2006 年,银监会开始鼓励社会资本到农村设立村镇银行、农村资金互助社、贷款公司等新型农村金融机构,这些新型农村金融机构虽然注册资本比较低,但是都不能跨区域经营且各自有其短板,村镇银行要面临流动忼、资本、资产质量等方面的监管;资金互助社的资金来源局限于入社会员的股金;贷款公司只能放款不能吸收存款。虽然这些新型金融机构的出现及迅速发展在一定程度上缓解了农村贫困居民生产生活的资金饥渴,但是相对于农村贫困居民信贷需求的多样性而言,其经营活动的局限性也日益凸显。

第三,贫困地区农村金融产品品种单一。据 2015 年《中国家庭财富调查报告》显示,家庭金融资产在全国占到了 16.49%。在家庭金融资产中,银行存款比例最高,为 60.91%;现金其次,占 24.09%;股票第三,占 8.84%;基金占比为 4.24%;银行理财产品占比 1.1%;债券占比为 0.77%;其他衍生品占比 0.05%。可见,在中国家庭金融资产中银行存款和现金等无风险资产占比高。另据《中国家庭金融调查报告》显示,中国家庭金融资产主要集中在高收入家庭,2014年收入前10%家庭的储蓄额占总储蓄的74.9%,拥有的资产占全部家庭总资产的比例高达84.6%,这意味着大量低收入家庭在当年储蓄很少甚至几乎没有。此外农村金融深化的程度比城市大约滞后了6—10年,有限的投资渠道与低效率的投资相伴相生,共同促成并加剧了农村地区的贫困。

第四,贫困地区农村资金流失严重,资本稀缺,投资受阻。由于农村贫困地区经济基础差,资本投资收益低、风险大,导致资金不断从农村流向城市。如表3-10所示,2002—2013年扶贫重点县贷款余额约为存款余额的60%—80%,也就是说约有20%—40%的存款处于闲置状态或者流失。投放到扶贫重点县的贷款额最终约有三分之一用于农业。另外,随着城市化进程的加快,城市贷款对农村贷款的相对倍数不断提高。资金的流失使得贫困地区即使有好的项目也难以实施,与发达地区的差距也就越来越大。

表3-10　扶贫重点县存贷款余额　　　　　　　　　（单位:亿元）

年份	存款余额	其中:城乡居民储蓄存款	贷款余额	其中:农业贷款
2002	5523.0	4141.9	4591.6	892.0
2003	6423.3	4853.0	4846.7	1058.2
2004	7601.5	5663.2	5131.5	1260.7
2005	9164.4	6729.3	5428.0	1491.3
2006	11184.7	7978.1	6121.9	1638.7
2007	13340.6	9285.8	7039.3	1875.6
2008	16856.4	11516.9	7521.3	2092.0
2009	20484.6	13418.3	9459.4	2727.3
2010	25698.8	16301.6	12078.4	4366.6
2011	28510	18400	12778	5079
2012	34704	22685	16001	4999
2013	39979	26452	19883	8873

数据来源:根据《全国县(市)社会经济统计年鉴》《中国农村贫困监测报告2015》整理。

　　第五,贫困地区农村金融供给严重不足。主要表现是农村金融机构数量较少。1998 年开始关闭农村"两会",工农中建四大行实行扁平化管理,裁撤 3.1 万个县以下营业网点。2009 年,全国一共有 2945 个乡镇没有银行业金融机构营业网点,其中有 708 个乡镇没有任何金融服务。虽然我国政府敏锐地意识到这个问题,积极采取措施恢复构建农村金融服务体系,从 2009 年 10 月到 2015 年全国金融机构空白乡镇从 2945 个降低到 1570 个,实现乡镇金融机构和乡镇基础金融服务双覆盖的省份(含计划单列市)从 9 个增加到 25 个。据《中国农村金融服务报告 2015》数据显示(见表 3-11),当前我国农村金融机构从业人员、营业网点数量仍然较少,2014 年除商业银行之外的商业性涉农金融机构全国一共 3566 家,相比于美国 8000 多家银行机构中有 5000 多家是以县为服务范围的社区金融机构,我国商业性金融机构开拓农村市场的意愿和举措都不足。

表 3-11　2014 年主要涉农金融机构相关情况

机构名称	机构数(家)	营业网点数(个)	从业人员数(人)
农村信用社	1596	42201	423992
农村商业银行	665	32776	373635
农村合作银行	89	3269	32614
村镇银行	1153	3088	58935
贷款公司	14	14	148
农村资金互助社	49	49	521
合　计	3566	81397	889845

数据来源:中国银监会网站。

　　另外从农业贷款开展情况看(见表 3-12),虽然我国金融机构涉农贷款总额从 2009 年的 480.42 亿元上升到 2014 年的 3111 亿元,但是本外币涉农贷款占各项贷款比重在 2014 年也仅仅为 8.1%。

表 3-12　金融机构总行本外币涉农贷款情况

年　份	本外币涉农贷款占各项贷款比重(%)	本外币涉农贷款余额(亿元)
2009	—	480.42
2010	2.49	516.40
2011	—	1001.81
2012	7.60	2209.00
2013	—	2755.54
2014	8.10	3111.00

数据来源:根据 2010 年、2012 年、2014 年《中国农村金融服务报告》整理。

第六,贫困地区居民和企业不得不接受高息民间借贷。据《中国家庭金融调查报告 2015》显示,2014 年"农业生产获得贷款的概率为31%,农村仅 23%的家庭从银行获得借款,特别在消费信贷领域,农村地区超过 90%的资金需求依靠民间借贷"。而民间借贷的利率远远高于商业银行等金融机构,据有关数据显示,2011 年 6 月到 2016 年 6 月五年间,民间借贷活跃的温州地区综合贷款月利率最低出现在 2012 年12 月,为 14.74%,最高出现在 2011 年 8 月,为 25.4%,大部分月份贷款利率都在 15%以上。在民间借贷不活跃的贫困地区,民间贷款利率水平更高,如此之高的利率水平使得借款人承受巨大的利息负担,一旦经营状况恶化或者出现意外,便陷入贫困。即使经营顺利,在偿还了利息本金之后,赚得的钱也不能使其脱贫致富。

第三节　金融扶贫实践与成效评价

一、金融扶贫历程回顾

根据以上贫困、反贫困及相关金融理论,自 1978 年我国实施改革开放以来,我国的扶贫战略主要着眼于比较贫困的农村。农村体制改革推动、大规模开发、八七扶贫攻坚、新世纪反贫困和脱贫攻坚是我国农村扶贫开发战略经历的五个阶段(见表3-13)。金融作为现代经济的核心,在我国扶贫开发事业中具有重要的地位和作用。金融反贫困政策伴随着我国金融体制改革的深化和国家扶贫开发战略的调整而不断演变,如今金融扶贫已成为国家扶贫发开战略的重要组成部分(见表3-14)。

表3-13　不同阶段我国农村反贫困战略

时期	方式	环境	思想	目标	重点	金融扶贫
农村体制改革时期(1978—1985年)	输血式	改革开放	普遍脱贫	解放和发展生产力	老少边区	专项贷款
大规模开发扶贫时期(1986—1993年)	开发式	经济发展	集中脱贫	解决温饱问题	18个集中连片特困区	农业发展银行贷款
八七扶贫攻坚时期(1994—2000年)	攻坚式	经济体制改革	集中脱贫	解放和发展生产力,解决温饱问题	重点县	小额信贷
新世纪扶贫阶段(2001—2010年)	重点式	区域差异较大	区域协调发展	解决区域的温饱问题	重点县	小额信贷
脱贫攻坚阶段(2011年至今)	综合式	贫富差距较大	城乡协调发展	实现全面小康	贫困村	金融机构全面支持

表3-14　1978年以来部分金融扶贫政策一览表

文件名称	内容简介	出台时间	制定部门
《关于金融助推脱贫攻坚的实施意见》	准确把握金融助推脱贫攻坚工作的总体要求、精准对接脱贫攻坚多元化融资需求、大力推进贫困地区普惠金融发展、充分发挥各类金融机构助推脱贫攻坚主体作用、完善精准扶贫金融支持保障措施、持续完善脱贫攻坚金融服务工作机制6部分22条。	2016年3月16日	中国人民银行、国家发展改革委、财政部、中国银监会、中国证监会、中国保监会、国务院扶贫开发领导小组办公室
《推进普惠金融发展规划(2016—2020年)》	《规划》分总体思路、健全多元化广覆盖的机构体系、创新金融产品和服务手段、加快推进金融基础设施建设、完善普惠金融法律法规体系、发挥政策引导和激励作用、加强普惠金融教育与金融消费者权益保护、组织保障和推进实施8部分。	2015年12月31日	国务院

续表

文件名称	内容简介	出台时间	制定部门
《关于创新发展扶贫小额信贷的指导意见》	包括指导思想、工作原则、扶持的范围重点和方式、政策措施、组织保障六个方面的内容	2014 年 12 月 10 日	国务院扶贫开发办公室
《关于全面做好扶贫开发金融服务工作的指导意见》	包括总体要求、重点支持领域、重点工作、保障政策措施、加强组织领导五部分	2014 年 3 月 6 日	中国人民银行联合 7 部委
《关于建立连片特困地区扶贫开发金融服务联动协调机制的通知》	要求人民银行各相关分支机构按 14 个片区分别建立金融服务联动协调机制,因地制宜,积极开展金融服务创新、信息共享、政策宣传和统计分析等工作	2013 年 8 月 26 日	中国人民银行
《关于银行业金融机构做好老少边穷地区农村金融服务工作有关事项的通知》	持续提升老少边穷地区的金融服务水平	2012 年 12 月 11 日	中国银监会
《关于调整扶贫贴息贷款和再贷款利率的通知》	调整农业银行发放的扶贫贷款优惠利率、人民银行对农业银行发放的扶贫再贷款利率及贴息办法	1999 年 9 月 6 日	中国人民银行
《扶持贫困地区专项贴息贷款管理暂行办法》	贷款的使用范围、贷款条件、贷款的分配和发放、贷款期限和利率、贷款责任和考核等内容	1986 年 11 月 7 日	中国人民银行中国农业银行

　　第一阶段(1978—1985 年):农村体制改革初期的金融扶贫。改革开放初期,面对全国 2.5 亿农村贫困人口温饱得不到解决的问题,通过农村土地产权的改革,解放和发展生产力。主要的措施包括实行家庭联产承包责任制、取消农产品价格管制和大力发展乡镇企业等。制度变迁带来的经济增长缓解了农村的贫困。与此同时,我国金融体制改革拉开了序幕,1979 年在部分地区将信贷资金管理的"统存统贷"改为"统一计划,分级管理,存贷挂钩,差额包干",这一措施统一了信贷资金计划管理上的统一性和灵活性,大大提高了信贷资金的管理水平。针对老、少、边、穷地区的贫困情况,为了促进这些贫困地区的经济发展,1983 年中国银行开发了经济发展贷款和地方基尼国际开发贷款等专项贷款。1984 年,中共中央、国务院发出《关于帮助贫困地区尽快改

变面貌的通知》明确指出要加强扶贫工作的财政举措、金融举措，并明确金融部门在扶贫工作中的分工，要求金融部门要作出帮助贫困地区改变面貌的具体部署，并抓紧实施。

第二阶段（1986—1993 年）：大规模开发扶贫下的金融扶贫。这一阶段，由改革带来的红利迅速在东部沿海地区得到显现，东部沿海地区和城市中的一部分人先富裕起来了，但我国中西部地区及老、少、边、穷地区发展缓慢，贫困人口数量仍然较多。1986 年国务院扶贫开发领导小组办公室成立，在这一阶段各级地方政府也成立了扶贫领导小组办公室，为我国实行有效的扶贫开发工作提供了体制上的保障，扶贫办通过制定针对贫困地区的政策措施，使得有计划、有组织、大规模的扶贫开发工作在全国范围内得以开展。

为了支持国家大规模扶贫开发战略的实施，1986 年国务院专门出台了扶贫贴息贷款的信贷扶贫政策，决定在"七五"期间，中央银行继续发放地区经济贷款和地区经济开发贷款的同时，每年安排 10 亿元，共 50 亿元的扶贫贴息贷款。贷款由中国农业银行与各级扶贫办统一发放和管理，并作出了 1—3 年、最长不超过 5 年的贷款期限和中央财政进行补贴利息的规定。同年中国农业银行开办"扶持贫困地区专项贴息贷款"，贷款资金由中央银行专项安排，农行发放并进行专项管理。1986 年 11 月，中央银行和农行联合发布《扶持贫困地区专项贴息贷款管理暂行办法》。在这一阶段，扶贫开发项目获得了大量的信贷资金，新办 5 万多个乡镇企业，80 多万个经济场（园）、新建 10 多万公里的县乡公路、2000 多万亩基本农田。在一定程度上克服了以往"救济式"扶贫的缺陷，但银行在扶贫贴息贷款业务发放和管理过程中的自主性差，从贷款区域、贷款对象、贷款额度、利率和还款期限等都受到政府的行政干预，并存在寻租行为。另外，由于贴息贷款在瞄准机制、还款率等方面存在缺陷，扶贫贴息贷款的使用效率和社会效益不高。

第三阶段（1994—2000 年）：八七扶贫攻坚阶段金融扶贫。1994

年,我国确立了社会主义市场经济体制的改革目标,农村家庭联产承包责任制对解决农村贫困问题的制度红利基本释放殆尽。针对当时全国农村 8000 万贫困人口的温饱问题,中央政府出台并实施了《国家八七扶贫攻坚计划》,该计划是我国改革开放以来第一个具有明确目标、对象、措施和期限的扶贫行动纲领。计划确定了 692 个国家重点扶持贫困县,决定用 7 年左右的时间,到 2000 年年底解决全国农村 8000 万贫困人口的温饱问题。

这一阶段,扶贫贴息贷款的使用效益和农村金融体制改革是金融反贫困的政策。中国人民银行 1999 年发布了《关于调整扶贫贴息贷款和再贷款利率的通知》,规定了扶贫贴息贷款的使用方向,在国家确立的 529 个贫困县中,扶贫贴息贷款应该投放到经济效益好的项目上,扶贫贴息贷款由农业银行发放,中央银行不再向农业银行发放。这一时期,源于孟加拉的小额信贷模式通过相关研究机构和非政府组织引入中国并逐步得到国家认可,为金融反贫困政策的制定提供了借鉴和新思路。从 1997 年到 1999 年,扶贫贴息贷款在中国农业银行和地方政府扶贫开发办的推广下,取得了一定的成效。1997 年 200 多个贫困县获得了扶贫贴息贷款,1998 年小额信贷在中国农业银行进行试点,1999 年《农村信用合作社农户联保贷款管理指导意见》和《农村信用社农户小额信用贷款管理暂行办法》出台,小额信贷业务开始在农村推广。

这一时期,随着市场经济体制的不断发展和金融市场竞争的加剧,农村金融机构的市场化改革趋势明显,农行等商业银行和政策性银行撤销或缩减县级以下网点。同时,1998 年农村基金会清理整顿,农村信用社成为贫困地区农村唯一的金融机构,但效率相对低下。金融反贫困的作用发挥受限。

第四阶段(2001—2010 年):新世纪扶贫阶段的金融扶贫。2001年中共中央、国务院印发《中国农村扶贫开发纲要(2001—2010)》,明确了我国农村扶贫开发在 21 世纪第一个十年里的总目标,提出了以社会扶贫、行业扶贫、产业化扶贫、劳动力转移培训和整村推进为重点的扶贫路径。尽快解决农村贫困问题,加大扶贫工作的投入力度,为构建社会主义和谐社会奠定基础。

这一时期,国家开始重视金融在扶贫开发中的作用,中央政府和金融监管部门制定了一系列相关政策,引导各级各类金融机构和资金流向农村地区开展金融服务。如从 2004 年到 2010 年,历年中央一号文件都明确提出要增加金融机构支持“三农”的力度,加大信贷投放,积极探索建立功能齐备的农村金融体系,并提出在农村开展多种形式的担保和保险业务。2006 年 10 月 9 日,国务院扶贫开发领导小组办公室与国家开发银行签订了《支持贫困地区脱贫致富开发性金融合作会谈纪要》,之后,双方就如何落实《会谈纪要》形成了《国务院扶贫办与国家开发银行长期合作框架协议的主要内容和操作方式》,双方决定重点支持“整村推进”扶贫开发、贫困地区龙头企业发展、贫困地区劳动力转移培训、贫困地区重大基础设施和资源开发项目四个领域。

2006 年 12 月 22 日,中国银监会发布《关于调整放宽农村地区银行业金融机构准入政策　更好支持社会主义新农村建设的若干意见》,鼓励各类资本设立村镇银行,鼓励农村小企业和农民设立社区性信用合作组织,开展村镇银行、小额贷款公司等新型农村金融机构试点。

2014 年 10 月 15 日,国务院扶贫开发领导小组办公室和中国农业银行签署“金融扶贫合作协议”。双方将进一步加强金融扶贫合作力度、加大对贫困地区的信贷支持,每年向贫困地区新增贷款投放不低于1000 亿元,到 2020 年实现贫困地区贷款余额翻番。

2014 年 12 月 25 日,国务院扶贫开发领导小组办公室与中国人寿保险股份有限公司签署《扶贫小额保险合作协议》,双方将积极创新金融扶贫工作机制,重点关注 14 个连片特困地区及片区以外的国家扶贫开发工作重点县,提升建档立卡贫困户的风险保障水平。在费率方面为贫困地区给予更多优惠,提供全方位、多层次、保本微利的保险服务。

2015 年 6 月 12 日,国务院扶贫开发领导小组办公室与中国邮政储蓄银行签署"金融扶贫合作战略协议",双方将在全国范围内通力合作,搭建扶贫小额信贷平台,为建档立卡贫困户提供"免担保免抵押、优惠利率、财政贴息"的扶贫小额信贷资金,到 2020 年年末,邮储银行在贫困地区的累计信贷投放力争不低于 5000 亿元。

第五阶段(2011 年至今):脱贫攻坚阶段的金融扶贫。2011 年 11 月,我国农村贫困人口约有 1 亿(按人均纯收入 2300 元测算),新时期扶贫的难度更大。2014 年 12 月 4 日,国务院办公厅印发《关于进一步动员社会各方面力量参与扶贫开发的意见》(国办发〔2014〕58 号),动员全社会力量共同参与扶贫开发。2015 年 12 月、2016 年 4 月中共中央、国务院先后出台了《中共中央国务院关于打赢脱贫攻坚战的决定》《关于建立贫困退出机制的意见》两个文件,确保到 2020 年农村贫困人口全部实现脱贫。

在此阶段,一系列金融支持扶贫开发的政策文件密集出台,金融扶贫举措更加具体、丰富和具有可操作性。国家扶贫战略正式把金融扶贫纳入到扶贫战略的组成部分。如《中国农村扶贫开发纲要(2011—2020)》,明确提出要继续开展金融服务,其主要举措是"继续完善国家扶贫贴息贷款政策,积极推动贫困地区金融产品和服务方式的创新,鼓励开展小额信用贷款,努力帮助扶贫对象发展生产的资金需求,多方面拓宽贫困地区的融资渠道,尽快实现贫困地区金融机构空白乡镇的金融服务全覆盖"。2013 年《关于创新机制扎实推进农村扶贫开发工作的意见》提出,要"完善金融服务机制,要充分发挥政策性金融的导向作用,支持贫困地区信贷投放。推动金融机构网点向贫困地区乡镇和社区延伸,改善农村支付环境,加快信用户、信用村、信用乡镇建设,发展农业担保机构,扩大农业保险覆盖面"。2013 年 8 月,《中国人民银行办公厅关于建立连片特困地区扶贫开发金融服务联动协调机制的通知》制定,2014 年 3 月,《关于全面做好扶贫开发金融服务工作的指导意见》出台,从健全金融组织体系、创新金融产品和服务、夯实金融基础设施、优化金融生态环境等方面确立了扶贫开发金融服务的十项重点工作。2016 年 3 月 24 日,中国人民银行联合七部委印发了《关于金融助推脱贫攻坚的实施意见》,提出要精准对接脱贫攻坚多元化融资需求、大力推进贫困地区普惠金融发展,充分发挥各类金融机构助推脱贫攻坚主体作用。该意见的出台表明,金融支持脱贫攻坚力度空前。

随着我国农村金融反贫困措施以及相关政策的落实,我国贫困地区的金融环境不断改善,各项存贷款余额等指标逐年向好。据统计①,我国贫困地区平均每万人拥有银行业服务网点由 2010 年年末的 1.1个提高到 2015 年 9 月末的 1.4 个,增长率为 27.3%;每万人拥有 ATM、POS 机等自助设备由 2010 年年末的 8.3 台提高到 2015 年 9 月末的38.1 台,增长率为 359%。截至 2015 年 8 月末,贫困地区已设立县级银行业金融机构 5075 个,服务网点 42272 个,证券分支机构 138 家、保险分支机构 5129 家;共布放自助设备 113.8 万台,其中 ATM 机 52913台、POS 机 69.2 万台。全国贫困地区共建立农户信用档案 4149.7 万户,评定信用农户 2376.7 万户。表 3-15 所示贫困地区的数据也表明了贫困地区的金融环境不断向好。

表 3-15　2015 年 8 月贫困地区的部分金融数据

指　标	数　据	单　位
各项存款余额	6.2	万亿元
各项贷款余额	3.2	万亿元
县级银行业金融机构	5075	个
服务网点	42272	个

① 周琰:《创新金融扶贫方式 着力提高精准扶贫成效》,《金融时报》2016 年 3 月 24 日。

指　标	数　据	单　位
乡镇服务网点	28957	个
证券分支机构	138	家
保险分支结构	5129	家
小额贷款公司	1363	家
注册资本金	608.4	亿元
资金互助社	1696	家
互助社资金规模	6.9	亿元
贫困村资金互助组织	6260	家
资金规模	19.2	亿元

数据来源:根据《金融时报》2015年8月;中国人民银行官方网站公布的数据整理所得。

二、金融扶贫主要政策安排及评价

中国的反贫困政策具有明显的阶段性,其中为贫困地区提供贷款是重要的组成部分,中国的金融扶贫政策主要有三种:扶贫贴息贷款、小额信贷扶贫政策和贫困村互助资金。

(一)基于农业信贷补贴理论的扶贫贴息贷款

扶贫贴息贷款是1986年国家为实现贫困地区脱贫和促进其经济社会发展而设立、由政府扶贫部门会同相关金融机构承办、国家财政给予一定利息补贴、政策性较强的贷款。目的是支持全国重点贫困县发展生产,支持能够带动低收入贫困人口增加收入的种养业、农产品加工企业、劳动密集型企业、市场流通企业和基础设施建设项目,解决群众温饱问题。其实质是指导性贷款,主要用于国家扶贫开发工作重点县。

1.扶贫贴息贷款实施历程

由于扶贫贴息贷款是不以营利为目的的政策性贷款,从扶贫贴息贷款的建立至今,其管理和发放经历了数次调整和改革。

扶贫贴息贷款最初是由中国农业银行按照非商业化的原则,发放和管理扶贫贴息贷款。1994年,扶贫贷款发放和管理划归到中国农业发展银行,但由于中国农业发展银行县级分支机构缺乏,对扶贫贷款的管理不便,中央决定从1998年5月开始,中国农业银行再次接手扶贫贷款的发放和管理工作,同时发放和管理的原则由最初的非商业化改为商业化。1999年国务院决定,扶贫信贷资金实行统一固定优惠利率。

2001年中国农业银行下发的《扶贫贴息贷款管理实施办法》对扶贫信贷资金的管理做了新的规定,并且根据《扶贫贴息贷款管理实施办法》人民银行和国务院扶贫办开展了一系列扶贫贴息贷款的活动。其中包括到户贷款、项目贷款、小额贷款到户的试点工作,这些举措大力推进了扶贫贴息贷款的投放力度。

2006年扶贫贴息贷款的管理体制又进行了调整。到户贷款贴息资金自主权进一步下放到扶贫开发工作重点县,贫困县可以自主选择金融机构发放。项目贴息贷款的自主权也进一步下放到省,并且在河北、黑龙江等八省开展试点。2008年到户贷款和贴息资金贷款管理权限下放到县。地方选择金融机构的权限扩大,所有自愿参与扶贫的银行业金融机构也进入到了地方政府选择的清单,在此清单上的各种金融机构都可承担扶贫贴息贷款发放的业务。这一举措无疑是符合社会主义市场经济要求的信贷管理体制。为了加强对金融承贷市场主体的激励,同期采取了一系列的措施,如将固定利率改为固定补贴,贴息资金按照贴息1年进行贴息,在该时期内的贴息标准为到户贷款年利率5%,项目贷款年利率3%。本金由金融机构自行筹集。

2014年,为了提高扶贫贴息贷款政策的科学性和有效性,更好地发挥地方政府工作的积极性,按照"扶贫开发、省负总责、县抓落实"的管理体制,中央财政将专项扶贫资金切块下达到各地,省级财改可视扶贫贷款的要求,统筹安排中央财政专项扶贫资金,自主加大扶贫贷款贴息力度。扶贫贴息贷款的发展阶段见表3-16。

表 3-16　扶贫贴息贷款阶段

时间节点	承贷主体	实施内容
1986	中国农业银行	按照非商业化的原则,管理和发放扶贫贴息贷款
1994	中国农业发展银行	划归中国农业发展银行管理和发放
1998	中国农业银行	按照"放得出、收得回"的原则进行商业化经营
1999	中国农业银行	扶贫信贷资金实行统一优惠利率
2001	中国农业银行	中国人民银行、财政部、国务院扶贫开发领导小组办公室和中国农业银行联合下发《扶贫贴息贷款管理实施办法》,开展了"到户贷款""项目贷款"改革试点和"奖补资金"推进小额贷款到户试点
2006	地方政府自主选择承贷金融机构	将到户贷款贴息资金全部下放到 592 个国家扶贫开发工作重点县;项目贴息资金下放到河北等 8 个试点省
2008	地方政府自主选择承贷机构	将扶贫贴息贷款和贴息资金的管理权限由中央下放到所有省;改固定利率为固定补贴,贷款的本金由承贷金融机构自行筹集。贷款利率自主决定。贷款期限灵活确定
2014	地方政府自主选择承贷机构	中央财政将专项扶贫资金切块下达到各地,省级财政可视扶贫贷款的要求,统筹安排中央财政专项扶贫资金,自主加大扶贫贷款贴息资金的力度

2. 扶贫贴息贷款规模

据《中国农村贫困监测报告(2006—2015)》数据显示,截止到 2015 年年末,总共发放贴息贷款 1930.6 亿元。其中,2006 年发放扶贫贴息贷款 55.6 亿元,2007 年发放扶贫贴息贷款 70.5 亿元,2008 年扶贫贴息贷款是 84 亿元,2009 年扶贫贴息贷款是 108.7 亿元。2010 年年末扶贫贴息贷款余额 246 亿元;2011 年年末贴息贷款余额是 178.4 亿元;2012 年年末贴息贷款余额 121.8 亿元;2013 年贴息贷款余额 235 亿元;2014 年年末贴息贷款余额达 415 亿元;2015 年扶贫贴息贷款余额 415.6 亿元。扶贫贴息贷款对农村反贫困起到了积极作用,扶贫贴息贷款的强度和农村贫困的削减速度成反比。扶贫贴息贷款投放强度高时,农村贫困降低速度快;扶贫贴息贷款投放强度低时,农村贫困降低速度慢。

3.扶贫贴息贷款运行机制

扶贫贴息贷款分项目贷款和到户贷款两部分。

项目贷款。项目贷款的扶持对象是处于成长期、与贫困农户联系密切、增收致富带动力强的中小型扶贫企业（包括成立1年以上、社员30户以上的农业专业合作社、协会等）；贫困地区传统产业、新兴产业发展的龙头企业；农村（包括小城镇）小型公共基础设施建设的项目。项目贷款的流程如图3-3所示。

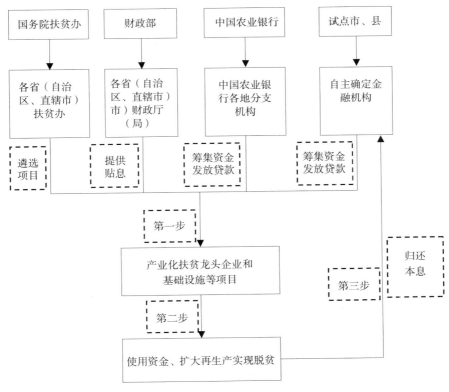

图3-3　项目贷款流程图

到户贷款。到户贷款主要支持建档立卡贫困农户发展生产。对能带动贫困农户共同致富的项目，在明确其扶贫责任的前提下，给予适当支持。到户贷款的申请程序是符合到户贷款扶持范围和对象条件、有贷款意愿的建档立卡贫困农户,在其村(组)提交申请表,由乡(镇)初审,报县扶贫办、承贷机构按部门职责审批。到户贷款对 1 年内不超过 5 万元(含 5 万元)的贫困农户发放贴息资金,发放标准为年利率 5%;期限不满 1 年的,根据实际期间发放贴息资金。贷款期限由借贷主体按生产经营周期与金融部门自主商定。到户贷款流程见图 3-4。

图 3-4　到户贷款流程图

4. 扶贫贴息贷款简要评价

通过为贫困地区发放扶贫贴息贷款,解决了其发展生产过程中资金的瓶颈问题,增加了劳动者的收入。从"七五"计划至今,上千万贫困劳动力受益于扶贫贴息贷款的项目。但是扶贫贴息贷款在实际运行过程中也出现了一些问题,比如扶贫贴息贷款的低利率导致了寻租行为、扶贫贴息贷款的管理不完善、贷款回收率低、不良贷款数额较大、比例较高。由于扶贫贴息贷款的利率较低,对利率的补贴导致了信贷配给,信贷配给导致了非生产性行为。能够取得扶贫贴息贷款的是能够支付更高租金的个体,真正需要补贴的贫困用户或个体由于在争取利率补贴的竞争中很难占优势,因此,扶贫贴息贷款在实际运行中有偏离扶贫贴息贷款项目目标的现象。如根据《中国农村贫困监测报告2008》的数据显示,2007 年人均纯收入在 1000 元以下的农户得到的扶贫贷款的比例为 11%;人均纯收入在 1000—2000 元的农户得到扶贫贷款的比例为 46.6%;人均纯收入 2000 元以上的农户得到贷款的比例为42.4%。按照 2007 年我国的贫困线人均收入 1067 元估计,贫困农户拿到扶贫贷款的比例不到 20%。扶贫贷款的管理有待提高,扶贫贴息贷款回收率较低,不良贷款数额较大,比例较高。

（二）基于农村金融市场理论的小额信贷

农村金融市场理论为农村金融市场化改革、农村非正规金融的发展奠定了基础。发源于 20 世纪 70 年代孟加拉国的小额信贷正是这种非正规金融的典型代表，其服务对象定位为城乡低收入阶层。

1. 我国小额信贷发展历程

试验阶段（1993—1997 年）。1993 年我国开始探索孟加拉国小额信贷项目与我国的实际相结合。在这一时期，我国在小额信贷方面的法律和政策较为缺失。在试验阶段，小额信贷的资金主要来源于国际捐助和软贷款，以非政府组织（Non-Governmental Organizations，NGO）形式为主。在运行方面基本上没有政府进入，主要靠民间机构来运作。这一阶段主要探索这种类型的小额信贷项目在我国是否具有可行性。

扩展阶段（1997—1999 年）。在该阶段小额信贷被看作是扶贫的一种有效手段，资金来源不再以国际捐助和软贷款为主，而主要是以国内扶贫资金为主，同时政府联合银行业金融机构开展试点，并在发达地区大范围推广。政府从资金、人力和组织方面的积极推动促进了小额信贷的发展，中央文件肯定小额信贷是扶贫资金到户的有效做法，并且把小额信贷作为金融扶贫的一种工具。与此同时，我国小额信贷的发展积极与国际接轨，并且积极稳妥地推行我国的小额信贷实践。

介入阶段（2000—2004 年）。在这一阶段，农村合作金融机构大规模介入小额信贷领域，其中正规的金融机构以农村信用社为代表。同时关于小额信贷项目的政策和法规也陆续出台。正规金融机构逐步进入了小额信贷的实验，项目贷款和到户贷款有了很大的分化，在推行的过程中良莠不齐。央行和中央政府对小额信贷的重视程度比以往的前两个阶段都要高，小额信贷的运行范围拓展到了下岗失业的低收入群体。

全面参与阶段（2005 年至今）。在该阶段，试点商业性小额贷款公司、村镇银行和外资全面参与小额信贷的运行。由于中央一号文件和相关政策都致力于发展农村金融市场,农村资本出现了前所未有的多样化。2005年中国人民银行在山西等地推行只存不贷的民营小额贷款公司试点。2008年金融机构准入小额信贷的低门槛扩展到了31个省、自治区、直辖市。2012年温州市金融综合改革试验区建立,在试验区地方金融机构改革过程中鼓励民间资本的参与。

2. 小额信贷组织体系和类型

正式的金融机构、政府组织、社区组织、政府机构和国际组织都是目前我国从事小额信贷业务的机构。以上各个机构实施的项目具有不同的特征,并且具有不同的目标。正式金融机构的项目对风险控制较为重视;政府组织的项目对发展速度和规模较为重视;民间机构的项目对社会发展目标较为重视。我国实施小额信贷的项目可以分为:金融机构直接操作的小额信贷项目;政府专门机构管理和操作的小额信贷项目;非正式组织实施的项目;利用双边或多边项目成立专门的机构(办公室)实施的项目。我国小额信贷的组织体系见图3-5。

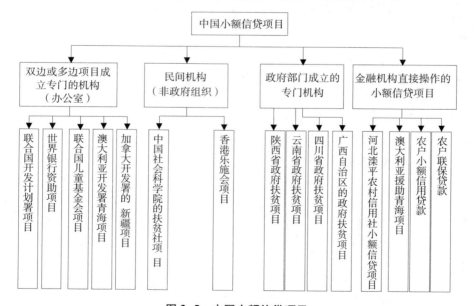

图3-5 中国小额信贷项目

3. 小额信贷运行机制

我国小额信贷项目最初借鉴的是孟加拉国乡村银行的模式,扶贫项目也是借鉴该模式运行。随着小额信贷的发展,典型的模式是小组方法。小额贷款客户每五个人组成一个小组,每个小组设一个组长;六到八个小组构成一个中心,每个中心设一个主任。每周由中心主任召开会议,检查项目落实和资金的使用情况等。小额信贷机制的运行流程是,小额贷款用户通过小组机制对有小额贷款需求的客户进行审批,决定要不要发放贷款,发放贷款和没有发放贷款的用户通过不良的信用记录进行约束,通过正向激励和负向激励促使小额贷款用户能够按时还款(见图3-6)。

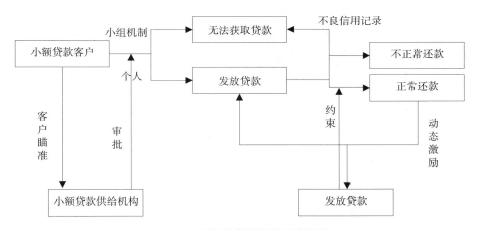

图3-6　小额信贷运行机制流程图

4. 对小额信贷的评价

由于小额信贷的产生,政府发放给贫困户补贴信贷模式发生了改变,小额信贷项目既非完全政府行为,亦非完全市场行为,其运行要充分利用市场机制。由于小额信贷项目引入了市场,以及加强了市场机制,小额信贷表现出了较强的优势。小额信贷的还款率高、入户率高,完善了现有的金融服务体系。小额信贷既有自身的可持续性又具有金融扶贫的功能。我国小额信贷虽然取得了以上的成就,但是我国小额信贷与国际上比较成熟的国家和地区相比还具有一定的差距,发展我国的小额信贷仍然有很长的路要走。

(三)基于不完全竞争市场理论的贫困村互助资金

不完全竞争市场理论作为政府介入农村金融市场的理论基础,也为发展新模式的农村金融服务组织提供了理论支撑。近年来由地方政府财政出资、倡导成立的贫困村建立互助资金,成为我国金融扶贫的一种创新政策。

1.贫困村互助资金发展历程

互助资金在中国的发展经历了早期探索、个别试点、全国试点和大规模推广四个阶段。

第一个阶段是早期探索。这一阶段从 1995 年开始持续到 2000 年,贵州咸宁草海社区基金是我国最早的互助资金。在该阶段,社区基金试点在多个地方进行,澳大利亚开发署捐助的青海省海东项目等是这一阶段具有代表性的社区基金项目。

第二个阶段是个别试点。这一阶段从 2001 年到 2005 年,从 2000 年开始我国开始了以村为单位的扶贫战略,在加强村庄基础设施建设的同时,财政资金到户和帮助贫困户发展生产的新途径也开始进行试点。社区资金的模式被运用到了财政扶贫资金的使用和管理中,互助基金项目在部分贫困村进行试点。2004 年安徽省霍山县政府安排政府扶贫资金,按照社区基金模式发起互助基金组织,2004 年到 2005 年四川省仪陇县开始整村推进和社区基金相结合模式的探索。上述互助基金的试点得到了地方和中央政府的肯定。

第三个阶段是全国试点。这一阶段从 2006 年持续到 2010 年,2006 年 14 个省(自治区)贫困村的村级发展互助资金试点工作启动。这是对财政扶贫资金使用管理新机制和新模式的有力探索。

第四个阶段是大规模推广(2011 年至今)。根据前三个阶段互助基金的实践和运行经验,大规模推广互助基金成为可能,从 2011 年至今大规模地推广互助基金。

2. 发展规模

互助资金经历了早期探索到大规模推广这四个阶段,其规模不断发展和扩大。据统计[①],2006 年互助基金涉及的省份为 14 个,试点村100 个;到 2007 年互助基金涉及的省份有 27 个,涉及的村庄 274 个,除西藏外有扶贫任务的 27 个省(直辖市、自治区)有 1225 个贫困村建立了互助资金组织。在互助资金的规模上,到 2007 年互助资金总规模18186. 66 万元,涉及农户 12. 1 万户。到 2015 年,互助基金涉及 28 个省(直辖市、自治区)1013 个县,9000 多个贫困村,涉及农户 15. 3 万户,资金规模 35 亿元,资金涉及的农户数目增长惊人。

3. 组织管理与运行机制

组织管理。互助资金的宏观管理机构包括中央、省(自治区)、市、乡、县(镇)和村六个等级,最顶层的管理机构是扶贫办规划财务司、财政部农业司与扶贫办外资项目管理中心;之后省一级的管理机构是省扶贫办项目管理中心和省财政厅,接下来是市或者州的扶贫办和财政局,然后到县,乡和村的理事会、执行小组和监督小组。互助资金的宏观管理机构结构见图 3-7。

运行机制。互助资金的发起方式、组织结构和运转机制共同构成了其运行机制。

项目一般由政府部门发起,发起过程的主体是当地县扶贫办或财政局,同时乡镇相关干部参与。首先,根据自愿等原则选择试点村庄,选择试点村庄后,通过召开村干部会、村民小组会等对互助资金的运作方案、互助资金的筹备小组等事宜进行协商。其次,刭定选举办法和程序。主要是就互助资金筹备、村民的接纳等进行确定。最后,召开社员大会。落实前述相关的程序和章程,选举理事会和监事会成员等。

---

① 　数据来源:2006 年、2007 年数据来自刘西川等:《中国贫困村互助资金研究述评》,《湖南农业大学学报(社会科学版)》2013 年第 4 期;2015 年数据是笔者根据全国贫困村资金互助社管理平台数据库计算整理得出。

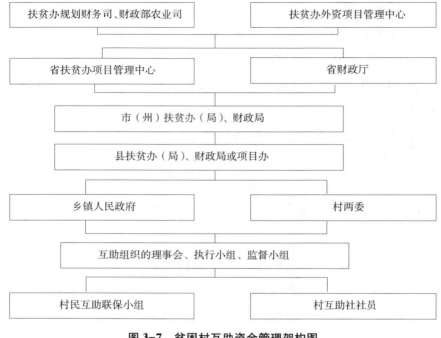

图 3-7 贫困村互助资金管理架构图

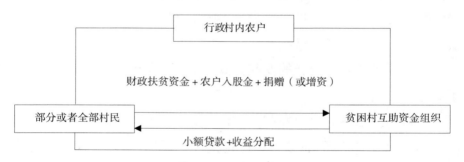

图 3-8 贫困村互助资金运作基本原理

互助资金组织结构一般包括社员大会、理事会和监事会。最高权力机构是社员大会；执行机构和日常管理机构是理事会；日常监督机构是监事会。社员大会负责一切重大事项的决策、理事会负责互助资金的运行与管理、监事会负责资金运行和理事会的工作。在实际操作中，不同的互助资金试点在组织结构上也具有一定差异。代表性的互助资金管理机构，见图 3-9。

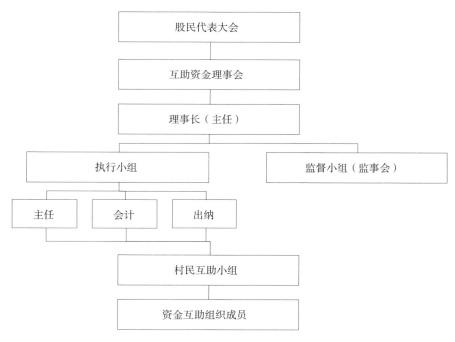

图 3-9　互助资金组织结构图

互助资金的运转机制是指互助资金组织在还贷款等环节的制度安排。主要包括互助资金的缴纳方式、还贷款办法、与社员的关系等。农户取得社员资格是以缴纳一定比例的互助资金的方式取得的,在实际操作中取得社员资格可以根据不同农户的情况进行照顾(比如四川仪陇县互助资金),缴纳的具体金额由全体村民讨论决定(比如安徽霍山县互助基金)。还贷款的办法体现在还款的流程和贷款的流程上。贷款的流程一般是贷款人提出申请,提出申请的方式包括担保人方式和小组联保方式两种。提出申请后,理事会与贷款人签订合同,发放贷款。还款的程序一般是按照章程和合同的有关规定偿还本金和费用,在还款时可以按期还款也可以提前还款。

4. 贫困村互助资金评价

从目标上看,互助资金培养和提升了贫困人口的自我脱贫能力。

互助基金的资金来源、使用和管理等方面具有内生性,这就决定了互助基金对于脱贫的作用是内部的,从贫困人口方面来看内在地培养了贫困人口的相关知识和能力。从主体上看,明确了社区和贫困群体在运行机制中的主体地位。与外生扶贫项目不同,互助资金的管理制度和贷款政策由村民自我商议、自我管理,培养了贫困村民脱贫的自主性。从成本上看,降低了资本的供给成本。互助基金自主的管理方式,发挥了产权的激励作用,通过产权的激励降低了资金的供给成本。互助基金除了具有内生性的特点之外,取得的最宝贵的经验是践行分权和参与两个指导理念。

互助资金虽然取得了较为明显的成效,但是贫困社区的约束条件和相关利益主体的复杂关系仍然制约了互助基金效果的完全实现。具体来说包括产权制度上安排不清晰、管理人员职责分工不明确等方面,因此互助基金的治理结构和治理机制亟须完善。

第四节　金融机构扶贫实践及效果分析

在国家扶贫政策的安排下,近年来各家金融机构制定了若干支持扶贫开发的政策文件,加强贫困落后地区的信贷支持。根据贫困地区金融服务需求,结合自身实际,加快设计信贷产品,努力形成全方位、宽领域、多层次的信贷扶贫格局。在集中连片特困区和国家扶贫工作重点县的金融反贫困实践中,金融扶贫品种不断创新、精准扶贫不断强化,扶贫方式不断增加,专项扶贫积极开展,提高了经济发展水平,加快了贫困人口脱贫致富,取得了可观的成效。

一、金融机构制定系列扶贫政策文件

中国农业发展银行于 2015 年 8 月正式组建扶贫开发事业部,这是我国首个银行业金融机构建立的首个扶贫开发部门。中国农业银行与

国务院扶贫办签署"金融扶贫合作协议",农业银行下发《关于进一步做好金融扶贫工作的意见》《关于加强集中连片特困地区金融服务工作的意见》等文件,制定了《农业银行金融扶贫十条措施》,信贷政策、信贷规模、费用配置、人力资源和固定资产计划向贫困地区倾斜,确保贫困地区贷款增幅持续高于全行。农业银行于 2015 年 12 月 3 日下发《关于进一步做好四川云南甘肃青海四省藏区金融服务工作的意见》,对新疆、西藏等民族地区和川陕、中央苏区等革命老区制定了专门的信贷政策。农业发展银行等金融机构发文的名称及内容见表 3-16。

表 3-16　农业发展银行等金融机构政策文件汇总

序号	文件名称	主要内容	出台时间
农业发展银行	《农业发展银行关于进一步加大力度支持扶贫开发的指导意见》	农业发展银行在重点支持区域上,应该立足《中国农村扶贫开发纲要(2011—2020)》确定的主战场;支持内容上确定了三个重点内容	2013 年 5 月 9 日
	《农业发展银行关于进一步做好四川云南甘肃青海四省藏区金融服务工作的意见》	重点支持四省藏区交通、能源、水利、环保、扶贫以及城镇化建设项目	2015 年 11 月 3 日
	《中国农业发展银行易地扶贫搬迁贷款管理办法(试行)》	办法指出,应该充分认识异地扶贫搬迁贷款业务的重要意义,加强与地方政府及主管部门沟通对接,尽快确定支持项目;确保高效办贷,快见成效	2015 年 11 月 6 日
	农业发展银行与国务院扶贫办联合开展《政策性金融扶贫实验示范区总体工作方案》	中国农业发展银行与国务院扶贫开发领导小组联合开展政策性金融扶贫实验示范区有关工作,探索可复制、可推广的金融扶贫经验	2016 年 1 月 4 日
	农业发展银行与国务院扶贫办签订《政策性金融扶贫合作协议》	在集中连片特困区和国家扶贫工作重点县,创新金融扶贫品种,强化精准扶贫,积极支持贫困地区基础设施建设、特色产业发展以及专项扶贫	2015 年 1 月 4 日
	农发行、交通部联合印发《关于充分发挥农业开发性金融作用支持农村公路建设的意见》	交通运输部门、农发行联合创新融资模式,支持贫困地区农村公路建设	2016 年 3 月 29 日

续表

序号	文件名称	主要内容	出台时间
农业银行	《中国农业银行关于加强集中连片特困地区金融服务工作的意见》	明确片区农户金融服务的总体要求、推进目标和工作措施。大力推进片区基础金融服务、加大对片区农民脱贫致富信贷支持力度、建立片区农户金融服务工作保障机制等	2014年8月
	《农业银行金融扶贫十条措施》	信贷政策、信贷规模、费用配置、人力资源和固定资产计划向贫困地区倾斜,确保贫困地区贷款增幅持续高于全行	2014年5月
	《关于成立集中连片特困地区金融服务工作领导小组的通知》	强化片区金融服务组织协调,总行成立片区金融服务工作领导小组,片区省分行设立工作推进小组。根据连片特困区的特点制定差异化的金融扶贫方案	2015年6月
国家开发银行	《关于加强金融支持水利扶贫开发工作的意见》	"十三五"期间对水利枢纽、引调水工程、小水电等有稳定还款来源的水利扶贫项目,以及公益性水利项目,开发银行可给予过桥贷款,并实行优惠利率	2016年2月
	《关于整合和统筹资金支持贫困地区油茶核桃等木本油料产业发展的指导意见》	大力支持贫困地区发展油茶、核桃等木本油料产业,集中力量解决产业发展投入不足的突出问题,提出了意义、原则、措施和保障条件	2015年12月
	《开发性金融扶贫合作协议》	广大贫困地区和更多贫困户将由此得到特惠金融服务	2014年5月
	《国家开发银行小额扶贫贷款管理办法》	对贷款对象及条件、贷款审批程序、担保方式和原则、贷款的发放、贷款本息回收、贷款管理和监督进行了规定	2000年1月

二、金融机构加大贫困地区贷款投放力度

《2014年度国家开发银行社会责任报告》数据显示,国家开发银行积极向国家级贫困县和各级贫困县发放贷款,1994年到2014年二十年间,国家开发银行共向592个国家级贫困县和400多个省级贫困县发放扶贫开发贷款15545亿元,助学专项贷款544.7亿元,支持1000万人次、覆盖25个省、1928个县区、2869所高校,占全国助学贷款份额的80%以上。仅2014年,国开行在贫困地区发放基础设施贷款

1165 亿,农村危旧房改造贷款 147 亿,产业贷款 179 亿,助学贷款
147 亿(见表 3-17)。

表 3-17　2014 年国家开发银行贷款主要投向与规模

主要投向领域	贷款规模(亿元)	成效
基础设施建设贷款	1165	促进了基础设施的建设
农村危旧房改造	147	1.2 亿平方米
产业贷款	179	促进产业结构的优化和调整
助学贷款	147	支持贫困学生 244 万人

数据来源:以上文段中和表格数据根据 2014 年国家开发银行社会责任报告整理所得。

中国农业发展银行也不断加大对贫困地区的贷款投放比例,2011
年以来,累计向贫困地区投放贷款 6618 亿元。贷款的金额及用途见表
3-18。

表 3-18　2011—2014 年农业发展银行向部分集中连片特困区发放贷款情况

贷款主要投向领域	投放贷款(亿元)
贫困地区粮棉油收购	3082
贫困地区和原中央苏区、革命老区农村基础设施建设	2390
贫困地区特色优势农业产业发展	1146
合　计	6681

截至 2014 年年末,在全国 617 个贫困县中,农业发展银行对 537
个县给予了信贷支持,信贷支持覆盖率达 87%,期末贷款余额为
2203.98 亿元,2015 年年底贷款余额 8124 亿元。近五年来,已累计向
贫困地区发放贷款 16316 亿元。农业发展银行在 2014 年对集中连片
特困区的贷款见表 3-19 所示。

表 3-19　2014 年农业发展银行向部分集中连片特困区发放贷款情况

连片区名称	贷款余额（亿元）
六盘山集中连片区	331.16
秦巴山区集中连片区	73.07
吕梁山集中连片区	10
滇桂黔石漠化集中连片区	44.6
武陵山和罗霄山集中连片区	237.6
青海省老少边穷地区	6

资料来源：根据《中国农业发展银行社会责任报告（2014）》整理所得。

2011 年以来，农业银行支持 832 个扶贫重点县新型农业经营主体。截至 2015 年年底，累计投放贷款 12851 亿元，扶贫贷款余额 5907 亿元，如表 3-20 所示。仅 2015 年前 10 个月，中国农业银行支持扶贫重点县的龙头企业、小微企业、旅游产业、农户小额贷款总额达 1712.4 亿元。具体投放领域和贷款规模见表 3-21。

表 3-20　中国农业银行在国家及省级扶贫重点县贷款余额一览表

年　份	数额（亿元）
2008	3970
2009	2789
2010	3596
2011	4087
2012	4605
2013	7566.1
2014	8407.7
2015	5907

数据来源：根据中国农业银行 2008—2015 年社会责任报告数据整理。

表 3-21　中国农业银行在扶贫重点县贷款主要投放领域
与规模（2015 年 1 月—2015 年 10 月）

投放领域	贷款规模（亿元）	个　数
产业化龙头企业、专业合作社员、家庭农场和专业大户	300.8	649 家龙头企业、2.9 万个专业合作社员、7.9 万户家庭农场和专业大户
各类小微企业	973.7	4264 个
旅游产业	61.1	—
农户小额贷款	376.8	120 余万户

数据来源：《中国农业银行 2015 年度社会责任报告》。

中国建设银行积极响应国家西部大开发发展战略，向西部 9 个省、区、贫困区域投放贷款的金额，2011 年为 6362.19 亿元、2012 年为 7117.66 亿元、2013 年为 8053.56 亿元。投放的资金分别用于基础设施建设、农林牧渔等五个项目，每个项目投放贷款的金额见表 3-22。

表 3-22　中国建设银行投向贫困地区的信贷余额及结构

（单位：亿元）

项目类别	截至 2013 年 12 月 31 日	截至 2012 年 12 月 31 日	截至 2011 年 12 月 31 日
基础设施建设	4647.54	4113.07	3710.98
农林牧渔	184.68	139.18	117.11
水利管理	19.89	17.94	16.46
基础教育	27.29	17.26	17.67
其他	3174.16	2830.21	2499.98
合计	8053.56	7117.66	6362.19

注：贫困地区指陕、黔、滇、川、甘、宁、青、新、藏。
数据来源：根据中国建设银行 2011—2013 年社会责任报告数据整理。

据数据显示①,截至 2014 年 5 月 6 日,中国邮政储蓄银行在贫困地区累计发放小额贷款 239 万笔,金额 1435 亿元;扶贫贴息贷款 8 亿元;再就业小额担保贷款共计 523 亿元,惠及人群超 84 万户。

三、金融机构不断研发扶贫性金融产品

政策性银行和商业银行不断开发扶贫性金融产品,政策性银行和商业性银行的金融产品见表 3-23。

表 3-23　政策性银行金融产品

名称	简　介	具体内容与成效
扶贫专项金融债券	人民银行推出的债券品种,在银行间市场发债券筹集易地扶贫搬迁信贷资金	2016 年 4 月 1 日,农发行通过银行间债券市场尝试发行 100 亿元扶贫专项金融债
贫困地区异地搬迁贷款	农业发展银行向借款人发放的纳入地方政府易地扶贫搬迁规划,用于易地扶贫搬迁的政策性贷款	截至 2015 年 11 月末,农发行已审批异地搬迁贷款项目 412 个,审批金额 2700 亿元,用于支持贫困搬迁人口 518 万人,其中建档立卡贫困人口 321 万人,易地扶贫搬迁贷款余额达 803 亿元
农村路网贷款	农村路网贷款始于 2007 年,农发行以政策性资金先行支持,依托各级财政进行还款的模式支持了一批扶贫意义重大、支农效果显著的农村公路项目	2015 年,全年新评审农村路网及贫困地区公路建设贷款 1527 亿元,投放贷款 792 亿元,其中中西部地区及贫困地区农村公路发放金额 540 亿元,支持新建及改建农村路网 8.93 万公里
水利建设项目贷款	水利建设贷款是指向企业(事业、机关)法人或国家规定可以作为借款人的其他组织发放的,用于枢纽工程、引水工程和河道工程等水利项目建设的本外币贷款	截至 2015 年 11 月末,农发行水利建设贷款余额 2779.96 亿元。累计修缮疏浚河道沟渠 3.44 万公里,除险加固病险水库 2134 座,改善水面污染 37.8 万平方公里,增加或改善灌溉面积 3444 万亩。增加蓄水 118.1 亿立方米,帮助解决 5220.1 万农民饮水安全问题

数据来源:《农业发展银行社会责任报告 2016》。

商业银行也通过开发各种各样的金融产品进行金融创新,通过金融创新促进金融扶贫工作。中国农业银行的部分扶贫性金融产品见表 3-24。

---

① 杜冰:《邮储银行持续加大金融扶贫工作力度》,《金融时报》2014 年 5 月 6 日。

表 3-24　商业银行金融产品

地点	特色扶贫产品	成　效
甘肃	"双联"惠农贷款	自 2012 年开始在全省 58 个贫困县开展到户扶贫贷款业务。两年来已累计投放双联农户贷款 152.92 亿元,贷款余额达 92.34 亿元,支持贫困农户 22.63 万户
内蒙古	"金穗富农贷""金穗强农贷"	2013 年 11 月,内蒙古分行作为当地"金融扶贫富民工程"守家合作银行,退出专项产品,一年间累计投放专项贷款 62.10 亿元,支持贫困农户 110.607 户,扶贫企业 92 家。将支持范围由 57 个县城扩大到 80 个,实现了全区域全县全覆盖
安徽	"惠农兴业"农户扶贫贷款	2014 年 8 月与安徽财政部门、扶贫办共同合作,在革命老区金寨县发放百笔 30 万元"惠农兴业"农户扶贫贷款。两个部门按照贷款额度的 5% 给予补贴,截至 2014 年年底,累计发放 4 户扶贫贷款 120 万元
江西	"财园信贷通""财政惠农农信贷通"为主的"双通工程"	契合"赣南等中央苏区振兴发展"的政策要求,由当地政府发起、以财政资金为杠杆的新型融资担保模式,以园区小微企业以及农村合作社等新型农业经营主体为主要支持对象,贷款额度分别可达 5 万元和 300 万元,均不用提供抵押

四、金融机构不断创新金融扶贫模式

在国家相关政策的激励下,金融机构根据自身的业务特点创新金融扶贫模式,将"精准扶贫、精准脱贫"引向深入。广东、湖南等地创新金融扶贫模式,构建了多层次的金融扶贫服务体系。广东银监局一方面推进金融资源在贫困地区的均等化配置,另一方面创新贫困地区的监管政策,并在绩效考核等方面完善扶贫机制。湖南银监局鼓励银行业金融机构创新发展小额扶贫信贷。"青海辖区人民银行积极探索和实施扶贫开发金融服务工作,在全省范围内逐步推行了'牧户+农村专业合作社+财政资金担保+信用工程''公职担保+牧户''补助抵押+农户贷款''信用村+信用贷款'等特色支农扶贫信贷模式,大力推广农户小额信用贷款、农户联保贷款、农户个体工商户贷款和农户抵押贷款等。"①金融扶贫模式的创新对贫困地区产业结构的优化和经济增长都

---

① 邵辉、杨古忠、胡冰:《青海省创新金融扶贫新模式》,《金融时报》2015 年 2 月 7 日。

具有重要的意义。

五、金融机构加大贫困地区金融基础设施建设

中国人民银行大力推动农村金融服务。首先,组建农信银行资金清算中心,使清算网络覆盖全农村。其次,推动零售支付体系发展,建立农村信用卡市场。为乡镇居民提供基础金融服务,推动了金融服务在农村的普及。通过建立各种基础设施、结合农业生产等减少了现金流通,提高了金融效率。最后,组织新型支付方式在农村试点,扩大农村金融服务覆盖面,降低了农民获取金融服务的成本。据有关数据显示[1],以 2012 年为例,在 1 月到 11 月间,小额取现交易累计实现超4532 万笔,金额超过 420 亿元。如按每笔业务节约交通等成本 10 元,省时 2 小时计算,为农民节省了 4.5 亿元和 9064 万余小时。

表 3-25　商业银行服务设施

银行名称	金融服务网点（万个）	ATM 机（台）	其他服务设施
中国农业银行	14.7	18.4 万	大力推广"E 农管家""银讯通""四融平台"等线上服务渠道
中国邮政储蓄银行	3.9	4.7 万	提供电话银行、网上银行、手机银行、电视银行等电子服务渠道
农村信用合作社	7.8245	—	乡镇的物理网点覆盖率达 99%

注:表格中数据是根据《中国邮政储蓄银行社会责任报告 2015》《中国农业银行 2015 年度社会责任报告》《中国农村金融服务报告 2014》整理得出。

通过表 3-25 可以看出农业银行、中国邮政储蓄银行和农村信用合作社在服务措施方面所取得的成效。中国农业银行除了在银行服务设施建设方面促进贫困地区的金融发展外,还采取了减免部分费用的

---

① 刘士余:《深入开展农村支付服务环境建设,加快构建现代化农村金融服务体系》,《金融时报》2012 年 1 月 21 日。

措施,促进贫困地区的金融服务发展。农行通过收费减免,节省了贫困地区农户支出 16 亿元。

中国邮储银行县及县以下农村地区的网点占比超过 70%;在全国 30 个省(区、市)的县级区域,网点覆盖率达到了 100%。截至 2015 年年底,拥有 ATM 超过 4.7 万余台;服务点 11 万个,空白乡镇的金融服务网点 220 个,累计交易 610 万笔,交易金额 15 亿元。

农村信用社立足县域和城乡,为县域及乡镇提供金融服务。截至 2014 年 9 月末,全国共有 1596 家信用联社、665 家农商银行、89 家农合银行、78245 个营业网点,乡镇网点覆盖率达 99%。其对贫困人口的基础金融服务起到了贴身服务的作用。

六、金融机构持续加强定点扶贫

以银行为代表的金融机构在专项扶贫的基础上,开展定点扶贫。中国银行、国家开发银行、中国农业银行及中国农业发展银行都积极开展了定点扶贫的工作,并取得了一定的成效。

中国银行从 2002 年开始在陕西省永寿县、长武县、旬邑县、淳化县开展扶贫工作。《中国银行社会责任报告(2016)》数据显示,截止到 2015 年,在陕西省咸阳市所辖的永寿、长武、淳化、旬邑四个国家级贫困县投入扶贫资金 5023.6 万元。扶贫资金用在新建学校、人畜饮水工程等方面,新建学校 23 所、14559 平方米,援建人畜饮水工程 20 个。这些措施促进了陕西省这四个国家级贫困县的经济、社会和文化的发展,促进了人民收入水平的提升和生活质量的提高。

国家开发银行为 7 个国家级贫困县和革命老区编制发展规划咨询报告,为贫困地区提供差异化的发展思路和融资支持方案。国家开发银行举办"扶贫开发地方干部培训班",提高了运用金融进行扶贫的意识,培训班累计为 73 个贫困县的 210 名干部进行培训,效果良好。

中国农业银行指定 14 个定点片区综合金融服务方案以及特色产

业金融服务方案,中国建设银行对陕西安康实施定点扶贫计划,在实施定点扶贫计划的 26 年间,共有 67 名优秀员工驻点扶贫,为 18 个项目发放扶贫贷款 6.8 亿元,解决了当地 4000 余人的就业问题。

中国农业发展银行选派处级干部到定点扶贫地区挂职,关心贫困地区的教育事业、关注贫困地区的民生工程。为贫困地区进行捐助和引入教育资金,帮助建设百姓饮水工程,促进地方特色产业的发展,优化贫困地区的金融生态,促进了当地的经济、社会和民生等各方面的发展。

第五节　金融扶贫制约因素分析

通过国家政策引导,近年来金融机构加大了对扶贫开发的支持力度,取得了一定的成绩,但不可否认的是,当前还有一系列因素制约着金融扶贫成效。主要体现在以下几个方面。

一、贫困地区经济基础薄弱,信贷机会成本较高

贫困地区,尤其是特困地区,经济基础薄弱,主要表现在农业比重偏高非农产业比重偏低,其第一产业的增加值在 GDP 中的比重通常居高不下,呈现出一种超稳定的产业结构。如表 3-25 所示,2013 年贫困地区三次产业增加值比值为 23∶44∶33;同期全国一二三产业比为 9∶46∶44;发达国家的第一产业一般都在 1 以下,第三产业在 70 以上,我国贫困地区的第一产业比重远远高于全国平均水平。另 2013 年我国贫困地区第一产业增加值为 0.09,贫困地区的该项指标为 0.23,也远远高于全国平均水平。另外贫困地区的 GDP 总量较小,如表 3-26 所示,贫困地区 2011、2012、2013 年 GDP 的总量分别仅为 36637 亿元、42492 亿元、47773 亿元。

表 3-26 我国贫困地区与全国经济数据比较 （单位：亿元）

年 份	2011				2012				2013			
类 型	贫困地区		全 国		贫困地区		全 国		贫困地区		全 国	
项 目	数值	比重	数值	比重	数值	比重	数值	比重	数值	比重	数值	比重
GDP 总量	36637.00	—	595244.40	—	42492.00	—	540367.40	—	47773.00	—	489500.60	—
第一产业增加值	8979.00	0.25	55329.10	0.09	10197.00	0.24	50902.30	0.09	11108.00	0.23	46153.10	0.09
第二产业增加值	16091.00	0.44	261956.10	0.44	18804.00	0.44	244643.30	0.45	21082.00	0.44	227038.80	0.46
第三产业增加值	11641.00	0.32	277959.30	0.47	13490.00	0.32	244821.90	0.45	15583.00	0.33	216098.60	0.44

数据来源：国家统计局网站。

另外，在农业生产内部，贫困地区的粮食生产占主导地位，经济作物生产比例极低；在农业生产与其他农产业生产上，以农业为主，林业、牧业、渔业所占比例很低。表 3-27 可以看出，贫困地区农业产业占农林牧渔总产值的 53.6%，比 2010 年的 53.3% 增加了 0.3 个百分点；畜牧业降低了 1.7 个百分点。

表 3-27 2014 年和 2010 年贫困地区农林牧渔业增加值、结构及其变化
（单位：亿元；%）

指标名称	2014			2010		
	增加值	比上年增长	占比	增加值	比上年增长	占比
农林牧渔业	102226	4.2	—	69320	4.4	—
农 业	54772	4.4	53.6	36914	4.1	53.3
林 业	4256	6.1	4.2	2596	6.5	3.7
畜牧业	28956	3	28.3	20826	4.1	30
渔 业	10334	4.4	10.1	6422	5.5	9.3

数据来源：《中国农村贫困监测报告 2015》。

以上数据表明，我国贫困地区农业占比较大。贫困地区的劳动生产率和产业化水平比较低，规模化的优势难以形成，新型农业经营主体发展缓慢。同时农业具有高风险、低回报的特点，因此，"三农放贷"的金融机构面临着较高的机会成本。

二、贫困地区投资机会缺乏，有效信贷需求不足

受主客观因素制约，贫困户生产性投资意愿及可获得的投资机会均比较低。据《中国农村贫困监测报告2015》数据显示，贫困农户用于生活性支出如建房、子女上学、医疗、日常生活费用、婚丧嫁娶等非生产性资金贷款占比分别为21%、11%、10%、9%、3%，合计占比达到54%。用于购买种子、化肥、农机具等生产资料贷款占比仅为23%，可见进行投资创业或扩大再生产的资金需求不到三成。另外，鉴于金融机构较高的贷款利率以及严格的审贷条件，贫困农户即使有资金需求，首先想到的也是向亲戚朋友借钱，迫不得已时才向金融机构申请贷款。

三、贫困地区缺少有效抵押物，金融扶贫成本较高

贫困人口由于居住分散等原因，对于资金的需求量较少、次数较多、需求较为紧急。贫困农户缺少可抵押的物品，信息资料十分缺乏，贷前调查与贷后管理成本较高。贫困户容易成为金融机构的排斥对象。即使金融机构有效地甄别了贷款对象，每一笔贷款发放的边际成本高于边际收益。贷款发放后监督的成本非常高，容易发生不良贷款。这导致金融机构发放贷款的积极性不高。目前土地承包经营权，农房、宅基地、地上种养物以及农产品等不动产和动产从法律层面上可以进行直接抵押融资，但价值偏低，不易流转，难以落实有效的抵押物担保和保证人担保。

四、贫困地区金融生态环境差，不良贷款率偏高

金融生态包括信用水平、信用环境、担保体系等诸多方面。贫困地区的金融生态环境较差。贫困人口的信用水平难以评估，同时贫困地区由于区域自然环境、社会文化等方面的原因，社会资本较为缺乏。信用水平难以评估，在一定程度上增加了金融信贷的风险，增加了金融机

构的放贷成本,金融机构放贷成本的提高集中表现在不良贷款率较高。根据表3-28所示,2002年到2010年,人均借贷款额度161.22元,逾期未还比例高达63.21%。

表3-28　扶贫重点县农户贷款情况

年份	当年人均借贷款 (元/人)	年末人均借贷款 (元/人)	其中逾期未还 (元/人)	逾期未还比例 (%)
2002	216.4	244.8	171.4	70
2003	161.1	217.4	150.7	69.3
2004	120.8	184.8	129	69.8
2005	127.3	182.6	128.5	70.4
2006	136.1	209.9	131.5	62.8
2007	134	205.8	118	57.3
2008	158	223.4	128.1	57.3
2009	201.3	269.9	159.2	59.2
2010	196	280.8	148.2	52.8
均值	161.22	224.38	140.58	63.21

数据来源:《中国农村贫困监测报告2011》。

五、贫困地区政策性保险和担保缺位,金融机构动力不足

农业保险的供需不匹配,由于农业保险赔付率高、回报低,保险公司在市场上提供的保险不能够满足农业保险的需求。农村产权流转市场发育的不成熟也制约了贫困地区农村金融创新的深化。金融机构拥有向富人或有抵押担保的人群提供信贷产品的丰富经验,但缺乏向无信贷历史和抵押物的农户贷款的经验,导致一些承担扶贫的金融机构经营管理不到位,出现亏损、财务不可持续的现象。总之,农业政策性保险的缺位,在一定程度上提高了金融机构对农业、农村企业的贷款风险,高赔付率的存在,影响了保险机构开拓农村保险市场的积极性,金融机构内部专业扶贫运营团队的缺失以及农村产权评估机构的缺位,

在一定程度上制约了金融扶贫的效果。

六、贫困地区政策体系不完善,缺少激励约束机制

金融扶贫是一项社会系统工程,涉及政府扶贫主管部门、财政部门、银行和保险等金融机构。在金融扶贫的实施过程中,政府主管部门、财政部门和金融机构的责任和目标往往不一致。政府部门更加强调金融扶贫的社会效益;而金融机构需要在社会效益和经济效益之间平衡,既要尽到社会责任,又要防控风险,实现保本微利的可持续经营目标。贫困地区各方当事主体应尽快理顺关系,找准定位,建立激励与约束相容的扶贫机制迫在眉睫。

第四章 金融扶贫直接作用机理及效应实证

积极发展普惠金融,降低信贷门槛,为贫困人口提供储蓄、信贷支持,有利于提高贫困人口的收入和发展能力,从而达到缓解甚至摆脱"贫困陷阱"的目的。本章对金融扶贫的作用机理进行系统阐述,并通过实地调研的方法,采集相关数据,运用回归分析等计量经济学方法,对金融扶贫直接效应进行实证分析,从而进一步验证金融扶贫的必要性。

第一节 金融扶贫直接作用机理描述

金融机构可以提供两类金融服务来缓解贫困:一方面,金融机构可以为贫困家庭提供信贷服务,使贫困家庭能够有机会进行一些项目的投资,同时也可以提高贫困家庭的子女教育水平,有助于他们摆脱贫困的状态;另一方面,金融机构可以为贫困家庭提供储蓄服务,帮助贫困人口积累原始资金,获取利息来平滑消费,抵御收入不确定性带来的风险。因此,金融机构提供的信贷服务和储蓄服务是缓解贫困家庭状况的主要方法,可以达到金融反贫困的目的。金融服务对贫困缓解有直接影响作用,金融服务反贫困的途径除了提供信贷和储蓄服务外,还包括提供保险服务、转移支付服务、微型金融服务等。金融机构提供的服务使贫困家庭能够有机会直接或间接参与项目的投资活动,可以改善贫困家庭收入,缓解贫困家庭必要性消费支出压力,有利于贫困家庭摆脱贫困的状况,从而达到提高贫困人口的收入水平、缓解贫困状况的目的。

一、贫困家庭金融需求分析

无论是贫困人口还是富裕人群,在生活中都会面临因健康、教育、婚丧等问题而产生的消费需求和投资机会,继而产生相应的金融需求。设计良好的金融服务产品满足贫困人口的金融需求,有利于其缓解收入波动、积累资产、促成交易、降低汇款成本等,从而增加贫困人口可持续生计的潜力,避免贫困的产生。一般认为,贫困家庭具有三个层次的目标:一是基本生存,即满足家庭成员的衣、食、住和行等基本需求;二是经济安全,即保障家庭的资产和收入不受未预期的不利事件和因素影响;三是代际相传。在该目标下,贫困家庭的金融需求主要表现在投资、消费和应对突发事件等方面。

(一)投资需求

贫困家庭可能面临着投资于教育和健康从而使其拥有更多的生产性资产或是能带来经济收益的机会,也可能会面临一些如投资新技术、设备等提高收入的机会,还可能会面临其他方面的投资,但这些投资对于贫困家庭来说一般难以支付。

(二)消费需求

由于受收入限制,贫困家庭的消费多处于较低水平,容易出现入不敷出的情况。贫困家庭为了维持自身及家庭成员的基本消费开支,向亲朋好友进行资金融通是常见的现象。

(三)突发事件需求

当贫困家庭面临如疾病、死亡、意外事故、火灾、自燃灾害等不可预知的事件时,需要筹集大额资金来应对。但贫困家庭抵抗风险的能力较弱,筹集这些资金尤其困难,增加了其脆弱性。

二、金融供给减贫渠道分析

(一)储蓄服务

储蓄服务是金融服务的重要组成部分。对贫困群体而言,最为重要的金融服务就是储蓄。金融机构提供储蓄服务是平等的,可以为收入较低或是收入不稳定的贫困家庭提供储蓄服务,增加储蓄服务等金融服务的供给有助于减缓贫困。一方面,贫困家庭能够通过储蓄逐渐为项目投资积累更多资本;另一方面,储蓄所带来的利息也在一定程度上提高贫困家庭的收入水平。上述作用的途径被称为渠道效应,并且这种渠道效应是金融发展减缓贫困的最主要原因。

一是储蓄服务为贫困家庭提供了安全的资金积累方式。一般来说,贫困家庭的原始资金很低,大多数贫困家庭存在入不敷出的状况,很少能够通过投资项目来提高资金的利用率。而金融机构提供的储蓄服务能够约束贫困家庭的消费,促使贫困家庭积累原始资金,有机会获得收益更高的项目投资的机会,摆脱贫困状态。

二是储蓄服务为贫困家庭带来一定的利息收入。即储蓄服务不仅为贫困家庭提供资金的积累方式,而且增加贫困家庭的收入。储蓄服务带来的利息收入对于收入低且不稳定的贫困家庭来说比较重要:一方面,可以缓解贫困家庭入不敷出的状况,平滑贫困家庭的必要性消费支出;另一方面,可以提高贫困家庭抵御风险的能力,降低贫困家庭的脆弱性,实现家庭财产合理规划和管理。

(二)信贷服务

信贷服务是金融服务的基本组成部分之一。贫困家庭要想摆脱贫困的状况最需要的就是资金,资金能够使贫困家庭可进行项目投资,可以缓解甚至改变贫困家庭的贫困状况。贫困家庭提供信贷服务是减缓贫困的重要方式。

一是信贷资金能够促进贫困农户技术的革新,提高利润率。贫困户可以利用小额信贷资金,增加提高生产资料的投入和技术的创新,从而提高劳动生产率和资源利用率,增加贫困户的收入,以达到缓解贫困的目的。土地、资金、劳动力是生产的三大要素,土地、劳动力是贫困户自己可以控制的资源,也是贫困农户不缺乏的资源,但资金是贫困户的稀缺资源。因为资金的缺乏,导致了他们的生产经营活动受到限制,只能在低水平技术条件下实行简单的再生产,使得平均产量和边际产量较低。而通过公益性小额信贷的资金支持,贫困户资金缺乏的状况得到改变,增加生产资金投入,其生产产量增加,而且一定程度上增加资金投入幅度与技术水平改进的经济潜力呈正相关关系,即原来的技术水平越落后,增加资金投入幅度、技术改进的增产效率越大,小额信贷提供的资金投入对贫困户来说其作用也越大。

二是信贷资金能够整合贫困家庭的资源,增加贫困家庭的收入来源。在贫困户存在闲置资源的情况下,可以利用信贷资金来整合这些闲置资源,进行一些项目的投资。这些项目一方面能够增加贫困家庭的收入来源,缓解贫困的状况;另一方面也可以充分利用资源,提高劳动力的利用率。实践生活中,一些贫困人口获得信贷资金后,用此资金来开拓荒地,实行种养,是这种模式的典型表现。

三是信贷资金能够实现贫困家庭的小规模生意经营。利用信贷资金,发展微型的非农企业,将增加收入和就业机会的目标从农业产业转向非农产业,这是东南亚国家利用公益性小额信贷资金的主要途径。在中国扶贫基金会小额信贷项目中,利用小额信贷进行非农企业发展的贷款也占到了总贷款的19%。但这种扶贫的模式,需要具备一些支持条件:一方面存在贫困人群发展微型非农企业的市场机会。这对于居住非常偏远的贫困户来说,从事非农小规模经营的机会比较少,而对于交通比较便利的地方或者是离城镇比较近的地方比较合适,他们拥有更多的机会实现发展非农产业小规模经营;另一方面贫困农户必须具备发展微型非农经营所需要的经营能力,以保证资金的回流,足够偿还贷款。

四是信贷资金能够使贫困家庭实现劳务输出。对那些受居住地自然条件限制,缺乏有效的创收和就业机会而又限于资金约束不能外出打工的贫困人口而言,可以利用小额信贷提供的资金支持,解决外出所需费用而到异地寻找到工作机会,从而实现收入的增长,摆脱贫困。目前,这是小额信贷实现扶贫的一种最为直接、立竿见影的目的。

(三)保险服务

保险服务是贫困家庭最需要的金融服务之一。贫困家庭的收入低且收入不稳定,遇到突发情况的应对能力相对来说也比较弱,因此贫困家庭最需要金融机构提供的保险服务,保险服务是贫困家庭抵御风险的重要保障。在某种程度上贫困家庭对保险的需求就如同对储蓄和贷款的需求一样。

(四)转移支付服务

转移支付服务也是贫困家庭最需要的金融服务之一。贫困家庭的主要收入来源往往是外出打工的工资,工资是否安全关系到贫困家庭的生计。因此,金融机构为贫困家庭提供了低成本、安全且快捷的转移支付服务,来实现贫困家庭主要财产的异地转移支付活动,保证贫困家庭主要财产的安全性。

(五)综合培训

金融扶贫过程中为贫困人口提供教育、交流、咨询等综合培训,通过这些培训不但使贫困人群获得相关的技能、经验,增强信心,提升自我能力;同时在培训过程中通过相互学习、交流,使得贫困人群获得更广泛的社会关系以及经济能力,从而影响贫困人群的经济状况,达到金融服务的减贫作用。

综上所述,不同的金融服务都以不同的方式缓解贫困家庭的贫困状况。对于贫困家庭来说,获得金融机构提供的储蓄、信贷、保险、转移支付、微型金融服务,不仅能够积累原始资金进行项目投资,还可以提高贫困家庭的抗风险能力,提高贫困家庭的收入水平,缓解贫困家庭的贫困状况。

三、金融扶贫直接作用机理数理模型构建

根据以上分析,本部分尝试构建一个普惠金融理论分析框架,通过数理模型的推导,说明贫困人口是如何在信贷资金的支持下实现脱贫。

(一)基本假设

假设有两类相对贫困家庭甲和乙,考察的两类家庭的生产周期都是 n 期,期初的资金、劳动力和技术水平等初始资源 X_0 都完全相同,项目投资所需资金为 I,而项目投资资金 I 大于初始资本 X_0 且项目投资收益 R_2 大于贷款利息 R_1。针对两个家庭来看均可以选择两种投资方式:方式一,将初始资本进行储蓄投资,维持贫困家庭的简单再生产,其中利率为 r,可得到的利息收益为 R_1;方式二,将初始资本投资于规模为 I 的项目,进行贫困家庭的扩大再生产,项目的收益率为 r,可得到的利息收益为 R_2。

如果贫困家庭甲未得到普惠金融支持,而贫困家庭乙得到普惠金融支持。针对初始资本小于项目投资资金 I 的贫困家庭甲来说,不能进行项目的投资,只能维持贫困家庭的简单再生产,不能获得较高的项目投资收益来改变贫困的状况。而针对初始资本小于项目投资资金 I 的贫困家庭乙来说,由于能够获得金融机构的信贷支持,能够进行项目的投资,且项目投资的收益要大于贷款的利息,贫困家庭乙有摆脱贫困的机会。

(二)模型推导

金融机构作为营利机构,在提供信贷时往往偏好那些信誉好、盈利稳定、能够提供抵押品等企业和个人,而对于信用体系不完善、盈利不稳定,不能够提供抵押品的企业和个人一般设置了一个借贷门槛,低于这个门槛的人将无法获得信贷资金。这种现象形成的原因:一方面由于贷款门槛高、程序多、期限短,抑制了贫困家庭和小企业的贷款需求;

另一方面由于放贷成本高、收益差、风险大,金融机构提供信贷的主动性不高。

对于贫困家庭甲来说,由于初始资本 X_0 小于项目投资所需资金为 I,且没有可以抵押的资产,因此在未得到信贷支持的情况下贫困家庭甲只能维持简单再生产,初始资本进行利息率为 r 的储蓄投资,其中 $X_0 \times r > 0$,设 $R_1 = X_0 \times r$。

第 1 期的财富为 $Y_1 = X_0$　　　　　　　　　　　　　　　(4.1)

第 2 期的财富为 $Y_2 = X_0(1+r) = X_0 + X_0 \times r = X_0 + R_1$　(4.2)

第 3 期的财富为 $Y_3 = Y_2 + Y_2(I+V) = Y_2 + Y_2 + Y_2 \times r = X_0 + 2R_1$　(4.3)

第 n 期的财富为 $Y_n = X_0 + (n-1)R_1, n \geqslant 1$　　　　　(4.4)

因此,对于贫困家庭甲来说,在 n 个生产周期内,由于初始资本 X_0 小于项目投资所需资金为 I,没有获得信贷资金,只能进行利息率为 r 的储蓄投资。如果居民价格指数上涨的速度要高于利息率 r,导致贫困家庭得到的利息收入 R_1 很小甚至为负,贫困家庭的财富是在逐渐地减少。在若干期之后,贫困家庭无其他收入来源,除去必要的生活支出后,贫困家庭就没有财富可储蓄。因此,对于未得到普惠金融信贷支持的贫困家庭,就会导致入不敷出,基本的生活水平不能维持,其用于下一代人的教育投资也不足,而后代也不具备摆脱贫困的能力,这会导致贫困家庭陷入贫困的恶性循环。

对于贫困家庭乙,虽然初始资本 X_0 小于项目投资所需资金 I,也没有可以抵押的资产。但是由于政府、金融机构实施普惠金融政策,降低信贷门槛,能够为贫困家庭提供信贷资金。贫困家庭可以获得信贷资金 H 来进行规模为 I 的项目投资,假设投资的收益为 R_2,贷款的利率为 i,投资项目收益大于贷款利息支出,则:

第 1 期的财富为 $Y_1 = X_0$　　　　　　　　　　　　　　　(4.5)

第 2 期的财富为 $Y_2 = X_0 + R_2 - H \times (1+i)$　　　　　(4.6)

其中 $R_2 - H \times (1+i) > 0$,$Y_2 > X_0$。设 $D = R_2 - H \times (1+i)$;

第 3 期的财富为 $Y_3 = Y_2 + R_2 - H \times (1+i) = (X_0 + 2D)$, $Y_3 > Y_2 > X_0$;

$$(4.7)$$

第 n 期的财富为 $Y_n = X_0 + (n-1)D, n \geqslant 1$ (4.8)

因此,对于贫困家庭乙来说,在 n 个生产周期内,获得信贷资金 H 来进行规模为 I 的项目投资,且投资项目收益大于贷款利息支出,会导致贫困家庭的财富不断增长。更进一步地说,贫困家庭就可以缓解贫困的状况,提高生活水平和质量,增加下一代人的教育投资,使家庭能够永久地摆脱贫困的状态。贫困家庭拥有的资本量如果达到一定程度,就意味着该贫困家庭拥有了脱贫致富的能力,贫困家庭就可以彻底摆脱贫困的发展状态。

(三)模型内涵

1. 未得到普惠金融支持的家庭容易陷入"贫困陷阱"

对于未得到普惠金融信贷支持的贫困家庭,初始资本很小甚至为负,其所居住的一般是生存条件比较差、生活环境比较恶劣的边远地区,没有收入来源。由于初始财富值小于信贷门槛,没有实施金融反贫困的战略,贫困家庭无法获得金融机构的信贷支持。因此贫困家庭只能维持简单的生产状态,且边际收益逐渐递减,拥有的资产越来越少。在未得到信贷支持的条件下,贫困家庭如果要摆脱贫困,只能通过自身积累原始投资的资金,从而能够达到最低投资的额度。贫困家庭原始资金的积累过程,必然要通过减少必要消费品的支出和教育支出来达到目的,这就会影响贫困家庭的基本生活和子女的教育水平,导致贫困家庭陷入"贫困陷阱"。

2. 得到普惠金融支持的家庭容易摆脱"贫困陷阱"

对于能够得到普惠金融信贷支持的贫困家庭,虽然贫困家庭的初始资本还是很少,小于金融机构设置的信贷门槛。如果政府能够实施金融反贫困政策,降低贫困地区的信贷门槛,改善贫困地区的信贷市场,使贫困家庭能够有机会获得信贷资金。在贫困家庭初始资本很低的情况下,这部分信贷资金对于贫困家庭来说至关重要,使贫困家庭能够投资具有收益的项目,从而可以短时间内摆脱贫困的状态。随着贫困家庭生活水平的提高,消费水平也会不断提高,对于下一代人的教育投资也会随之增加,从而使贫困家庭能够永远摆脱"贫困陷阱"。

第二节　金融扶贫直接效应实地调研

在对金融扶贫直接作用机理描述的基础上,可以看出无论是正规金融机构还是非正规金融机构发放的小额信贷,目的都是向有资金需求的贫困农户提供普惠金融的支持,以帮助其发展生产,尽快摆脱贫困。小额信贷已成为我国金融扶贫的主要形式之一。

在此,本部分从农户角度研究,特选取国家级贫困县——河北涞水县下明峪村贫困村资金互助社的小额信贷为研究对象,于2016年7月通过问卷调查方法采集相关数据,运用多元回归统计方法,对金融扶贫的直接效应进行研究,为全面评估金融扶贫的直接效应提供系统的理论支持。

一、调研对象基本情况介绍

下明峪村位于河北保定市涞水县深山区,有11个村民小组,共308户,高山环绕,自然条件差,经济基础薄弱,是典型的贫困村。2008年在政府支持下,发起成立涞水县下明峪村贫困村资金互助社,该社包括若干个资金互助组。贫困村资金互助社成员107户,农户入社率为33%,其中贫困户入社率为80%。互助资金由两部分构成,共24万元,其中政府安排互助资金15万元,农户交纳互助金9万元。在戓立的第一年,借款98户,所有的借款都用到了促进农民增收的养殖和种植项目上,其中用于养殖90户、种植业8户,共计17.6万元,占用费率为年息6%,当年共收取占用费10560元。

截止到2015年年末,贫困村资金互助社成员已累计借款总额138

万元,累计农户借款次数 252 次,累计借款归还额度为 110 万元,且无一笔逾期金额。贫困村资金互助社的银行存款已有 143042 元,库存现金 206038 元,可谓是发展到了一定的规模。农户大多数使用短期借款,其中借款期限 3 个月以下的为 4.2 万元、3 至 6 个月的为 80.9 万元、6 至 12 个月的为 51.4 万元、12 个月以上的为 2.3 万元。借款用于种植业的为 19.3 万元,用于养殖业的为 114.5 万元,少数用于商业及运输业,共计 3 万元,其他行业 2 万元。下明峪村农户户均借款额为 13094元,其中最高借款额为 20000 元,最低借款额为 1000 元。经过将近 8 年的运转,小额信贷为农民增收起到了积极的作用,成了农民自己的银行。

二、调研设计与样本特征分析

1. 问卷设计

本次调查所用问卷分贫困村资金互助社社员(A 卷)和非贫困村资金互助社社员(B 卷)两部分,主要目的是将两组调研结果进行对比分析,从而全面考察小额信贷对两类农户家庭生计的影响。问卷主要包括被调研对象的基本情况、收入、固定资产、饮食、储蓄、妇女家庭地位等。除关于入社和贷款的信息不一样外,两类问卷题目大体相同,便于做比较分析。

2. 调研实施

本次调研共发放农户问卷 230 份(其中问卷 A 110 份,问卷 B 120 份),剔除信息不真实和信息不全问卷,最后回收有效问卷 A 107 份,B 116 份。

3. 样本特征分析

一是从年龄分布看,贫困村资金互助社成员 20—30 岁年龄段占比为 2%,31—40 岁年龄段占比为 26%,41—50 岁年龄段占比为 40%,51—60 岁年龄段占比为 13%,60 岁以上占比为 19%;非贫困村资金互助社成员 20—30 岁年龄段占比为 9%,31—40 岁年龄段占比为 15%,41—50 岁年龄段占比为 36%,51—60 岁年龄段占比为 23%,60 岁以上占比为17%。可见贫困村资金互助社青壮年所占的比例要比非贫困村资金互助社的比例高,这是由于青壮年人群思想比较开放并且精力比较充沛,更倾向于接触新事物。

二是从文化程度上看,贫困村资金互助社成员中,文盲户主占7%,小学学历的户主占48%,中学学历的户主占36%,高中学历的户主占9%。非贫困村资金互助社成员中,文盲户主占10%,小学学历的户主占44%,中学学历的户主占37%,高中学历的户主占5%,其他学历的户主占4%。对比可知,贫困村资金互助社成员的受教育程度略高于非贫困村资金互助社成员。

三、调研结果对比分析

1. 两类家庭平均收入对比

随着经济总趋势的发展,村民的收入水平都有所提高,但是由于创收方式的不同和资金的占有量不同,收入水平和增加幅度都有差异,具体差异如下:贫困村资金互助社成员年平均收入高于非贫困村资金互助社成员年平均收入。调研结果显示,贫困村资金互助社成员年平均收入是44234元,非贫困村资金互助社成员年平均收入是30536元,贫困村资金互助社成员年平均收入比非贫困村资金互助社成员年平均收入多13698元,高44.86%。贫困村资金互助社的收入增长幅度也要高于非贫困村资金互助社的收入增长幅度,平均年收入增长8493.46元,增长幅度为33%,而非贫困村资金互助社年平均收入增长3070元,增长幅度仅为11.18%,比贫困村资金互助社低21.82个百分点。

2. 两类家庭收入来源对比

总体来讲,贫困村资金互助社的收入主要来源于养殖,非贫困村资金互助社的收入主要来源于打工。调研结果显示,贫困村资金互助社成员收入来源分别是种植收入、打工收入、经营买卖、养殖、其他收入。其中,贫困村资金互助社成员的收入48%来源于养殖,打工收入占比相对于非贫困村资金互助社成员来说较小,占 23%,而贫困村资金互助社成员种植收入相对于非贫困村资金互助社成员来说较高,主要是因为贫困村资金互助社成员借互助社资金,租用他人土地来展开大规模种植,而不是一家一小户的种植;并且成员中的一部分人借助互助社资金和技术等来进行小项目投资,这也是贫困村资金互助社成员经营买卖收入占比高于非互助社的原因。其他收入占比也高于非贫困村资金互助社的原因是贫困村资金互助社其他收入来源比非贫困村资金互助社成员多一项资金使用费。

非贫困村资金互助社成员收入来源有种植收入、打工收入、经营买卖、其他收入。其中,他们的主要收入来源是打工,打工收入为 25868 元,占到总收入的 84.7%,种植收入和经营买卖分别占 5.4% 和 5.2%,这是由于多数非贫困村资金互助社成员没有自己的产业,主要靠在当地打工或者外出务工获取收入,同时务农也有部分收入。

3. 两类家庭耐用消费品价值对比

根据调研结果,从总体上来看,贫困村资金互助社成员家庭耐用消费品价值与非贫困村资金互助社成员耐用消费品价值分布没有显著差异,家庭耐用消费品价值体现了一个家庭的生活水平和生活质量。虽然贫困村资金互助社成员收入高于非贫困村资金互助社,但他们并没有把全部收入用来消费,而是把自己的收入和贷款借来的钱都用于投资,进行更大规模的生产,所以其家庭耐用消费品的价值并没有明显高于非贫困村资金互助社成员。

贫困村资金互助社成员与非贫困村资金互助社成员家庭耐用消费品的价值呈阶梯状分布,这说明在贫困村资金互助社成员与非贫困村资金互助社成员间都存在着贫富差距。根据调研数据可知,非贫困村资金互助社家庭耐用消费品价值在 5000 元以下的占 40%,在 5000—10000 元的占 30%,在 10000—50000 元的占 26%,在 50000 元以上的占 4%。贫困村资金互助社家庭耐用消费品价值在 5000 元以下的占

31%,比非资金互助社成员低9个百分点,5000—10000元的占28%,在10000—50000元的占28%,在50000元以上的占13%,50000元以上的占比比非资金互助社成员组高9个百分点。由此可见,资金互助增加了村民们的收入,使更多的家庭拥有汽车等高档耐用消费品。同时,使耐用消费品资产低于5000元的家庭减少,这是贫困村资金互助社带领村民脱贫的突出表现。

4. 两类家庭饮食情况对比

随着收入水平的提高,村民的饮食情况普遍改善,但是贫困村资金互助社村民饮食情况的改善要优于非贫困村资金互助社村民饮食情况的改善。根据本次调研数据显示,在伙食改善方面,贫困村资金互助社中5.61%的家庭伙食不变,94.39%的家庭伙食得到改善。非贫困村资金互助社中有77%的家庭伙食改善,2%的家庭伙食恶化,有21%的家庭认为伙食不变。

另外根据调研数据,通过纵向对比分析,可以发现贫困村资金互助社比非贫困村资金互助社的改善程度在质量和频率等方面有明显提高。资金互助社家庭中,56.07%认为能够买到更多的米面,73.83%认为能买到更多的调味品,85.95%认为能够买到更多的动物、日常产品,30.84%认为能够买到更便利的食物,41.12%认为能够买到更多的熟食,90.65%认为能够在逢年过节吃得更好,而非资金互助社家庭的以上数据则为25%、38%、55%、16%、16%、20%。

5. 两类家庭闲暇情况对比

从调研数据中我们还可以看到,没有参加贫困村资金互助社的居民一年中无事可做的天数有8%的人在50天以下,23%的人在50天到100天之间,22%的人在100天到150天之间,47%的人在150天以上;而参加贫困村资金互助社的农民在贷款后有51.4%的人在50天以下,32.7%的人在50天到100天之间,10.28%的人在100天到150天之间,5.62%的人在150天以上。

很清晰地能看出,参加贫困村资金互助社的居民一年中无事可做的天数比没有参加贫困村资金互助社的居民少很多。究其原因是,参加贫困村资金互助社的居民贷款后会更努力地工作,更努力地挣钱以在规定的期限内还上贷款并使家庭更加富裕,在还款压力和提高收入的动力驱使下,会寻找更多的赚钱机会,闲暇时间自然就会减少;而没有参加贫困村资金互助社的居民一般是外出打工,并且工作不稳定,受季节和淡季的影响,待工现象时有发生,从而会有很多的闲暇时间。

6.两类家庭储蓄情况对比

调研数据显示,该村非贫困村资金互助社成员在银行或信用社有活期存款的占非贫困村资金互助社成员总数的36%,没有活期存款的占64%,有定期存款的占非贫困村资金互助社成员总数的35%,没有定期存款的占65%,均未超过参与调查的非贫困村资金互助社成员总户数的40%;与非贫困村资金互助社相比,参与贫困村资金互助社的家庭拥有活期存款和定期存款的比重要远高于非贫困村资金互助社家庭的存款比重。其中在贫困村资金互助社成员家庭中有活期存款的为58户,占比为54%;有定期存款的为44户,占比为41%;两种存款方式均超过了贫困村资金互助社成员总户数的40%。

资金互助社的活期储蓄比例和定期储蓄比例均高于非资金互助社,可见资金组的收入水平更高,同时家庭的备用资金更充裕。

从储蓄变动情况看,与过去三年(2014—2016年)相比较,该村中没有参加贫困村资金互助社的村民的储蓄大部分保持不变,占储蓄总户数的71%,增加的只有28%,有1%的储蓄户数甚至还有所减少,这与村民的储蓄目的和消费情况严重不符。参与贫困村资金互助社的家庭与贷款前相比,储蓄存款数绝大多数明显增加,一小部分保持不变,只有极少数家庭储蓄存款有所减少;与非贫困村资金互助社成员相比,参与贫困村资金互助社的家庭近几年的储蓄存款增加比例高达88%,明显高于非贫困村资金互助社成员家庭,而减少比例为11%,明显低于非贫困村资金互助社成员家庭。由此可见,参加贫困村资金互助社的家庭比没有参加贫困村资金互助社的家庭收入高、储蓄高、存款增加比重高。

7.两类家庭妇女地位的对比

一般来说,在经济落后的贫困地区,男性一般在家庭决策中具有绝对话语权。但随着社会的进步,女性有了更多参与社会经济活动的机会。调研发现,参加贫困村资金互助社的家庭,其女性也更多地参与到家庭经济活动中,和丈夫一起创业,对家庭收入的提高作出了贡献,话语权也越来越大,越来越有影响力。而相对来说,非贫困村资金互助社家庭的女性多留在家中务农、照顾老人和孩子,见识面小、考虑不周到,所以在家庭很多事情上没有话语权。

调研发现,资金社中男性户主决策占到 7.47%,夫妇共同决策占到 68.22%,妻子决策占到 24.31%;非资金社中男性户主决策占到 28%,夫妇共同决策占 50%,妻子决策占到 22%。非资金社的男性户主决定权是资金社的近四倍,妇女在家庭中的地位比较低,话语权比较低,这是其长期不与社会接触,思想受到限制,导致话语权少。在家庭定位和重大决策上有 68% 的贷款家庭,如贷款、购置家电等大件消费品决策上,多是夫妻俩商量着来,而非贷款家庭此项指标为 50%,资金组的协商度比非资金组的协商度高 36%,这一调研数据说明,有贷款的家庭的妇女在家庭中的地位和话语权有所提高。其主要原因是,贷款后,家庭处于创业阶段,在创业阶段的家庭,丈夫也面临创业经验不足的问题,有听取各方面建议、获取信心和鼓励或支持的心理需求,此时家庭中妻子的态度和鼓励及扮演的角色就显得尤为重要。因此在重大决策上,妻子的话语权得到明显提升,应该说这对于重男轻女的传统乡村社会不失为一个较大进步。

8.贷款和借款需求情况对比

一般来说,贫困村每家每户的储蓄并不多,面临较大的支出时,自身的储蓄并不足以支付。例如重大疾病,或者需要投资时,需要借款来渡过难关。

　　调研发现,已经参加资金互助社的农户借款需求为 100%,非资金组的借款需求为 53%,这项数据并不是说明非资金组的村民比资金组的村民经济条件更好,而是说明资金组更多的人想要创业,比如进行规模的种植或养殖,而非资金组投资欲望较低,对资金的需求相对来说较少。资金组借款有 66% 用于投资,34% 用于消费,而非资金组仅有 17% 用于投资,53% 用于消费。资金组借款用于投资的比例是非资金组的 3.89 倍,用于消费的比例却比非资金组低 35.85%,这是由于参与资金互助社贷款的家庭更加倾向于用资本创造资本,用于投资来赚取更多的资本;相对于非资金互助社家庭仅依靠打工、务农来创造收入,有思想上质的突破;对于非资金互助社,由于欠缺创业、投资的想法,所以该项比例较低。同时由于资金组收入水平比较高,所以可以应对一般的消费,例如婚丧嫁娶、医疗等大都可以自己支付,而非资金组由于积蓄少,收入水平低,难以应付此类支出,所以借款消费的比例较高。

第三节　金融扶贫直接效应实证分析

一、模型选择与变量选取

(一)模型选择

　　针对本书调研的具体情况,劳动力、贷款用途、贷款金额、年龄等多个因素均对农户的收入有影响,因此本书选取多元线性回归模型进行分析。

　　设 y 为因变量, $x_1, x_2, \cdots, x_k$ 为自变量,并且自变量与因变量之间为线性关系时,则多元线性回归模型为:

$$y = b_0 + b_1 x_1 + b_2 x_2 + \cdots + b_k x_k + \mu \tag{4.9}$$

　　其中, b_0 为常数项, $b_1, b_2, \cdots, b_k$ 为回归系数, b_1 为 $x_2, x_3, \cdots, x_k$ 固定时,

x_1每增加一个单位对y的效应,即x_1对y的偏回归系数;同理b_2为x_1,$x_3,\cdots,x_k$固定时,x_2每增加一个单位对y的效应,即x_2对y的偏回归系数。

(二)变量选取

根据经济学理论,影响产量的主要因素是劳动力和资本这两个生产要素。在实际经济生活中,针对同一地区的农户来说,虽然所处的自然环境和社会环境基本上相同,但农户收入的差异受资本、土地、劳动力等多种因素的影响。在此次针对保定市涞水县下明峪村村资金互助社成员进行小额信贷与农户生计调查过程中,农户年龄、农户文化程度、农户劳动力人数、农户拥有的土地面积、资金等这些因素都可以直接影响农户的家庭收入。当农户资金短缺时,可以向下明峪村资金互助社进行贷款,贷款可以缓解资金的短缺、有机会扩大再生产,因此贷款次数、累计贷款金额、贷款用途对农户收入会产生一定的影响。

本书选取农户的纯年收入作为因变量,选取户主年龄、户主教育水平、劳动力人数、拥有土地面积、农户贷款次数、农户累计贷款金额、农户贷款用途作为自变量来研究农村小额信贷对农户家庭收入产生的影响。具体的说明见表4-1。

表4-1 变量的选取

变量属性	变量名	符 号
因变量	农户的纯年收入(千元)	Y
自变量	户主年龄	x_1
	户主教育水平	x_2
	劳动力人数	x_3
	拥有土地面积(亩)	x_4
	农户贷款次数	x_5
	农户累计贷款金额(千元)	x_6
	农户贷款用途	x_7

三、变量统计与相关性分析

(一)变量统计

为了深入分析农户收入的影响因素,采取调查问卷形式对保定市涞水县下明峪村107户村资金互助社成员进行问卷调查,将问卷调查的数据进行整理分析,得出所选取变量的描述性统计分析,其中包括因变量农户纯年收入,自变量户主年龄、户主教育水平、劳动力人数、拥有土地面积、农户贷款次数、农户累计贷款金额、农户贷款用途的一般统计结果,包括样本量、最大值、最小值、平均值、标准差这些统计指标,见表4-2对变量的描述性统计。

表4-2 变量的描述性统计

变 量	样本量	最小值	最大值	平均值	标准差
农户纯年收入 Y	107	13	87	43.32	15.74
户主年龄	107	27	78	48.35	11.86
户主教育水平	107	1	4	2.49	0.76
劳动力人数	107	0	4	1.98	0.99
拥有土地面积	107	0	10.7	2.48	1.65
农户贷款次数	107	1	5	2.48	1.15
农户累计贷款金额	107	2	37	13.69	7.88
农户贷款用途	107	1	2	1.80	0.40

注:户主教育水平:1=不识字;2=小学;3=中学;4=高中;5=其他。农户贷款用途:1=消费;2=投资。该表根据附录 A 中调研原始数据计算整理。

由表4-2可知:保定市涞水县下明峪村资金互助社的107户成员,在2016年纯年收入的平均值为43.32千元,其中最大值是87千元,最小值13千元,说明农户之间的收入差距较大;农户平均年龄为48岁,显示村中户主大部分为中老年人,青壮年较少。而且调研过程中发现,年龄对家庭年收入有一定影响,年龄较小者对贷款更容易接受,更容易通过贷款增加收入;村民受教育程度大部分为小学和中学,平均劳动力人口数约为2人,平均拥有土地面积为2.48亩。一般来说,受教育水平越高,劳动力人数越多,拥有土地面积越大,农户的年收入应该越多,但由于山里的环境不适合种植农作物,农作物的价值也较低,主要靠种植经济作物来增加收入;农户平均贷款次数为 2.48 次,最多有 5 次,最少有 1 次;农户累计贷款金额平均为 13.69 千元,最少为 2 千元,最多为 37 千元,大部分村民逐渐开始接受村资金互助社这种小额信贷的形式;农户的贷款用途相对于消费来说倾向于投资项目。因为农户需要通过贷款增加收入,运用贷款进行投资是增加收入最好的方式。

(二)变量相关性分析

在对农户收入影响因素进行回归分析之前,必须对选取变量的相关性进行分析。相关是回归分析的前提,因此先确定两个变量是否相关然后才能进行回归分析,对两个不相关变量进行回归分析是没有意义的。对选取变量的相关分析见表4-3。

表 4-3　变量的相关系数

变量	农户纯年收入	户主年龄	户主教育水平	劳动力人数	拥有土地面积	农户贷款次数	农户累计贷款金额	农户贷款用途
农户纯年收入	1	-0.38	0.17	0.35	0.03	0.43	0.43	0.42
户主年龄	-0.38	1	-0.41	-0.53	0.16	-0.32	-0.25	-0.08
户主教育水平	0.17	-0.41	1	0.08	-0.06	0.04	0.15	0.07
劳动力人数	0.35	-0.53	0.08	1	-0.1	0.22	0.08	0.06
拥有土地面积	0.03	0.16	-0.06	-0.1	1	0.09	0.09	-0.02
农户贷款次数	0.43	-0.32	0.04	0.22	0.09	1	0.57	0.1
农户累计贷款金额	0.43	-0.25	0.15	0.08	0.09	0.57	1	0.17
农户贷款用途	0.42	-0.08	0.07	0.06	-0.02	0.1	0.17	1

数据来源:该表根据调研问卷整理计算所得。

表4-3是因变量家庭纯年收入和自变量之间的相关系数。由表4-3中数据可知:相关系数的大小顺序为:农户累计贷款金额=贷款次数>贷款用途>户主年龄>劳动力人数>户主教育水平>拥有土地面积。大多变量与农户纯年收入呈现正相关,只有年龄与收入呈负相关。农户贷款用途、农户累计贷款金额、农户贷款次数与农户纯收入的相关性较强。大部分贷款者用来投资,而用来投资的农户比用来消费的农户年收入更多,原因是投资可以获得收益,即农户所谓的"钱生钱"。农户累计贷款金额越多,则收入相应也越多,因为农户可用投资资金多,投资规模大,可以用贷款来创造更大的财富。贷款次数对农户年收入同样有重要影响,贷款次数多,说明农户在第一次、第二次的贷款中获得了收益,希望通过再一次的贷款以获取更大的收益,才会有接下来的贷款,也可能是因为需要多次贷款去进行资金周转避免收入损失。

户主年龄和劳动力人数对于年纯收入的影响也较大。实际社会调研结果显示,年轻农户对新鲜事物的接受能力较强,更有动力加入贫困村资金互助社,用贷款进行投资以增加收入。而劳动力人数越多,可以务工务农人数就越多,收入也越高。

户主教育水平和拥有土地面积对农户纯收入的影响较弱。村民受教育程度大部分为小学和中学,几乎没有太大的差距。拥有土地面积多的农户主要是种植经济作物,但是由于家里的耕地出租给本村的蘑菇种植基地,家里的种植耕地已经很少,因此只有少数农户利用没有出租的耕地或者租用土地种植经济作物,租金收入并不多,在年收入里只占了很小的部分,因此相关性很小。

农户贷款次数和农户贷款金额两个变量的相关系数为0.43,说明变量间的相关性较强,同时将两个变量引入计量经济模型中,有可能由于两个变量的内生性导致模型出现多重共线性的问题。因此,在回归分析时结合两个变量的显著性只保留其中的一个变量。

四、模型构建与检验

(一)回归模型构建

对于某地区的农户来说,他们所处地区经济发展水平等外部环境是相同的,农民间的收入差异主要受到资本、土地、劳动力等因素的影响。随着经济发展和科技进步,农户文化水平的高低对农民收入的影响越来越大。在农村,农民拥有的土地面积对农民收入有重要关系;贷款次数及累计贷款金额是研究农村小额信贷的关键因素。因此,在实证模型中,累计贷款金额、贷款次数、贷款用途作为资本要素与年龄、教育水平、劳动力人数、拥有土地面积等其他因素共同作用,影响农民的收入水平。这里,我们利用多元回归的方法来研究小额信贷对农户家庭收入的影响,多元线性回归模型如下所示:

$$y_i = b_0 + b_1 x_{1i} + b_2 x_{2i} + b_3 x_{3i} + b_4 x_{4i} + b_5 x_{5i} + b_6 x_{6i} + b_7 x_{7i} + m_i \qquad (4.10)$$

其中,y_i是农户的纯年收入,x_{1i}是户主年龄,x_{2i}是户主教育水平(1 = 不识字,2 = 小学,3 = 中学,4 = 高中,5 = 其他),x_{3i}是劳动力人数,x_{4i}是拥有土地面积,x_{5i}是贷款次数,x_{6i}是累计贷款金额,x_{7i}是贷款用途,b_i是待估计系数,m_i是随机误差项。

(二)估计与检验

根据上述多元线性回归模型的设定和由保定市涞水县下明峪107户贫困村资金互助社成员调查问卷整理的数据,采用 SPSS 软件进行多元线性回归模型的 OLS 估计及整个回归模型显著性的检验,由于变量农户贷款次数和农户贷款金额相关性较强,在回归估计时为避免由于两个变量的内生性导致模型出现多重共线性的问题,根据两个变量分别回归结果的比较分析,得出保留农户贷款金额变量的模型最优,因此估计和检验结果见表4-4和表4-5。

表4-4 回归模型的显著性检验

模型	平方和	自由度	均方	F 统计量	p 值
回归	11583.01	7.00	1654.72	11.16	0.00
残差	14685.19	99.00	148.34	11.06	0.00
总计	26268.20	106.00			

由表4-4中数据可知,多元线性回归模型的 F 统计量为11.06,相应的 p 值约为0,在5%显著性水平下,多元线性回归模型的整体是显著的,拟合效果较好。即户主年龄、户主教育水平、劳动力人数、拥有土地面积、农户累计贷款金额、农户贷款用途这六个自变量联合起来对因变量农户纯年收入的影响是非常显著的。

表4-5 回归模型的系数

变量	非标准化系数	标准误差	t 统计量	p 值
(常量)	2.573	12.861	0.200	0.842
户主年龄	-0.134	0.138	-0.965	0.337
户主教育水平	1.174	1.770	0.663	0.509
劳动力人数	3.485	1.446	2.411	0.018
拥有土地面积	0.382	0.737	0.519	0.605
农户累计贷款金额	2.554	0.188	2.242	0.027
农户贷款用途	13.499	3.017	4.475	0.000

数据来源:实地调研问卷附录B。

根据表4-5的多元线性回归模型的OLS估计结果,可以得到各个自变量的非标准化系数、标准误差、t 统计量、相应的 p 值。在5%显著性水平下,农户贷款用途和劳动力人数变量这两个变量对农户纯收入的影响是非常显著的。在10%显著性水平下,农户贷款用途、劳动力人数、农户累计贷款金额这三个变量对农户纯收入的影响是较为显著的。户主年龄、户主教育水平、拥有土地面积这三个变量对农户纯收入

的影响不显著,这些变量系数虽不显著,但是具有一定的经济意义。因此,根据表4-5的估计结果,多元线性回归模型为:

$$y_i = 2.57 - 0.13x_{1i} + 3.49x_{3i} + 0.38x_{4i} + 2.55x_{5i} + 13.5x_{6i} \qquad (4.11)$$

五、回归结果分析

根据上述多元线性回归模型的 OLS 估计结果,影响农户收入的主要因素是农户贷款用途、劳动力人数、农户累计贷款金额。其中农户贷款用途和劳动力人数对农户收入的影响最为显著,次之是农户累计贷款金额。而户主年龄、户主教育水平、拥有土地面积这三个变量对农户纯收入有影响,但不是主要影响因素。

农户贷款用途和劳动力人数对农户收入影响最为显著。农户贷款目的是消费还是投资对农户收入的影响较大。根据上述回归结果,假设其他自变量保持不变,农户贷款用途是消费,平均年收入为 13.5 千元,农户贷款用途是投资,平均年收入为 27 千元,两者之间平均年收入相差 13.5 千元。这也符合金融扶贫直接作用的机理,即在农户初始资本很低的情况下,通过村资金互助社获得原始资本,用于种植经营投资和养殖经营投资,增加农户的年收入,随着农户生活水平的提高,消费水平也会不断增加,对于下一代人的培养教育投资也会随之增加,从而使农户能够永远摆脱"贫困陷阱"。农户家中劳动力人数直接影响着其劳动生产水平,进而会直接影响农户收入。

农户累计贷款金额对农户收入影响较为显著。农户累计贷款金额的最小值为 2 千元,最大值为 37 千元,最大值最小值相差 35 千元,相差很大,所以也拉大了村民收入差距;农户累计贷款金额的平均值为 13.69 千元,年收入平均额为 43.32 千元,减去非贷款所获收入,小额贷款是具有一定杠杆性的。贷款次数增多说明农户在第一次、第二次的贷款中得到了好处,获得了收益,才会有后续的贷款,以扩大财富、增加收入。

而户主年龄、户主教育水平、拥有土地面积对农户纯收入有一定的影响,但是并不显著。家庭纯收入随户主年龄负向变动,即农户年收入会随着农户年龄的增大而减少,这是由于农户一般没有正式工作,随着年龄增大,劳动能力下降,收入水平也会随之下降。家庭纯年收入随户主教育水平、拥有土地面积正向变动,即接受教育水平越高,其接受新事物、学习新知识能力越强,可能会收获更多财富,增加农户收入。对于农户来说,拥有的土地面积越多,影响家庭增收的因素就会随之增多。

总之,从整体上来看,户主年龄、户主教育水平、劳动力人数、拥有土地面积、农户累计贷款金额、农户贷款用途这六个自变量联合起来对因变量农户纯年收入的影响是非常显著的。从个体上来看,农户贷款用途和劳动力人数对农户收入的影响最为显著,其次是农户累计贷款金额。此回归结果符合金融扶贫直接作用的机理,也证实了贫困村资金互助社这种农村小额信贷资金对促进农民收入的增加起到了较为显著的作用。

六、小额信贷扶贫效应分析与政策建议

(一)小额信贷扶贫效应分析

1. 小额信贷扶贫政策对农民增收的积极作用

总体上说,贫困村资金互助社这种小额信贷扶贫政策安排对促进农民收入的增加起到了一定的积极作用,证明金融扶贫的必要性和可行性。尤其是对于农村中青年来说,他们有脱贫的强烈意愿,也有脱贫的能力,但是缺乏初始投资资金,而类似贫困村资金互助社这种小额信贷扶贫政策对这些具有发展意愿和发展能力的相对贫困农户的增收起重要作用。

2. 社会保障政策应进一步完善

针对农村老年人、残疾人、因病致贫的人来说,贫困村资金互助社这种小额信贷扶贫政策对他们来说作用不太大,只能缓解一时的贫困,不能使他们摆脱贫困的陷阱。因此,对这些农村老年人、残疾人、因病

致贫的生存型绝对贫困人口来说,社会保障的进一步完善才能解决他们贫困的难题。

3. 小额信贷政策的作用有待进一步开发

由于贷款金额较小、好的投资项目难寻等因素的存在,农村小额信贷在促进农户增收方面的作用还未完全发挥出来。

(二)政策建议

1. 政府应积极支持小额信贷组织的发展

政府要积极支持类似贫困村资金互助社的小额信贷组织的发展,小额信贷组织要安排专业人员进行小额信贷管理工作。同时,注重对小额信贷组织管理层的培训,建立完备的业务流程及规章制度,逐步完善内控机制,实现类似贫困村资金互助社的公益性小额贷款组织的可持续发展。

2. 正规金融机构应加大金融改革和创新力度

开发适合贫困地区的金融产品,类似贫困村资金互助社等非正规金融机构的小额信贷机构,一般资产规模较小,单次贷款金额较小,在解决贫困农户流动资金不足方面有一定作用。但在支持贫困农户创业或扩大生产规模的信贷资金方面明显不足。因此,需要正规金融机构充分利用自身具备的人才、技术、资金、管理等优势,加大金融产品创新力度,扩大金融产品服务范围,研发适合贫困地区农村金融市场的金融产品,解决贫困农户贷款难的问题。

3. 积极探索正规金融机构和非正规金融机构对接机制

大型商业银行和政策性银行拥有资金、技术、管理方面的优势。贫困地区农村金融市场面临信息不对称、单位贷款运营成本高的现实难题,而类似贫困村资金互助社形式的内生性非正规金融机构,具有地缘优势和信息优势。双方应发挥各自比较优势,进行对接和联结,采取批发贷款、委托代理等方式,向有发展意愿和能力的贫困农户提供贷款,降低贷款风险。

第五章 金融扶贫间接作用机理及效应实证

金融工具、金融市场、金融中介等方面的迅速发展能够降低交易成本，加快储蓄向投资转化、促进人力资本形成、推动科技进步，从而促进经济增长，经济增长的"涓滴效应"和收入分配的改善，都将对贫困的减缓产生积极影响。因此，本章拟从金融发展的视角，阐述金融扶贫间接作用机理，分析当前我国金融发展水平。实证检验我国金融发展的减贫效应，从而为我国金融扶贫工作的开展提供理论依据。

第一节 金融扶贫间接作用机理描述

金融发展在一定程度上会促进经济增长，而经济增长又会带动贫困减缓，并为扶贫工作的开展提供一定的财政资金保障。早期对金融发展、经济增长以及贫困缓解关系问题的研究主要是将经济增长作为桥梁进行的。研究者罗纳德·麦金农（Ronald I.Mckinnon）等人在20世纪70年代初期提出的金融深化理论，对金融的发展以及相关金融自由化发展政策的提出和应用对世界上部分欠发达国家的经济增长产生着一定的积极影响。

金融发展通过增长效应和分配效应两条途径间接影响贫困家庭。金融发展的增长效应引起经济增长有利于贫困的减少，经济增长能够借助两种方式对贫困人口提供帮助，进而实现改善贫困状况的目的：一方面是涓滴效应,即经济增长能够促进生产力水平的提升,具体来说就是在经济增长的影响下,贫困地区的生产要素条件能够得到相应的改善,生产力水平也会不断提升,贫困发生率会逐渐降低。另一方面,亲贫困增长,即经济的增长在一定程度上会促使收益增长的机会以及经济建设过程中对财政资源进行重新分配,并且这种重新分配会逐步扩大对贫困地区的投资或者为贫困人口提供大范围的转移支付。经济增长给贫困人口分享经济增长的机会,这些能够缓解贫困人口的贫困状况。

但是如果出现金融危机,对贫困人口来说由于很少有保险作保障,不仅会提高贫困发生率,而且会加深贫困人口的贫困状况。一方面,金融危机的出现使地区的企业破产关闭,减少贫困人口的就业机会,加剧贫困人口的贫困状况。另一方面,金融危机会摧毁贫困地区的特色产业,贫困地区的特色产业大多数是农产品,金融危机的出现使特色农产品的价格降低,减少贫困家庭的收入,加深贫困人口的贫困状况。

一、金融发展的增长效应分析

根据经济学理论,经济增长主要取决于资本、劳动力、土地和技术等生产要素。随着知识经济和信息化时代的到来,储蓄投资、人力资本和技术创新等在经济增长中的贡献越来越大。金融体系的发展通过资源的有效配置,促进各国经济快速发展,因而金融发展在各国经济发展中都起到了重要的作用。尽管各国金融体系的政治、文化和历史背景存在差异,金融体系的运行模式、运行规模、复杂性、技术水平也存在差异,但金融体系的功能是一致的。金融体系最基本的功能就是吸收储蓄,刺激投资,促进储蓄有效地转化为投资,将资源从效率低的部门转移到效率高的部门;金融体系还有提供支付手段、配置资源、风险管理、提供激励等功能,金融体系的这些功能促进经济增长,进而减少贫困人口的贫困状况。

（一）金融发展加快储蓄向投资转化

1. 金融发展影响储蓄供给

金融发展对储蓄供给的影响主要表现在借助金融中介的货币存储机制，一部分货币暂时退出流通领域而转变为未来投资或消费，在这一转变过程中货币会产生利息，利息的产生代表货币增值，进而有效带动消费。根据货币被占用时间长短的不同，其存储利率也不尽相同，储蓄理财产品在一定程度上为居民提供了多种选择，保证居民能够结合自身差异性偏好进行选择，与此同时还为居民提供了一定的风险防范手段，极大增强了居民的储蓄意愿。在这一背景下，金融市场的不断发现功能能促使金融工具得到不断创新，并且保证金融创新工具能够在金融市场顺利实现。

2. 金融发展对投资需求产生影响

一是利率水平的高低直接对投资需求产生抑制和刺激作用；二是金融创新的发展对投资需求的影响越来越大，纷繁多样的金融工具为企业提供了满足不同需求的债务工具组合。另外金融市场的创新也为投资者提供了更加有效的规避风险的场所，减少筹资风险，降低企业融资成本，有利于调动企业的投资意愿。

3. 金融发展促进储蓄向投资转化

金融机构作为特定的中介服务机构能够将投资主体和储蓄主体有机地联系在一起，实现储蓄转化为投资，进而实现货币转化为资本，并促使资本质量得到显著提升。金融工具的创新为储蓄供给者转移到投资者提供了具体的载体，同时更好地满足了储蓄供给者和投资者的需求。金融市场的创新能够为这一过程提供更为便利的交易场所和科学的规则，切实为储蓄供给者和投资者节约交易费用，提高市场效率。金融监管体制的创新能够促使金融行业管理呈现出规范化和制度化的发展趋势，并为储蓄转化为投资后所产生的金融风险的化解提供良好的支持。金融机构的创新能够进一步丰富和完善金融机构的中介职能，对储蓄向投资转化的业务经营方式产生一定的影响,促使不同机构形成个性化的经营管理理念,进而为储蓄—投资转化渠道进行有效的拓展。

4.金融发展促进资源合理配置

金融发展在构建有效价格体系方面会产生积极影响,能够明确地反映出不同金融工具之间的差异,进而结合这些差异形成对资源实施合理配置的利率体系,从而对资源配置不合理的问题进行有效解决,进而促使资本从传统收益率较低的投资项目逐渐向着收益率高的项目转移,储蓄向投资转化的成功率得到显著的提升。

(二)金融发展促进人力资本形成

信贷市场的存在对劳动力以及教育专业化分工产生着一定的积极影响,因此在逐步增加教育经费投入的同时必然可以促使教育效率得到显著的提升,进而为人力资本的形成和经济增长提供相应的动力。逐步加大对人力资本的投入,促使人力资本所涉的生产效率得到相应的提升,是金融发展对人力资本形成产生影响的主要渠道之一。

具体而言,金融发展对人力资本形成产生积极的促进影响,这种积极的促进影响推动经济增长一般会借助三种方式来实现:其一,向受教育者提供一定的消费信贷,借以进一步推进劳动和教育呈现出分工发展,逐步提升教育效率;其二,为人力资本生产活动相关的工作人员提供特定的资金支持,如结合人力资本生产活动需求进一步加大基础教育投资、购买大量的基础教育书籍、为教育人员提供相应的教育费用支出等,为人力资本生产活动的开展提供良好的资金保障;其三,借助逐步降低人力资本投资的方式来规避风险,鼓励教育投资,为人力资本生产教育活动的开展提供特定的保障。

(三)金融发展推动技术不断进步

近几年,随着经济领域对金融研究的关注程度明显增强,内生经济增长研究理论也逐渐兴起,更多学者开始关注金融发展与技术进步两者之间的关系,为金融发展促进经济增长作用的发挥提供了相应的支持。经过学者的论证,基本上认为资本积累固然会对一个国家的经济增长产生极其重要的影响,但是其仅仅能够发挥一定的基础效应。相对来说,技术的进步才是逐步推动经济增长的核心要素,因此对于一个国家的经济增长而言,最为重要的一点就是如何借助金融发展促进技术创新,进而为经济增长提供可持续的支持。

首先,金融发展对引进先进技术形成的固定成本产生着一定的积极影响,其能够有效降低初始固定成本。基于此,为学习、模仿和吸收先进技术的企业提供一定的信贷支持,企业在金融支持下能够结合自身发展需求购入一定的新设备、购买关键技术、聘请高素质管理人员、对企业组织结构进行改革和重构等,逐步改善企业日常经营管理状况。同时,信贷效率的提升可以促使企业在使用先进技术过程中所形成的初始固定成本显著降低,从而保证逐步提升企业对先进技术的吸收能力。

其次,金融发展对降低自主创业门槛也产生了一定的积极影响。在便捷有效率金融体制的支持下,自主创业主体能够借助人员培训和人员流动效应获取相应的现金技术和管理经验,在此基础上也会借助自主创业和外商直接投资(Foreign Direct Investment,FDI)生产部门所产生的示范、竞争效应等,促使技术水平得到进一步提升。金融发展会降低自主创业的门槛,促使更多的人投入到自主创业活动中。

最后,金融发展能够对企业家的创新精神加以培育,也能够借助相应的教育和培训培养新的创新主体,为企业发展提供特定的支持。从相关调查研究可以看出,金融发展借助技术创新全面推进经济增长的重要方式就是通过对金融资源实施科学的配置来推动技术创新。在这一过程中金融发展能够促使企业家的创新精神得到相应的培育,不同的创新主体也能够得到良好的培养,对经济发展产生着一定的积极影响。

(四)金融发展促进经济增长模型

以上过程可用内生经济增长理论的模型和新古典增长模型两个数理模型来表示。两个模型具体推导过程如下：

第一，内生经济增长理论的模型。

假定资本的边际产品不变，并且资本是唯一的要素：$Y=aK$ (5.1)

资本的边际产品在此处是恒定不变的，为常数 a。

假定此处的储蓄率设定为固定值 s，并且人口没有呈现出增长的趋势、资本折旧可以忽略不计，此时，所有储蓄都可以用来提升资本存量。

即 $\Delta K=sY=saK$ 或 $\Delta K/K=sa$ (5.2)

资本增长率与储蓄率之间存在正比例关系，同时，由于产出和资本之间同样为正比关系，因此可以对产出增长率进行计算，产出增长率为：

$\Delta Y/Y=sa$ (5.3)

即储蓄率越高，产出增长率越高。

现在探索一个发展更加充分的内生增长模型，在这一模型中不仅要包含资本，也应该适当涉及劳动力方面的内容。假定技术和总体经济中的每一个个体的资本水平保持正比关系，

即 $A=aKN=aA$ (5.4)

并且同样假定在此处技术类型为劳动增长型，由此可以得出生产函数为 $Y=F(K,AN)$。这样就能够明确技术增长不受到外生规定的决定性影响，而是与资本的增长之间存在着密切的联系。

$\Delta A/A=\Delta K/K-\Delta N/N$ (5.5)

根据 $\Delta k=sy-n+dk$ (5.6)

可得 $\Delta y/y=\Delta k/k=g=syk-n+d=sa-(n+d)$ (5.7)

由此可得：高储蓄率的存在必然会促使高增长率的形成，而人口增长率和高折旧率也会对增长率产生影响，导致增长率降低。

第二,新古典增长模型。

新古典增长理论注重资本积累及其与储蓄决策等的联系,假定经济达到稳态均衡。

该模型首先假设人口增长率 n 恒定,即 $n=n=\Delta N/N$ （5.8）

因此经济需要投资 nk 为新工人提供资本。其次假定折旧是资本存量的不变比率 $d\%$,这使对新机器的需求增加了 dk。因此,保持人均资本水平要求的投资是 $n+dk$。最后假定不存在政府部门、资本流动、对外贸易,储蓄率是 s,则人均储蓄为 sy。并且由于收入与产出之间具有相等的关系,所以可以得出 $sy=sf(k)$ （5.9）

如果人均资本的净变化为 Δk,是储蓄比必要投资多出的部分,则模型为:

$$\Delta k=sy-n+dk \qquad (5.10)$$

稳态定义为 $\Delta k=0$,并且在 y^*、k^* 值满足:

$$sy^*=sfk^*=(n+d)k^* \qquad (5.11)$$

这一模型在研究中并没有对投资情况进行预期,因此也在一定程度上对有保证的经济增长率和实际增长率之间的不稳定关系进行了适当的回避,所以对此进行研究能够得到相应的结论,即经济呈现出稳定增长态势。

索洛在对增长模型进行研究的过程中构建了相应的索洛增长模型,这一模型假设生产和供给方面:$Y=F(K,N)$,使用增长率来预测投入和产出增长的关系,这个预测就是增长核算方程:

$$\Delta Y/Y=1+\theta\times\Delta N/N+\theta\times\Delta K/K+\Delta A/A \qquad (5.12)$$

索洛发现技术进步、劳动供给增加和资本积累按此顺序是经济增长的重要决定因素。

索洛余量的测量:

$$\Delta A/A=\Delta Y/Y-1-\theta\times\Delta N/N-\theta\times\Delta K/K \qquad (5.13)$$

索洛对经济增长的过程进行了概括,认为在任何一个时期内生产要素产生的直接报酬都可以进行适当的调整,进而保证经过调整劳动力和资本能够得到较为充分的利用,这样在研究中就能够借助生产函数公式对档期产出的量加以计算。基于此,对储蓄倾向进行研究可以看出净产出将会在储蓄和投资方面加以应用,从而能够完成对当期资本净积累的计算,再加上已经积累的存货数量,就可以为下一期经济活动提供能够充分利用的资本。

二、经济增长减缓贫困途径分析

经过以上分析,可以看出金融发展从促进储蓄向投资转化、推动人力资本形成和加快技术进步三个方面促进经济持续增长。而经济增长主要通过两条途径来影响贫困:一是涓滴效应;二是亲贫困增长。

第一,涓滴效应。经济增长过程中产生的涓滴效应指出,经济增长对国内经济活动产生的影响,甚至提升国内经济活动水平,促使财政税收进一步增加。借助在经济增长过程中采取一定的措施为贫困者创造更多的就业机会,其带来的收益将自发从富有群体向贫困群体流动。较高的人均收入或消费有利于贫困减少。涓滴效应理论的支持者在研究中提出减少富裕者的税收,能够促使投资和消费得到相应的增加,进而推动经济增长。经济增长一方面使富裕家庭的消费增加,这在很大程度上能够提升整个国家的经济活动。经济活动的提升增加了农村贫困家庭的收入水平。另一方面,经济社会的高速发展对投资和贸易的扩张产生一定的刺激,继而促进企业投资项目的增加,增加贫困人口运用自身劳动力参与经济增长的机会。经济增长为农村劳动人口创造了更多运用其劳动力的就业机会,农村贫困人口从事非农就业活动机会和技能的增加,使家庭的收入来源多元化,从而使绝对贫困程度得到大幅减少。

以上这两个方面存在的相互作用关系,从长远的眼光进行分析,能够极大改善农村贫困现状,经济增长通过涓滴效应缓解贫困地区的贫困状况。

第二,亲贫困增长。亲贫困增长主要是指一种能够保证贫困人口直接参与到社会经济活动中并获得特定效益的经济增长模式,这一主张强调不应该通过间接方式而是直接方式。主张亲贫困增长的学者在研究中指出,政府部门应该结合实际情况尝试制定科学的发展战略,并借助这一战略逐步缩小贫富差距,促进贫困人口利用新出现的经济增长点来提高自身实力,使贫困人口有机会分享经济增长的福利。

亲贫困增长表明,如果所产生的全部收入都基于同一比率而逐步增加,贫困就会以更快的速度下降,因此从这一层面进行分析,亲贫困增长实质就是经济发展成果直接惠及贫困人口的增长。

一是通过税收、转移支付和政府购买服务等减缓贫困。高的经济增长率可以增加税收收入,从而增加政府在贫困地区的社会财政支出,如加强贫困地区道路、水利等基础设施建设;如通过增加对贫困人口的医疗卫生、教育、营养等基本公共服务的供给,向贫困人口进行人力资本投资,提高贫困人口参与经济增长的能力,从而达到减贫的效果。

二是发展劳动密集型产业。增长的方式和效率同等重要,劳动密集型的增长使贫困人口可使用其主要财富——劳动力。它能为贫困人口提供工作机会并提高收入。如东南亚国家奉行的就是这种增长方式,这些国家强调的是广泛的农业开发和劳动密集型工业,取得了减少贫困的好成绩。

三是政府采取有利于增长和贫困人口增加收入的宏观调控措施。如放开农产品价格以及对农产品实施最低收购价格等惠及农村贫困人口;消除不利于就业的歧视现象——如劳动力流动性的限制或实施对农业的补贴政策等等。

综上分析可以看出,经济增长是贫困减缓的前提条件,如果政府能配合出台一系列扶贫政策,实施"亲贫困"经济增长,那么减贫效果将会更加显著。

三、金融发展的收入分配效应

当一个国家在收入分配方面出现不公平和不平等现象，即使社会的经济增长率仍然保持在较高的发展水平上，也无法对贫困的减少产生促进性的影响。一般来说，经济增长能够对贫困减缓产生一定的有利影响，但是由于收入分配差距的存在，会在一定程度上造成不同国家或地区的贫困人口在经济增长过程中所得到的利益不尽相同。

本书认为，收入分配差距的不断扩大，不仅会对涓滴效应的形成造成阻碍性作用，甚至还会导致马太效应的出现，最终使社会上的财富聚集在富人手中，使贫困人口无法获得经济增长带来的收益，对贫困人口贫困状况的改善也无法顺利实施。除此之外，收入分配差距的进一步扩大还会造成贫困人口进一步丧失生产资料，从而陷入到贫困的恶性循环之中，阻碍整个社会经济的发展，对贫困减少产生延缓性的影响。

（一）初始收入不平等对贫困人口的影响

虽然经济增长能够对贫困减缓产生一定的积极影响，但是并不能得出经济增长是贫困减缓的充分条件的结论。经济增长要想保证自身减缓贫困的作用得到充分的发挥就需要保证自身具有广泛的包容性，促使经济增长的效应能够惠及贫困人口。同时，经济增长对减缓贫困的作用也会受到贫困人口参与经济增长的资产基础等相关因素的限制。初始收入差距对经济增长减缓贫困的效果产生着重要的影响，经济增长对贫困减缓的影响程度与收入的初始状况存在一定的关系，即如果初始收入分配差距越小，贫困减缓的效果就愈加明显；如果初始收入分配差距越大，贫困减缓的效果就不太明显。

（二）收入差距扩大对贫困人口的影响

收入差距的扩大造成经济增长涓滴效应的作用逐渐丧失，从而造成收入分配过程中马太效应的出现，即在经济社会中富裕的人更加富裕，贫困者也更加贫困，从而对贫困地区经济条件的改善产生不利影响。收入分配差距的进一步扩大造成农村地区贫困人口所能获得的利益增长份额逐渐减少,人均收入水平受到这一问题的影响也日渐降低,甚至在农村地区形成了低收入群体的收入恶性循环,对贫困的减缓产生较大负面影响。

根据以上分析结果将金融发展带来的经济增长、收入分配和贫困之间的关系具体表述为:

一是在收入分配不平等模式(基尼系数)既定或不变的情况下,人均国民收入水平愈高(低),贫困人口经济福利状况愈好(差),贫困发生率愈低(高)。也就是说,在收入分配模式既定的情况下,经济增长是减贫的关键因素。

二是在经济增长水平(人均国民收入)一定的情况下,贫困人口经济福利(贫困发生率)随着收入分配不平等的改善而改善(或降低)。也就是说,在经济增长水平一定的情况下,收入分配不平等的改善是减贫的关键因素。

三是在没有发生经济增长或经济增长水平极低的国家或地区,如果再加上收入分配严重不平等,这些国家或地区的贫困人口境况最差,极端贫困最严重,贫困发生率较高。

四是最有利于减贫的增长模式是,在经济持续增长的同时伴随收入分配不平等的改善。

第二节　我国金融发展现状与水平分析

鉴于我国金融发展的现状,考虑与贫困相关金融发展的概念,同时结合指标数据的可得性,本部分将主要从金融发展规模、金融发展效率、金融市场结构以及金融中介发展四个方面来分析我国金融发展状况。

一、金融发展规模评价

著名经济学家麦金农提出用经济货币化指数来衡量一个国家的金融总体发展水平,也称麦氏指标。笔者梳理了1978年改革开放以来我国经济货币化的各项数据,从表5-1的数据可以看出,我国金融总量呈现快速增长的局面,尤其是经济货币化程度的增长迅速。1978年我国货币化指数为31.5%,在2015年达到了205.7%,平均增长率高达5.10%,增长速度甚至超过了日本和美国等金融化程度较高的发达国家。

另外我国的货币化指数呈现出明显的阶段性特征,1996年以前,我国广义货币供应量的增长速度处在较低位运行,且小于GDP的增长速度;1996年之后,广义货币供应量的增长速度高位运行,且明显超过了基础货币供应量的增长。1996年到2015年十年间,我国名义GDP年平均增长率为14.7%,而广义货币供应量的年平均增长率为20.5%,广义货币供应量年平均增长率是名义国内生产总值的1.39倍。

表5-1 我国货币化进程一览表

年份	流通中的现金(M0)(亿元)	基础货币(M1)(亿元)	广义货币量(M2)(亿元)	国内生产总值GDP(亿元)	M2/GDP(%)	M1/M2(%)
1978	212.0	948.5	1159.1	3678.7	31.5	81.83
1979	267.7	1177.1	1458.1	4100.5	35.6	80.73
1980	346.2	1443.4	1842.9	4587.6	40.2	78.32
1981	396.3	1710.8	2234.5	4935.8	45.3	76.56
1982	439.1	1914.4	2589.8	5373.4	48.2	73.92
1983	529.8	2182.5	3075.0	6020.9	51.1	70.98
1984	792.1	2931.6	4146.3	7278.5	57.0	70.70
1985	890.0	3340.9	5189.9	9098.9	57.0	64.37
1986	1218.4	4232.2	6721.0	10376.2	64.8	62.97
1987	1454.5	5714.6	8349.7	12174.6	68.6	68.44
1988	2134.0	6950.5	10099.6	15180.4	66.5	68.82
1989	2344.0	7347.1	11949.6	17179.7	69.6	61.48

续表

年份	流通中的现金（M0）（亿元）	基础货币（M1）（亿元）	广义货币量（M2）（亿元）	国内生产总值GDP（亿元）	M2/GDP（%）	M1/M2（%）
1990	2644.0	8793.2	15293.7	18872.9	81.0	57.50
1991	3177.8	10866.6	19439.9	22005.6	88.3	55.90
1992	4336.0	15015.7	25402.1	27194.5	93.4	59.11
1993	5864.7	18694.9	31501.0	35673.2	88.3	59.35
1994	7289.0	20540.7	46923.5	48637.5	96.5	43.77
1995	7885.0	23980.0	60750.0	61339.9	99.0	39.47
1996	8802.0	28512.2	76119.8	71813.6	106.0	37.46
1997	10178.9	34826.0	90995.0	79715.0	114.2	38.27
1998	11204.0	38594.0	104499.0	85195.5	122.7	36.93
1999	13456.0	45837.0	119898.0	90564.4	132.4	38.23
2000	14700.0	53000.0	135000.0	100280.1	134.6	39.26
2001	15689.0	59872.0	158302.0	110863.1	142.8	37.82
2002	17278.0	70882.0	185007.0	121717.4	152.0	38.31
2003	19746.0	84119.0	221223.0	137422.0	161.0	38.02
2004	21468.3	95969.7	254107.0	161840.2	157.0	37.77
2005	24031.7	107278.8	298755.7	187318.9	159.5	35.91
2006	27072.6	126035.1	345603.6	219438.5	157.5	36.47
2007	30375.2	152560.1	403442.2	270232.3	149.3	37.81
2008	34219.0	166217.1	475166.6	319515.5	148.7	34.98
2009	38246.0	220001.5	606220.6	349081.4	173.7	36.29
2010	44628.17	266621.54	725851.79	413030.3	175.7	36.73
2011	50748.46	289847.7	851590.9	489300.6	174.0	34.04
2012	54659.77	308664.23	974148.8	540367.4	180.3	31.69
2013	58574.4	337291.0	1106524.9	595244.4	185.9	30.48
2014	60259.53	348056.4	1228374.8	643974.0	190.7	28.33
2015	63216.58	400953.4	1392278.1	676708.0	205.7	28.80

注：1. 数据来源于《新中国六十年统计资料（1949—2009）》《中国统计年鉴（2010—2015）》，中国统计出版社。

2. 自2011年10月起，货币供应量已包括住房公积金中心存款和非存款类金融机构在存款类金融机构的存款。

二、金融市场结构评价

20 世纪 90 年代以来,新中国金融体制从诞生到逐步成熟,尤其是市场体系已基本健全,以商业银行、证券公司、基金公司以及保险公司为主体的各类金融机构不断发展壮大。国债、债券、股票、基金、保险等金融工具的类型和数量日益丰富,可以说到现阶段我国金融市场的各种金融产品已从原来仅有的简单信贷产品发展到期货等多种金融产品并存的阶段。表 5-2 显示,我国各项金融资产总额从 1978 年的 3196.5 亿元增长到 2014 年的 2812617.64 亿元。

表 5-2　金融资产结构变化一览表　　　　（单位：亿元）

年份	现金	金融机构存款余额	金融机构贷款余额	国内债券余额	股票市值	保费收入	基金资产规模	期货持仓金额	金融资产总额
1978	212.0	1134.5	1850	—	—	—	—	—	3196.5
1979	267.7	1339.1	2039.6	—	—	—	—	—	3646.4
1980	346.2	1661.2	2414.3	—	—	—	—	—	4421.7
1981	396.3	2027.4	2860.2	—	—	—	—	—	5283.9
1982	439.1	2369.9	3180.6	—	—	—	—	—	5989.6
1983	529.8	2788.6	3589.9	—	—	—	—	—	6908.3
1984	792.1	3583.9	4766.1	—	—	—	—	—	9142.1
1985	890.0	4264.9	5905.6	—	—	—	—	—	11060.5
1986	1218.4	5354.7	7590.8	410.8	—	—	—	—	14574.7
1987	1454.5	6517.0	9032.5	562.9	—	—	—	—	17566.9
1988	2134.0	7425.8	10551.3	873.7	—	—	—	—	20984.8
1989	2344.0	10786.2	14360.1	1128.8	—	—	—	—	28619.1
1990	2644.0	14012.6	17680.7	1319.3	—	156	—	—	35812.6
1991	3177.8	18079.0	21337.8	1754.3	—	210	—	—	44558.9
1992	4336.0	23468.0	26322.9	2559.0	1048.1	343	—	—	58077.0
1993	5864.7	29627.0	32943.1	2759.2	3531.0	457	—	—	75182.0
1994	7289.0	40472.5	40810.1	3355.0	3690.6	376	—	—	95993.2
1995	7885.0	53862.2	50358.0	5913.9	3474.3	453	—	—	121946.4

续表

年份	现金	金融机构存款余额	金融机构贷款余额	国内债券余额	股票市值	保费收入	基金资产规模	期货持仓金额	金融资产总额
1996	8802.0	68571.2	61152.8	7727.2	9842.4	538	—	—	156633.6
1997	10178.9	82390.3	74914.1	9658.7	17529.2	773	—	—	195444.2
1998	11204.0	95697.9	86524.1	13563.8	19505.6	1256	107	—	227858.4
1999	13456.0	108778.9	93734.3	17768.1	26471.2	1406	577	—	262191.5
2000	14700.0	123804.4	99371.1	21264.9	48090.9	1598	847.35	145.57	309822.22
2001	15689.0	143617.2	112314.7	25161.1	43522.2	2109	809.24	175.75	343398.19
2002	17278.0	170917.4	131293.9	29390.2	38329.1	3054	1185.56	277.43	391725.59
2003	19746.0	208055.6	158996.2	45903.6	42457.7	3880	1699.22	423.66	481161.98
2004	21468.3	241424.3	178197.8	40657.6	37055.6	4318	3246.34	388.77	526756.71
2005	24031.7	287163.0	194690.0	48503.6	32430.3	4929	4691.38	350.71	596789.69
2006	27072.6	335460.0	225347.0	59816.6	89403.9	5640	8565.05	564.05	751869.20
2007	30375.2	389371.0	261691.0	86351.1	327141.0	7036	32762.32	990.31	1135717.93
2008	34219.0	466203.0	303395.0	99304.4	121366.4	9784	19403.25	740.90	1054415.95
2009	38246.0	597741.0	399685.0	127174.0	243939.1	11137	26024.80	2775.49	1446722.39
2010	44628.17	718237.9	479195.5	204285.3	265422.59	14528	25040.86	3069.22	1754407.54
2011	50784.46	809368.3	547946.7	221842.6	214758.1	14339	21918.55	2974.60	1883932.31
2012	54659.77	917554.8	629909.6	266973.2	230357.62	15484	28661.81	3831.77	2147432.57
2013	58574.4	1043846.9	718961.5	268704.4	239077.19	17222	30021.83	6744.94	2383153.16
2014	60259.53	1138646.6	816770.0	353231.0	372546.96	20235	45374.30	5556.25	2812617.64
2015	63216.58	1357021.6	939540.1	487796.0	531304.2	24283	—	—	

注:该表根据《新中国统计资料(1949—2009)》《中国统计年鉴(2010—2015)》《中国金融年鉴(2014)》数据整理而得。

从表5-2还可以看出,金融资产中的非银行金融资产实现从无到有,快速发展,总金融资产的比率不断扩大。其中,股票市值从1992年的1048.1亿元增加到2015年的531304.2亿元,增长了507倍。保费收入从1990年的156亿元增长到2015年的24283亿元,增长了155倍。基金资产从1998年的107亿元增加到2014年的45374.3亿元。期货持仓金额从2000年的145.57亿元增加到2014年的5556.25亿元。我国金融市场已经逐步由单一的银行存贷款变为有证券、保费的多元化资产，但是我国的银行机构在我国金融市场中仍占主导地位。另据中国人民银行公布的 2016 年 1 月末我国社会融资规模结构数据来看〔指一定时期末实体经济（非金融企业和住户）从金融体系获得的资金余额〕，当前间接融资占较高比重，直接融资比例偏小，表明我国仍需要大力发展资本市场，建立多元的金融体系。

三、金融发展效率评价

金融发展效率用公式表示为：FFR＝金融机构贷款余额/金融机构存款余额。这个指标越大，储蓄向投资的有效转化效率越高，相应的金融效率就越高。根据表 5-2 数据计算的金融发展效率，可以看出自改革开放以来，我国的金融体系逐步发展，但仍处于起步阶段。其中1978 年至 1983 年金融发展效率逐年下降；1984 年中国工商银行成立，为金融业的发展带来了新的契机；1984 年至 1988 年，金融效率稳步上升；1988 年至 2006 年，中国的金融业不断改革、寻求创新，这期间金融效率有一个较大幅度的下降；2006 年我国银行业实行全面对外开放以来，金融业的发展逐渐趋于平稳，金融效率也无较大波动。

四、金融中介发展评价

随着我国金融体制改革的深化，金融中介结构也呈现出多元化的特征，形成了银行金融中介机构和非银行中介机构两大组织体系。其中银行类金融机构主要包括央行、政策性银行、商业性银行、合作性银行等，非银行金融机构主要包括投资公司、保险公司、财务公司等等。

另从金融中介资产构成看，虽然大型商业银行总资产比例呈逐年下降趋势，但在金融中介体系中仍然占有绝对重要的地位。据中国银监会发布的《2016 年第一季度中国银行业统计分析报告》数据显示，2016 年第一季度末，银行业金融机构总资产为 2085578 亿元，其中：大型商业银行总资产为 805071 亿元,占总体的 38.60%;股份制商业银行总资产为 385641 亿元,占总体的 18.49%;农村金融机构总资产为 272263 亿元,占总体的 13.05%;城市商业银行总资产为 238196 亿元,占总体的 11.42%;其他类金融机构总资产为 384408 亿元,占总体的 18.44%。

第三节 金融扶贫间接效应实证分析

一、金融发展对绝对贫困的间接影响

为深入探讨金融发展对贫困减缓的长期影响,研究金融发展对减缓贫困的间接作用机制,本部分运用计量经济分析方法来实证分析金融发展对绝对贫困的间接影响效应。

(一)变量与数据

绝对贫困也称为生存贫困,与维持生命的最低物质条件相关,因此绝对贫困状况我们采用农村居民恩格尔系数(ECO)来衡量。农村居民恩格尔系数是农村居民消费中用于食物支出占总支出的比率,农民收入提高,恩格尔系数下降,说明农村居民生活水平提高,不再只是解决温饱,维持基本生存水平,而注重其他精神方面的享受。因此我们采用农村居民恩格尔系数来反映绝对贫困状况,农村居民恩格尔系数越大,绝对贫困程度越高;反之,农村居民恩格尔系数越小,绝对贫困程度越低。

国际上通常采取 GDP、人均 GDP 增长率和人均 GDP 来衡量一国经济增长速度和水平。人均 GDP 是衡量一个国家经济运行状况的重要指标,反映一个国家的生活水平和富裕程度。本书选用人均 GDP 来反映经济增长,并取对数记为 lnPGDP。

金融发展可以用金融发展规模来衡量。最常用的就是金融相关比

率(FIR),它有两种计算方法,其中戈氏指标为金融资产总量与生产总值之比,而麦氏指标为广义货币存量 M2 与生产总值之比。由于相关数据资料不全,无法直接使用戈氏指标和麦氏指标,本书采用我国金融机构存款和贷款合计与 GDP 的比值来计算金融相关比率,该指标越大,说明金融发展规模越大。

FISC 为财政支农总额占 GDP 比重,由于农业本身的弱质性,改进财政对农业的投入方式和加大投入力度,加大财政对农业的保护力度,能够反映政府经济政策的效果,体现经济增长对绝对贫困的缓解带来的益处。表5-3 为各变量定义及计算方法。

表5-3　各变量定义与计算方法

变量符号	指标含义	变量计算方法
ECO	绝对贫困指标	农村居民恩格尔系数
lnPGDP	经济增长	人均 GDP 的对数
FIR	金融规模	金融机构存款和贷款合计与 GDP 的比值
FISC	财政支农	财政支出占 GDP 的比重

鉴于时间序列分析对数据的要求,选择 1978—2014 年的数据,数据主要来源于历年《中国统计年鉴》《新中国六十年统计资料汇编》和《中国金融年鉴》等,表5-4 为各变量的统计性描述。

表5-4　各变量的统计性描述

变　量	ECO	lnPGDP	FIR	FISC
均　值	0.5205	8.3749	1.9392	0.0129
中位数	0.5481	8.6824	1.8068	0.0111
最大值	0.6770	10.7622	3.0365	0.0224
最小值	0.3700	5.9532	0.8279	0.0070
标准差	0.0823	1.5290	0.6867	0.0051
观测值	37	37	37	37

（二）单位根检验

为了防止产生伪回归，需要对时间序列数据进行单位根检验。本书利用统计软件 Eviews 8.0 对数据进行单位根检验。

检验结果见表5-5，可得 ΔECO、$\Delta lnPGDP$、ΔFIR 和 $\Delta FISC$ 序列在一阶差分后是平稳的，因此 ECO、lnPGDP、FIR、FE 和 FISC 变量均为 I(1)序列。

表 5-5　指标数据的单位根检验结果

指　标	ADF 检验值	临界值（1%）	临界值（5%）	临界值（10%）	概率值 P	结论
ECO	−1.79727	−4.23497	−3.54033	−3.20245	0.6852	不平稳
lnPGDP	−1.23798	−4.27328	−3.55776	−3.21236	0.8850	不平稳
FIR	−0.55332	−3.63941	−2.95113	−2.61430	0.8680	不平稳
FISC	−1.01259	−4.23497	−3.54033	−3.20245	0.9296	不平稳

（三）模型构建与协整检验

经过单位根检验可知各变量都是一阶单整序列，则变量间有可能存在长期稳定的关系。因此用 EG 两步法做协整检验，判断变量之间是否存在协整关系。

EG 两步法先建立 lnPGDP 与 FIR 的回归模型，运用 OLS 进行协整回归，得到协整方程：

$$\ln PGDP = 4.1514 + 2.178\, FIR$$
$$(25.8099)\ (27.8142) \qquad\qquad (5.14)$$

$$R^2 = 0.9567 \qquad \overline{R}^2 = 0.9555 \qquad F = 773.63$$

然后对协整方程中的残差项 e_t 进行单位根检验，e_t 的 ADF 统计量为 −4.008 < C0.01 = −2.633，在 1% 的显著水平下是平稳的，说明人均 GDP 与金融发展规模之间存在长期均衡的协整关系。从方向上来看，金融相关比率（FIR）与人均 GDP（lnPGDP）之间呈正向关系，即金融相

关比率越大,人均 GDP 越高,经济发展越快。从实证的结果可以得出,长期来看,现阶段扩大金融发展规模对经济增长具有积极的作用。金融发展可以动员储蓄,增加了农村物质资本的积累,通过投资效应提升了人力资本积累水平,通过资源配置效应推动技术进步,进而促进农村经济增长。

EG 两步法先建立 ECO 与 lnPGDP、FISC 的回归模型,运用 OLS 进行协整回归,得到协整方程:

$$ECO = 0.9659 - 0.0492\, LnPGDP - 2.594\, FISC$$
$$(34.5307)(-15.8787)(-2.7740) \qquad\qquad (5.15)$$
$$R^2 = 0.8882 \qquad \bar{R}^2 = 0.8817 \qquad F = 135.009$$

然后对协整方程中的残差项 e_t 进行单位根检验,e_t 的 ADF 统计量为 $-2.5733 < C0.05 = -1.9504$,在 5% 的显著水平下是平稳的,说明变量之间存在协整关系,即人均 GDP、财政支农与农村居民恩格尔系数之间存在长期均衡关系。人均 GDP(lnPGDP)与农村居民恩格尔系数(ECO)之间呈显著的反向关系,即人均 GDP 越大,农村恩格尔系数越小,绝对贫困水平越弱,说明从长期看,在经济增长的影响下,贫困地区的生产要素条件能够得到相应的改善,生产力水平不断提升,农村贫困人口从事非农就业活动机会和技能的增加,使家庭的收入来源多元化,农村居民的收入增加,使绝对贫困程度得到大幅减少。金融能够促进经济增长,经济增长使得绝对贫困程度减弱,因此金融发展通过经济增长对缓解贫困的间接作用能够体现出来。

财政支农占比(FISC)与农村居民恩格尔系数(ECO)之间也呈显著的反向关系,即财政支农占比越高,农村恩格尔系数越小,财政支农对恩格尔系数的下降具有促进作用。从实证的结果可以得出,长期来看,政府加大财政对农业的保护力度,对"三农"的经济政策效果已经显现。经济的增长在一定程度上会促使增长收益的机会以及经济建设过程中产生的财政资源进行重新分配,这种重新分配方式会逐步扩大对农村地区、贫困地区的投资或者为贫困人口提供大范围的转移支付。这与前面的理论分析是一致的。

(四)格兰杰因果检验

协整检验表明,金融发展规模与人均 GDP 之间,人均 GDP、财政支农与农村居民恩格尔系数之间存在长期均衡的关系,但是不能判断金融发展规模与人均 GDP 之间、人均 GDP、财政支农与农村居民恩格尔系数之间存在的因果关系。因此采用 Granger 因果关系进行检验。

表 5-6　Granger 因果关系检验结果

原假设	F 值	P 值	结论
PGDP does not Granger Cause FIR	9.0160	0.0009	拒绝
FIR does not Granger Cause PGDP	13.1438	0.0001	拒绝
PGDP does not Granger Cause ECO	2.3965	0.0784	拒绝
ECO does not Granger Cause PGDP	1.2429	0.3195	接受
FISC does not Granger Cause ECO	12.5753	0.0001	拒绝
ECO does not Granger Cause FISC	0.0559	0.9457	接受
FISC does not Granger Cause PGDP	0.6019	0.5542	接受
PGDP does not Granger Cause FISC	6.9365	0.0033	拒绝

表 5-6 检验结果显示,FIR 与人均 GDP 互为格兰杰因果关系,说明金融发展规模与经济增长之间存在互相的因果关系。人均 GDP 在 10%的显著性水平下拒绝原假设,是农村居民恩格尔系数 ECO 的格兰杰原因,而农村居民恩格尔系数 ECO 不是金融相关比率 FIR 的格兰杰原因;财政支农 FISC 是农村居民恩格尔系数 ECO 的格兰杰原因,但农村居民恩格尔系数 ECO 不是财政支农 FISC 的格兰杰原因,它们之间存在单向的因果关系;人均 GDP 是财政支农 FISC 的格兰杰原因,但财政支农 FISC 不是人均 GDP 的格兰杰原因。

因此,金融发展与经济增长互为因果关系,而人均 GDP、财政支农对绝对贫困减缓具有显著的 Granger 影响,由此可见,金融促进经济增长,经济增长对缓解贫困具有积极影响,金融发展通过经济增长对缓解贫困的间接作用显现出来,这与协整分析的结果是一致的。

二、金融发展对相对贫困的间接影响

本部分通过建立 VAR 模型,运用脉冲响应函数和方差分解来分析金融发展对相对贫困的间接影响效应。

(一)变量与数据

收入差距是反映贫富差距的重要指标,本书厘城乡收入差距来衡量相对贫困程度。反映城乡收入差距的指标有很多,如泰尔指数、城乡收入比、基尼系数等等,我们采用最常用的指标——城乡收入比,来衡量城乡收入的差距,从而反映相对贫困程度。

金融发展指标从金融规模和金融效率两个方面来衡量。金融规模即金融资产数量的扩张,反映金融规模最常用的指标是金融相关比率(FIR)。由于相关数据资料不全,无法直接使用戈氏指标和麦氏指标,本书利用我国金融机构存款和贷款合计与 GDP 的比值,来反映金融发展规模。金融效率即金融资源利用效率,反映金融效率的指标:非国有经济获得银行贷款的比率(King 和 Levine 1993)、存贷比、私人部门的信贷量与名义 GDP 之比(亚洲开发银行)等。鉴于我国金融发展的实际情况以及数据的可观测性,选取存贷比(FE),即金融机构贷款与存款的比值,反映金融发展的质量。鉴于数据的可得性,本书实证研究数据的时间跨度为 1978—2014 年,数据来源于历年《中国统计年鉴》《中国金融年鉴》、统计公报等。

(二)VAR 模型建立

VAR 模型无需事先区分变量的外生性和内生性,可以较合理地描述变量间的互动关系。由于本模型采用的是时间序列数据,为了避免产生伪回归,本书利用统计软件 Eviews 8.0 对数据进行单位根检验。

检验结果见表 5-7 所示,可得 ΔINC、ΔFIR 和 ΔFE 在 1% 的显著水

平下是平稳的时间序列,因此 INC、FIR 和 FE 均为一阶单整序列,它们满足构造 VAR 模型的必要条件。

表 5-7　指标数据的单位根检验结果

指标	ADF 检验值	临界值（1%）	临界值（5%）	临界值（10%）	概率值 P	结　论
INC	-1.51957	-3.63290	-2.94840	-2.61287	0.5121	不平稳
ΔINC	-3.09712	-2.63269	-1.95069	-1.61106	0.0029	平　稳
FIR	-0.55332	-3.63941	-2.95113	-2.61430	0.8680	不平稳
ΔFIR	-4.12603	-2.63269	-1.95069	-1.61106	0.0001	平　稳
FE	-1.04773	-4.23497	-3.54033	-3.20245	0.9240	不平稳
ΔFE	-3.83072	-3.63290	-2.94840	-2.61287	0.0060	平　稳

利用 AIC 信息准则和 SC 准则,确定 VAR 模型的最大滞后阶数为 2,其模型估计结果见表 5-8。

表 5-8　VAR 模型的估计结果

	INC	FIR	FE
INC(-1)	1.319091	-0.03839	-0.1079
INC(-2)	-0.61246	0.041691	0.039898
FIR(-1)	-0.07779	1.016631	-0.01976
FIR(-2)	0.209699	-0.20378	0.010188
FE(-1)	-0.13374	0.058529	1.133103
FE(-2)	-0.00569	-0.42799	-0.29093
C	0.683887	0.78573	0.34356

为检验估计的 VAR 模型的稳定性,可以利用 VAR 根的图 5-1 来判断。若被估计的 VAR 模型,所有的根在单位圆内,则建立的 VAR 模型是稳定的。如果 VAR 模型不稳定,某些结果如脉冲响应函数的标准差将不是有效的。

图 5-1 给出前面 VAR 模型单位根图形的结果,所有根模的倒数都落

在单位圆内,即所有的特征根都大于1,因此建立的 VAR 模型是稳定的。

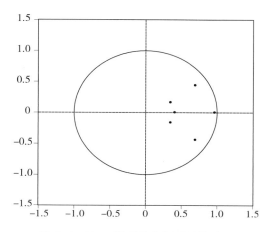

图5-1 VAR 模型单位根图形的结果

(三)脉冲响应函数

本书通过采用脉冲响应函数分析方法考查金融规模、金融效率与城乡收入比之间的动态关系。图 5-2 横轴表示冲击作用的带后期长度,设定为 10 年,纵轴表示内生变量对冲击的响应程度。

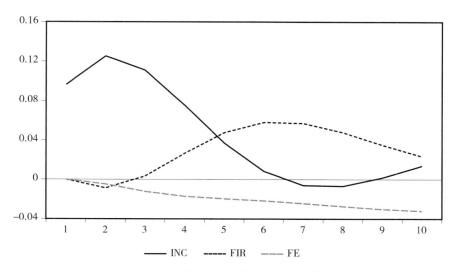

图5-2 城乡收入比的冲击反应曲线

图 5-2 显示城乡收入比的冲击反应情况。城乡收入比对自身一个标准差冲击后,立刻有较强的反应,并于第 2 期达到最大,约为 0.1254,随后迅速下降,在第 7 期开始出现负值,后又有所回升,在零值附近波动,这说明,城乡收入比对自身冲击的反应比较敏感。在图 5-2 中,当给金融相关比率一个标准差的冲击后,第 1 期从零开始,第 2 期对城乡收入比表现为负向冲击,随后开始逐步上升,在第 3 期之后转为正向,在第 6 期达到最大值 0.0582,后有所回落,但仍呈正向响应。因此,在短期内,金融相关比率越大,城乡收入差距越小,也就是金融规模的扩张,对城乡收入差距的减少起到促进作用;但从长期来看,金融相关比率越大,城乡收入差距越大,说明长期来说,金融规模的快速扩张,使得金融资源更多地流入城市,不能更好地减少城乡收入的扩大,降低相对贫困的发生。当给存贷比一个标准差的冲击后,第 1 期从零开始,之后给城乡收入比带来的都是负向冲击,后期影响更为显著,第 10 期达到-0.0321。这说明存贷比越大,城乡收入差距越小,金融效率对城乡收入差距的减少具有显著的积极作用,能够有效降低相对贫困程度。这与前面协整检验的结果是一致的。

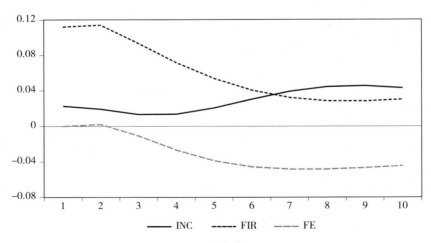

图 5-3　金融规模的冲击反应曲线

图 5-3 显示金融规模的冲击反应情况。当金融相关比率对城乡收入比一个标准差的冲击后,第 1 期达到 0.0225,随后缓慢下降,到第 4 期开始缓慢上升,都是正向影响。这说明,城乡收入比增大,城乡收入差距加剧,伴随有金融规模的扩张。金融相关比率对自身一个标准差的冲击后,第 1 期、第 2 期处于较高的位置,达到 0.1139,之后明显回落,说明金融规模对自身具有一定的促进作用。当给存贷比一个标准差的冲击后,第 1 期从零开始,其后有上升的趋势,随后快速下降,从第 3 期以后均为负向影响,说明金融效率的提升对金融规模具有限制作用。

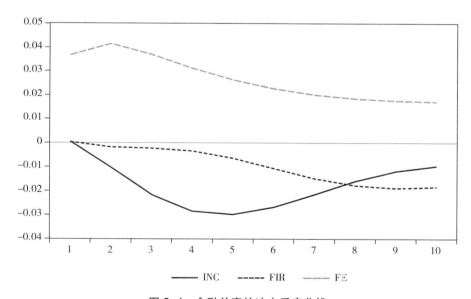

图 5-4 金融效率的冲击反应曲线

图 5-4 显示金融效率的冲击反应情况。城乡收入比对存贷比的影响,从第 1 期 0.0006 开始迅速下降,第 5 期达到负向最大值、约为-0.0299,其后有缓慢上升,但均为负向影响。这说明,城乡收入比越大,城乡收入差距加大,相对贫困加剧,不利于金融效率的提升,不利于金融资源的优化配置。当给金融相关比率一个正向冲击后,第 1 期

从 0.0004 开始缓慢下降,对存贷比的影响为负值,第 9 期达到 -0.019,说明金融规模的扩张并未带来金融效率的有效提升。给存贷比自身一个标准差的冲击后,第 1 期从 0.0367 开始上升,第 2 期达到最大值,约为 0.0415,随后逐渐回落。这表明金融效率受自身的影响较大,对其自身增速有显著的促进作用。

(四)方差分解分析

方差分解的主要思想是通过分析每一个结构冲击对内生变量变化的贡献度来评价不同结构冲击的重要性,并给出对 VAR 模型中的变量产生影响的各个随机扰动的相对重要性信息。它主要研究 VAR 模型的动态特征,城乡收入比的方差分解结果见表 5-9。

表 5-9　城乡收入比的方差分解结果

Period	S.E.	INC	FIR	FE
1	0.09644	100.00000	0.00000	0.00000
2	0.15851	99.59835	0.09562	0.30603
3	0.19389	99.29366	0.47258	0.23376
4	0.21047	97.11906	1.07044	1.81050
5	0.21987	91.86048	1.78233	6.35719
6	0.22863	85.08619	2.55028	12.36353
7	0.23702	79.24096	3.42954	17.32950
8	0.24345	75.18789	4.52500	20.28712
9	0.24783	72.55956	5.86291	21.57753
10	0.25137	70.83313	7.33219	21.83468

从表 5-9 可以看出,城乡收入比受自身的影响最大,在滞后 10 期方差解释率为 70.83%,这说明城乡收入仍存在较大差距,需要长时间的改善。金融效率对城乡收入比的方差贡献率相对较大,从第 5 期以后效果更加明显,在滞后 10 期贡献率达到 21.83%。金融规模的方差贡献率相对较小,仅达到 7.33%。这说明金融效率对城乡收入差距的

作用更大,城乡收入差距的缩小,相对贫困的减少,更多是需要金融效率的提升,而不是金融规模的盲目扩大,这与前面的分析结果也是一致的。

三、金融发展减贫效应分析与政策建议

(一)金融发展减贫效应分析

本部分通过协整检验、格兰杰因果检验研究了金融发展与经济增长之间、经济增长与绝对贫困程度之间的长期均衡关系,并利用脉冲响应函数分析了金融规模、金融效率与相对贫困程度之间的动态响应关系,利用方差分解判断变量之间的相互作用及对其贡献率,可以得出以下结论:

1. 金融发展规模扩大有助于绝对贫困减缓

从长期来看,金融发展与经济增长之间、经济增长与绝对贫困程度之间存在着长期均衡的关系。金融发展规模与经济增长之间呈正向关系,经济增长、财政支农与农村居民恩格尔系数之闰呈显著的反向关系。这表明,金融发展能够促进经济增长,而经济增长能够促进生产力水平的提升,提供更多的就业机会,使家庭的收入来源多元化,增加农村居民收入,从而使绝对贫困程度大幅降低。财政支农使经济建设过程中产生的财政资源进行重新分配,加大对农业薄弱环节的保护力度,对农村地区、贫困地区提供更多的资金支持,为贫困人口提供大范围的转移支付,进一步改善绝对贫困的状况。金融发展通过经济增长对缓解贫困的间接作用才能够体现出来。

2. 金融发展效率提升有助于相对贫困减缓

脉冲响应的结果表明,在短期内,金融相关比率越大,城乡收入差距越小,换言之金融发展规模的扩张,对城乡收入差距的减少起到促进作用;但从长期来看,金融规模越大,城乡收入差距越大,说明从长期来看,金融规模的快速扩张,使得农村金融资源更多地流入城市;金融资

源配置不均衡,制约着农村经济的发展,不能更好地遏制城乡收入的扩大,降低相对贫困的发生;而金融效率对城乡收入差距的减少具有显著的积极作用,金融资源利用效率和服务效率的提高,能够更好地改变金融资源配置的扭曲,方便贫困人口享有快捷的金融服务和金融产品,提升整体经济运行效率和经济效益,有助于相对贫困的改善。方差分解的结果表明,金融效率对城乡收入差距的贡献率较大,这说明城乡收入差距的缩小,相对贫困的减少,更多是需要金融效率的提升,金融资源的优化配置。

（二）政策建议

1. 构建多层次金融服务体系,增加贫困地区金融供给

发挥政策性金融和商业性金融的互补作用,构建多层次的金融机构体系,增加贫困地区的金融服务网点,而不是盲目地扩大金融信贷规模。整合各类扶贫资源,创新扶贫项目,开辟扶贫开发资金渠道,减少资金向城市的回流现象,着重解决弱势群体的基础金融服务需求问题,做好金融服务,增加金融的有效供给。

2. 加大财政转移支付力度,扩大贫困地区有效金融需求

政府设立相关转移支付资金,加大对农村地区、贫困地区的扶持力度,强化财政综合扶贫政策体系,促进贫困地区加快发展步伐,帮助扶贫对象提高收入水平,不断改善贫困人群生产生活条件,满足人们的公共产品需求,促进人的全面发展,使得金融发展通过经济增长对缓解贫困的间接作用充分显现出来。

3. 加大金融创新力度,提高金融资源利用效率

注重各类金融产品和金融服务的科学集成,为创新发展营造良好的金融环境。利用互联网金融、移动金融,积极探索"投贷联动"等新模式,丰富金融产品,对传统经营模式和服务方式进行创新,动态满足不同层次的贫困人群的特色金融需求,改变金融资源配置的扭曲,提升资金利用效率和服务效率。

第六章　金融扶贫国外经验借鉴

第一节　发达国家农村金融发展概况

众所周知,西方发达国家在增加农业投入、加大农业扶持方面非常善于利用金融政策与金融手段,以至于其农业综合功能与科技水平强,农业生产率高,农民收入稳步提升,考察其农村金融发展情况,有许多经验值得参考与借鉴。

一、美国农村金融发展概况

尽管美国是世界第一经济大国,但仍然饱受贫困与失业等问题的困扰。相关数据显示[1],美国的贫困率和贫困人口多年来并无显著的降低,2013 年美国贫困率为 14.5%,2014 年这一数字为 14.8%,贫困人口总数为 4670 万人。当然,衡量贫困的标准不同,既有绝对贫困标准,又有相对贫困标准,而美国衡量贫困问题遵循的是相对贫困准则,从这个标准考察,美国是世界贫困率较低的国家。从美国的治贫经验来看,这种成绩既取决于经济持续增长下健全的社会保障制度,也是因为美国建立了一个联动发展、相对完善的农村金融机构体系,为美国农村发展与扶贫奠定了良好的基础。20 世纪初美国的农村金融体系正式启动,到现在已经形成了较为成熟的金融支持农村发展的一整套体系。

---

① 万相昱、张涛:《中国的经济增长为世界经济作出了重要贡献》,《红旗文稿》2017 年 7 月 11 日。

这一完善的体系包括农村政策性金融、农村商业银行、农村合作金融与农村保险,其中,农村政策性金融是辅助,农村商业银行是基础,农村合作金融是主体,农村保险是补充,这一体系有力地保障了美国农村治贫的顺利开展。

(一)农业政策性金融机构在推动农业发展上作用突出

20世纪30年代,为促进农业发展与缓解经济危机美国组建了专门的农村政策性金融机构(如农民家庭保险局、农村电气化管理局、小企业管理局、商品信贷公司),由政府专项拨款,面向本国农村的基础设施建设(如水利建设、农房建设等)与农业发展提供信贷服务与资金咨询,利用低利息、贷款时间长的优惠性贷款对农业建设与自然灾害所造成的损失等提供资金支持,有效地满足了农业资金需求。如农民家庭保险局的资金主要贷款对象是那些难以从商业银行借款的贫困弱势农民,以帮助其解决资金短缺问题;农村电气化管理局为农村电力和通信等基础设施建设给予信贷扶持与资金帮助;小企业管理局则针对农村小企业提供融资帮助与咨询、技术服务;商品信贷公司则主要对农业生产给予优惠性贷款,进一步促进了农业生产与经营。

(二)商业性金融机构对农业发展的支持作用不容小觑

按照美国银行管理规定,但凡商业银行给予农业贷款超过贷款总额25%及以上者,均可享受税收优惠。作为农村金融体系的主体,商业银行在此政策激励下,积极面向农村提供短期、中期、长期贷款,充分而有效利用和调动农村资源,为农业生产提供信贷渠道和增加资金,作用显著。

(三)农村合作性金融机构是金融体系中十分重要的一部分

20世纪初期由美国农业信贷管理局组建了覆盖面广的农村合作金融体系,在全美分别设立信贷区,每个信贷区均组建了信贷银行、土地银行与合作银行。这三大银行系统主要为农场主提供金融服务,促进农场规模化从而带动农村人口就业。同时,社区性金融机构在满足社区居民的信贷需求方面具有不可替代的作用,尤其是《社区再投资法案》的提出,更是推动了社区经济的发展。

(四)农业保险保障体系有效分散农业金融风险

该体系主要由三类机构构成:政府建立的联邦农作物保险公司、私人投资的保险公司与农作物保险协会。农业保险体系通过保费补贴、再保险、免征税费等形式在农业风险管理、规避风险方面给予扶持,增强农民和私营保险企业参与的积极性,让农民能更好地管理自己的商业风险,减少自然灾害对农业经营与生产的冲击,防止因自然灾害等意外事件而致贫,有效地维护农村稳定,促进农业经济的发展。此外,美国联邦政府还通过一系列的政策支持,比如给予利率优惠、存款保证金、减免税收等,对美国的农村金融机构进行了政策扶持。

二、法国农村金融发展概况

法国也是农业生产率高、现代化程度高、农民福利高的国家之一。其农村金融支持政策也有许多独到之处,具体体现在以下三点:

(一)农业信贷体系较为完善

法国也是世界上较早拥有政策性农业金融机构的国家,法国政府于 19 世纪已通过立法的手段形成了专门的金融支持农业体系,促使农业得以发展,农民福利得以提升。其农村金融治贫体系始于 1894 年法国政府组建的农业信贷互助银行,帮助农民成立信用合作社,解决短期资金周转问题;19 世纪末,法国又组建了农业信贷区域银行,参与基层地方银行的贷款业务。20 世纪 20 年代初设立了国家农业信贷管理局,6 年之后政府将其改建为专门管理地方/地区银行的国家农业信贷金库(银行),与农业信贷互助银行一起配合发展成了法国基层信贷组织,至此,全国性的农村信贷体系得以形成。可见国家农业信贷金库/银行(总行)、农业信贷地区金库/银行(地区行)和农业信贷地方金库/银行(地方行)构成了法国的农业信贷体系。其中,总行是政策性金融机构,而地区行、地方行是合作性质的金融组织,而且这些地区行与地方行在法国有1万多个分支机构,作为基层金融机构,面向农村提供各类金融投资与咨询服务。

(二)农业保险作用发挥充分

19世纪中叶,法国保险组织为了应对经济危机,通过加强与农村社会的联系,满足农民的不同需要,使得一些农业行会组织应运而生且持续发展。法国农业保险涉及的保障范围包括牲畜死亡、冰雹、火灾等等,以此规避农业生产经营风险,保障自身的经济安全。1900年7月,法国颁布实施相关法律法规,确立了农业行业组织法律地位,农业互助保险出现了方兴未艾的大好形势,互助保险公司相继创立,根据1936年的统计数据,当时就有4万余家的互助保险公司相继成立。法国政府除颁布了《民典法》等一系列法律,以法律形式保护农民利益,还专门对一般的商业保险不愿意覆盖的农业领域进行了保险调控。并且通过整合行为组建了政府级别的互助合作保险组织。正是通过法国政府的大力扶持,保险公司如雨后春笋般迅速发展,同时,根据农业的实际情况制定了相应的保险业务项目。1966年法国为了更加有效地分担风险,还专门创立了再保险机构,中央为地区再保险,地区为地方再保险,层层保险,增强了其整体的能保能力。1980年以后,法国政府还通过政府财政拨款资助专门成立了研究农业风险的学科与机构,这种农业风险的研究确实在一定程度上有利于规避农业风险,保证农业生产经营的安全。20世纪中后期,法国又相继组建了农业互助保险集团,此机构重视研究农村市场的需求与特点,并结合农户自身的需求,除了涉及相关的农业保险,甚至对农户的个人也设置了专门的人身保险。截止到2015年,该集团保费收入122亿欧元,净资产达到45亿欧元,正是由于国家层面组建了专门的保险集团,才极大地推动了法国农业保险市场的成熟。

（三）财政资金补贴农业金融

通过政策性金融倾斜,基层金融机构均可获得国家财政的支持,比如补贴利息、优惠税收等,以此来发展农业经济与建设。在法国唯一享受政府贴息的银行是法国的农业信贷银行,20 世纪 90 年代法国就开始制定各种贴息政策,这些政策都是由中央财政兜底,直接通过补贴利息来弥补贷款利率的差额,此方法至今仍是法国降低贷款利率的一种有效手段,毕竟它能切实地减轻贷款者的负担。以 2014 年为例,法国政府财政补贴农业总共 131.88 亿法郎,定标利率被设定为 7.5%,其中财政补贴 3%,剩余部分由农户支付。除此之外,政府还增加了农民贷款的最高限额,达到 10 万—25 万法郎,贷款期限也随之延长,延长至 15—18 年,这些举措都极大地提升了农民的生产积极性,从而推动了农业经济的健康发展。

三、德国农村金融发展概况

（一）合作性金融具有特色

德国的农村信用合作社始于 1847 年,其体系呈现为典型的金字塔结构,这种特色结构如阶梯一般从低到高按层次分为三种:地方合作银行、区域合作银行以及中央银行。在这一体系中,地方合作银行主要由个体或私营业主组建而成,区域合作银行是由地方合作银行入股而建的,而中央银行是国家级的中央管理机构,是具有指导性功能的机构。为地区、地方合作银行提供资金融通、支付与结算和保险、证券等金融服务。德国的合作性农村金融体系层次分明,上下贯通一致,是一个比较完善的资金融通和清算系统,这种既分层次又具统一性的体系,不仅保证了合作银行资金的收益性与流动性,更保障了合作金融机构的规范发展。而这金字塔体系之中的三个层次的关系,既不是支配与被支配的从属关系,也不是上下级的行政附属关系,而是一种协调互动的合作关系。这三个层次的合作性金融机构作为独立的法人,通过自上而下服务、自下而上逐级持股,构建了良好的经济协同合作模式。这种独特的经济协同模式使得德国虽然在合作金融方面政府没有给予优惠政策,但是它通过其自身较为完善的风险防范措施与较为健全的资金融通体系,切实推动了资金的充分流动,保障了经济效益的提升,从而促进合作金融机构快速而健康的不断发展。

(二)全国信用合作联盟提供服务保障

德国所有的合作金融机构,不论是地方合作银行、区域合作银行还是中央银行均自愿加入了全国信用合作联盟,受其监督,并为会员提供服务。有时也会和政府进行合作,审计、监管其他银行。

(三)利用财政货币政策,以扶持农村金融

由于农业的特殊地位,德国政府出台了一系列政策限制农业贷款利息、对基本的农业生产与农村基础设施建设进行利息补贴、降低存款准备金比例等一系列财政货币政策以支持农村金融发展。

四、日本农村金融发展概况

(一)形成了完善的合作农村金融体系

日本的农村金融体系由三个层次构成。第一层次为基层机构:由个体农民、集体入股组建基层农协会,面对农户提供存贷款业务,入社成员具有获得优先贷款权力并具有信贷、保险等功能。第二层次为中层机构:都、道、府、县行政区组织建立信用联合会。因为基层农协会的部分资金会存至信用联合会,所以信用联合会发放的贷款以基层的需要为首要的考量,用于发展农业经济。第三层次为高层机构:日本公库又名农林渔业金融公库,此公库是政策倾向的金融机构,在农业基础设施建设、农业扩大融资等业务方面进行投资,专门用于促进农业、林业、渔业发展。这三个层次是独立的运营机构,只有经济交流,而没有政治上的隶属关系。

（二）建立了独具特色的农业互助模式的保险体系

1939 年日本政府开始实行《农业保险法》，日本保险制度自此得以确立。此种互助模式的保险体系分设了三个层级：基层的保险合作社、区域性的农业保险组合联合会、政府领导的农业保险协会。处于低层的保险合作社可以直接面向农户承办农业保险业务，处于中间层次的区域性的农业保险组合联合会为前一个层级的保险机构分保，承担风险，处于最高层级的政府会承担第二层级的再保险责任，真正形成了互助合作的模式。除了二次再保险的机制以外，日本政府还设立了农业基金，当出现意外灾难时，可以弥补三级保险的差额，切实保证农户利益。

（三）政府利用财政手段对农业经济提供了支持

比如日本政府会直接通过优惠存款利率、优惠税收等手段为农业发展提供扶持，也会通过政府贴息手段将这部分补贴直接拨付给农协金融机构。

第二节　发展中国家农村金融发展概况

一、孟加拉国农村金融发展概况

孟加拉国是世界上最贫困的国家之一，1976 年尤努斯教授成立的格莱珉银行有效地缓解了孟加拉国的贫困状况，被公认为是世界上微型金融运作最成功的国家，也使其成为世界上微型金融的诞生地。孟加拉国乡村银行因而被当作公认的反贫困的成功范例。

孟加拉国乡村银行与其本国的金融制度呈现平行态势，甚至在某些方面它与部分国家政策相比，更具有相对独立性，不必遵循相关条例，不实行利率封顶政策。孟加拉国乡村银行实行的是短期、小额度贷款，贷款对象是广大偏僻乡村的农民。同时还经常进行信息交流，实现信息互补，互相借鉴科学技术与知识，以提升借贷人的发展能力与还款能力。因此，与其说它是银行，倒不如把它称为非营利的社会服务信息机构。孟加拉国政府提供的低利息贷款、其他国际金融机构提供的贷款以及慈善捐款是孟加拉国乡村银行主要的资金来源。

孟加拉国乡村银行的小额信贷的特征与其他国家不同，本着尊重穷人，帮助他们挖掘自身潜力的精神，提出了自己的目标：针对的是贫困中的最贫困群体，并以贫困者中的妇女作为主要目标，为穷人的发展提供外部支持，给穷人自我发展的机会，并给予穷人某些权利，比如无须担保就可以向穷人贷款，真正打破了贫困的恶性循环。孟加拉国乡村银行确立了自己独特的运作机制，其一直遵循着小额贷款原则、只向穷人贷款的原则、重点向妇女贷款的原则、建立互助组织的原则。比如50周还款制度与连带小组制度。其中，连带小组制度是小额信贷的根基，是监督项目落实的核心。在提供小额贷款时，无须提供担保和抵押，以小组联保的方式相互监督，形成约束机制，并负责检查资金使用情况。这些制度促进了农村信贷扶贫工作的顺利开展，也是乡村银行得以运转的前提条件。

总之，孟加拉国乡村银行在很多方面都进行了革新，尤其在金融制度和金融产品上创新良多，比如乡村银行推出的教育贷款、奖学金制度、设立了农村就业支持基金会，扩展了小额信贷的传统业务范围，切实改变了当地落后的经济文化情况。尤其值得一提的是农村就业支持基金会，该基金会为非营利性公司，注册资金高达1.7亿美元，资金来源于国内外捐款与国际贷款，由7名独立的社会知名人士组成了其董事会，董事会7名董事单独开展工作，并通过调查分析、审计，对合作机构实行监督管控，同时帮助其制定长远的发展规划，切实推动了小额信贷机构的良性竞争与可持续发展。

二、印度农村金融发展概况

印度人口中有近7成是农民，其中处在贫困线以下人口大约2.7

亿,农业产值占国内生产总值的比重相对于其他产业占绝对优势,农业对国民经济增长的促进作用是决定性的,而从事农业生产的农民大部分都是贫困人口。为进一步发展农业和消除贫困,印度探索出政府主导、多方参与、职责明确、互助合作的模式。中央政府还就农村金融网点数量少的情况进一步扩大了金融服务覆盖面的比例。据相关数据显示,每两个营业网点平均覆盖一万名农村人口,覆盖程度十分罕见。为满足农村贫困人口对金融服务的需求,印度政府专门颁布法令,要求建立区域性农村银行。印度目前的区域性农村银行有分支机构及营业网点 1.4 万多个,是信贷服务落后地区向贫困农户提供信贷服务的最主要的金融机构。为鼓励与促进各类金融机构积极主动参与农村地区金融服务市场,印度专门成立了国家农业和农村发展银行,向合作银行、地区农村银行以及商业银行等农村金融机构提供贷款;商业银行与在农村地区提供信贷服务的机构合作,通过资产证券化向这些机构融出资金,实现优势互补。存款、信贷保险公司为贷款的贫困农户提供再保险业务,而且,政府还实行利率优惠政策,通过利率补贴来降低农户负担。此外,由政府组织和推动,10 至 20 名贫困农户组成自助小组。自助小组成员共同出资成立共同基金,自助小组商议决定动用共同基金向小组成员发放小额信用贷款;当共同基金无法满足自助小组成员的资金需求时,银行会向自助小组提供小额贷款,对信用良好的自助小组增加贷款额度,促进其自身发展。银行向自助小组发放的贷款执行优惠政策。当前,印度中央银行贷款平均利率为 11%,向农民发放的贷款利率为 9%,向自助小组发放的贷款利率为 8.5%。现在,自助小组是印度贫困人口融资就业的重要载体。

三、印度尼西亚农村金融发展概况

印尼的小额信贷活动既包括官方活动也包括非官方活动,既有政府参与,也有非政府参与,还有银行参与。政府一般由各部自行组织相关活动,比如组织农民的创收项目等,非政府活动虽然规模比较小,但种类繁多,银行的金融服务活动也比较多,比如印尼人民银行乡村信贷部专门针对低收入阶层提供的小额信贷服务,基本覆盖了低收入阶层中的贫困户群体。

自20世纪80年代起,印尼人民银行提供的小额信贷业务被当作商业运营的成功典范被各国加以效仿,业务模式是提供商业利率的小额信贷,同时向存款支付利息。基本原则是:贷款利率能基本覆盖全部成本;给付客户正利率水平利息,同时为客户取款提供各种便利条件;为低收入阶层开展其他服务时,服务费用列入农村地区营业网点运营成本。1997年7月发生的东南亚金融危机波及了印尼,其金融系统自然也受到了影响,接近30%的金融机构倒闭。然而,在危机面前,小额信贷却顶住了压力并切实地推动了经济的复苏。

第三节　基于反贫困的国外农村金融发展经验借鉴

基于发达国家与发展中国家农村金融发展状况的考察,虽然各国在国情、社会基本制度、自然环境、经济发展水平等方面均有不同,但其中的一些经验和举措值得我们借鉴与学习。

一、健全的立法体系是金融扶贫的保障

市场经济本质上是法治经济,在法律的规范和保证下经济活动才能顺利进行。各国基本都有金融扶持农业发展的政策制度,在这种法律保障下切实提高了农民收入,促进了农村经济发展。在美国,政府为发展农村金融制定了多部农村金融法律,比如1916年制定的《联邦农场贷款法案》、1977年通过的《社区再投资法案》等,同时还以法律条文的形式明确规定金融机构对贫困地区和贫困人民进行金融支持扶贫工

作,并对支持力度大的商业银行给予审批简化、扩大业务范围等优惠政策,帮助贫困地区挖掘可贷款的能力与机会,同时政府为降低商业银行将农业贷款外流的可能性,美国的法律特此明确规定对农业贷款给予利息补贴,同时对农业贷款利率的标准作出了相应的修订,这些政策刃实地从现实层面解决了农业贷款外流的问题。在印度,政庶出台的《银行国有化法案》《国家农业农村发展银行法案》《地区农村银行法案》《印度储备银行法案》等多项法律法规都对农村金融扶贫服务的覆盖面作出了明确规定,甚至对银行在区域设立多少分支机构也作出了相应规定,同时,部分银行确定了优先农业贷款的制度,甚至要求商业银行须将贷款总额的 18% 投向农业及其相关产业,如未按比列投放,由国家农业和农村发展银行组织融资或者发行相关债券,这些政策切实有效地增加了农村地区的信贷投放量。

二、完善的金融体系是金融扶贫的根基

农村金融扶贫是一项非常复杂的系统性工程,不仅需要农业龙头企业的带动,还需要中小企业的推动及农民的积极参与。为了应对不同对象对资金和金融服务的差异性需求,功能齐全的金融体系需要首先得以确立。众所周知,较为完备的金融体系对推动农村脱贫事业起着非常重要的作用。在这个体系之中,存在多种金融机构主体,既有中央政府支持的政策性银行又有私营互助合作性银行,它们互相支持、互相推动,以实现农村脱贫与农业发展为共同目标。以美国为例:商业银行主要发放生产性的短期和中长期贷款,联邦土地银行专门经营长期贷款,联邦中间信贷银行则向部分金融机构提供信贷业务,而政府相关农业贷款机构主要办理具有非营利性质的农业投资项目,诸如农村基础设施建设、自然灾害补贴、中小企业发展等项目,从而形成了一个权责清晰、分工明确、协调合作的金融体系,保证了农村金融体系有效运转。

三、发达的保险制度是金融扶贫的支点

农村资金外流程度高、金融扶贫力度不足等现象均与农业生产的高风险性直接相关。众所周知,农业生产不仅易遭受各种突发性的自然灾害,而且往往面临着纷繁复杂的市场风险。因此,建立行之有效的农业保险制度,不仅可以推进农业发展,而且可以提升农村信用,不仅可为农村扶贫提供保障,也能减少因灾返贫的概率。各国尤其是发达国家农民收入水平高,农业现代化程度高,这与其发达的农业保险制度密不可分,其中有许多有益经验值得我们借鉴。具体说来,首先,制定了相关的农业保险法。比如美国颁布的《农作物保险法》和法国出台的《农业保险法》,都对保险责任、保险费率、再保险、理赔以及强制保险的农作物种类以法律条文的形式进行了规定,使投保者与承保者都能依法行事。其次,完善农业保险体系。政策性保险机构、互助合作性质保险机构、商业性的保险机构以及再保险机构共同构成了较为完备的农业保险体系。政策性保险机构是由中央财政对农业保险进行保费贴补;互助合作性质的保险机构是由各级政府建立的民间农业保险合作社,此种模式也适合中国使用,它将被保险人与保险人融为一体,降低了农业保险中的道德风险;商业性的保险机构须开展综合性的保险服务,除了承担农业风险以外,还为农民提供房地产、资产管理、理财等服务。而且,除了农业保险机构的设立,还须成立再保险机构。再保险机构为商业性保险公司从整体上分担风险,当然,提供再保险服务的主体可以是政府也可以是其他保险或再保险公司。这些模式互相依存、相互补充,在较大的时间和空间上分散风险,减少了商业性保险公司的风险。最后,政府对财政支持农业保险,保证农村经济顺利进行。如法国政府对农业保险的保费贴补达50%以上,日本、美国等国家对农业保险也提供高额补贴及其他扶持政策。农业保险业务的不断扩大,不仅降低了农村的信贷风险,而且为规避农业发展风险提供有效的保障

功能,在很大程度上促进了金融机构参与农村金融市场。

四、创新的信贷方式是金融扶贫的关键

世界各国金融机构为拓展农村地区金融市场,结合农民需要、自身效益与政府意愿,研究并开发了各具特点的金融产品。典型案例是某些发展中国家立足本国实际建立起的小额信贷银行或开发的小额信贷服务形式,比如孟加拉国格莱珉银行针对贫困人口发放的短期小额贷款,被公认为在现今商业化模式运行下的小额贷款服务的典范;印尼人民银行乡村信贷部推出的小额信贷服务;印度农业和农村发展银行将非正规的农户互助小组与正规的金融业务结合起来开展小额信贷业务。这些国家的银行及其推出的小额信贷产品兼顾小额信贷的扶贫性和信贷产品的商业性双重目标,并且具有成本可控、贴近农户等特点,受到广大农民的欢迎。一是逐步实现无须担保的小额信贷,消除贫困人口获取贷款的主要障碍;二是通过吸收互助小组存款和向其拆放资金,扩大共同基金和贷款规模,实现了可持续发展;三是简化贷前调查、贷中审查程序,不仅满足贫困人口的资金需求又适应农业生产的周期性;四是拓展金融服务网络,除了满足传统农业贷款的需求,还向诸如物流产业、食品加工业等相关产业提供贷款,增加了农户与农业企业收入,弱化了信贷风险;五是将贷款服务与技术支持相结合,如印度的商业银行在农村金融组织中会聘请专家专门为农户提供技术指导与市场咨询,使得贷款的安全性大幅提升,小额信贷受益人实现了就业或者摆脱贫困,最终效果是让小额信贷实现可持续发展。而且,由于各国自然地理环境不同、文化信仰各异、经济实力差距明显,所以各个国家依据本国的国情所推广的小额信贷服务也是多种多样的。正如前所述,印尼和孟加拉国的小额信贷服务成功的模式就不是唯一的。所以,各国要从本国特点出发,来确定本国的小额信贷服务模式。

五、有效的政府支持是金融扶贫的动力

农业生产投资数额大、风险高、生产期限长、实现收益慢,这些都会影响到支持农业发展的金融产品供给,这就要求政府给予相关的优惠政策。如国家以财政拨款或优惠的税收政策扶持金融机构。比如美国在农村信贷发展初期,政府给予大量财政拨款,为合作金融机构和政府农贷组织发行债券提供担保;财政拨款弥补商业银行的农业信贷与普通商业信贷的收益差;出台政策为农贷机构承担政策性亏损。在发达国家,普通农村合作金融机构一般免交各种税费。孟加拉国乡村银行成立之初是由政府出资组建的,政府采用政策补贴及税收优惠的形式予以引导与支持。正是在政府的扶持下,它的小额贷款服务才成为世界公认的典范。这种扶持不仅仅体现在资金上,更多地体现在政府通过利率调控等手段为小额贷款的发展空间提供了良好的环境。当然,这并不意味着政府可以直接干预银行的小额信贷活动。

国家还可以对农村金融组织实行特殊管理。比如政府组建管理农村金融的专门机构,加强农业信贷的监督管理,也会直接任命农业政策性金融组织的要员,或者通过立法在法律框架下对金融机构采取奖惩机制,除法律规定外,监管者通过设立符合各类金融机构经营策略的标准来实现对各种类型金融机构的区别对待,对大力支持农业扶贫的商业银行给予审批程序简化和扩大业务范围的各类鼓励措施。

第七章　金融扶贫实践创新举措分析

在我国尚未消除特定领域贫困问题的特定时期,从政府和金融机构来看,应以稳定脱贫、推动发展为目标,通过设计金融扶贫组织体系、构建金融扶贫机制、创新金融扶贫模式和扶贫性金融产品等举措,引导更多的金融资源向贫困地区拓展,进而使贫困地区的贫困人口能充分享受金融产品和服务。

第一节　金融扶贫体系创新

金融扶贫是一项复杂工程,涉及面广,需要从组织体系上进行系统设计,明确各金融扶贫主体的作用和职责,才能使参与金融扶贫的各方形成合力,提高金融扶贫的效率。

一、创新思路设计

根据金融约束理论、制度变迁及其路径依赖理论,本书认为在选择和构建金融扶贫体系时必须充分考虑三个因素:一是要能有效激励参与主体从事金融扶贫的积极性;二是要将制度形成和发展过程中具有路径依赖的性质充分地考虑进去,尽可能降低制度创新成本;三是尽可能将改革阻力和社会摩擦降至最低。这三个因素决定了我国金融扶贫组织体系的建立,既不应采取单纯的强制性制度变迁,又不应采取单纯的诱致性制度变迁,而是从实际需求出发,构建强制性制度变迁与诱致性制度变迁相结合的金融扶贫组织体系，才是我国现阶段利用金融手段消除农村贫困的最优解或者说是较优解。

其一，由于制度变迁的路径依赖作用，沿着原有的制度变迁路径和既定方向进行金融扶贫创新可节省大量的制度创新成本。因此，金融扶贫组织体系的构建应以现有的农村金融体制为基础，特别是进一步放宽农村金融机构的准入门槛，鼓励小额贷款公司、村镇银行、资金互助社等中小金融机构的商业化改进，承认商业银行追求利润最大化而存在离农倾向的事实，这既有利于扶贫性金融的诱致性制度变迁的顺利推进，也与我国目前的基本国情和现有财力相适应。

其二，由于金融扶贫对象的特殊性，其制度的构建需要对农村金融市场的参与主体的部分职能进行适当的调整，对运作模式进行适当的创新，因此可能存在相关利益集团的博弈过程，即一部分人收益增加的同时伴随着另一部分人利益的受损，而利益受损者对金融扶贫创新的阻碍必然会导致制度创新成本的提高，这就需要强制性制度变迁来降低成本、加快进程。

其三，金融扶贫具有较强的外部性，需要国家提供政策性金融、农业担保、农业保险以及消化一些政策性亏损等"公共品（或准公共品）"，而"公共品（或准公共品）"的存在必须由国家凭借强制力减少"搭便车"现象，降低制度变迁的成本，这也是强制性制度变迁的优势。因此，我国金融扶贫组织体系的建立需要采取强制性制度变迁和诱致性制度变迁相结合的方式才可取得事半功倍的效果。

根据以上基本思路，本书从理论设计层面探索一种具有一定反贫困功能的金融体系，见图7-1。

从图7-1可以看出，在这一金融扶贫体系中，涉及政府、政策性金融、商业性金融、合作性金融、政策性担保、政策性保险和其他新型金融机构，不同金融成分之间存在着相互竞争和相互补充的关系，多种金融成分的存在共同构成了相对健全完善的农村金融服务体系。同时，基

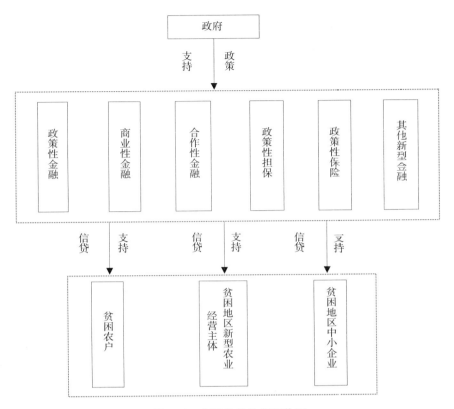

图 7-1   金融扶贫的组织体系

于这一体系的健全性和完善性,其具体应用能够满足贫困地区不同层次农民的多元化资金需求。其中,各级政府应该为金融扶贫体系的构建以及农村地区金融产品的供给创造良好的条件,从而有效降低不同类型金融机构在贫困地区的运营成本和所面临的风险,为金融机构参与扶贫开发营造健全的政策环境和基础设施支持。政策性金融作为金融扶贫体系的关键点,应该在扶贫开发中发挥主导和带动作用;商业性金融在提供金融服务的过程中,需要结合贫困地区实际情况积极进行金融产品和服务方式的创新,才能够使金融机构的社会责任得到充分的发挥;合作性金融应得到政府的积极支持,取得合法地位,并从政策上加以规范和引导,充分发挥在扶贫过程中的地缘优势和信息优势;保险机构以及担保机构能够为金融扶贫的可持续发展提供重要的保障。

二、政府在金融扶贫中的职能定位

在金融扶贫工作中存在一定的信息不对称状况,金融机构无法通过实地考察对贫困地区的经济发展情况形成较为客观的了解,因此在金融扶贫的过程中往往会存在一定的偏差,导致金融扶贫效果不理想。所以对地方政府而言,能够实现金融扶贫的成功发展最为关键的因素不是靠行政命令,而是靠政府在金融扶贫工作中所扮演的角色和职责,只有明确这一问题,才能够保障金融扶贫可持续发展。

(一)充分把握金融扶贫的特点和规律

政府部门作为我国公共权力的直接拥有者,其在工作中能够借助政府的力量引导金融机构积极参与到扶贫工作中,全面推动地方经济获得更好的发展,促使地方扶贫治理取得良好的成效。在整个金融扶贫项目中,政府部门是项目的发起者,而金融机构则扮演着项目执行者的角色,政府部门在积极推进项目运行的过程中,只有充分理解和把握潜在的金融市场发展规律,进而借助这种规律才能调动金融机构参与扶贫开发的积极性,使更多的金融资源向本地区拓展。

(二)加强对金融扶贫的监督和管理

金融机构作为国家金融扶贫项目的具体实施者,在开展金融扶贫工作的过程中享有极大的自主权,因此可能会存在一部分金融机构将专项扶贫资金投入到非农领域中获取其他经济效益的情况,出现"扶贫目标"偏移的现象,这种行为违反了国家扶贫开发政策的要求。因此,政府要想保证金融扶贫真正取得效果,在工作中应加强对金融扶贫监督管理,即使在资金发放后,政府部门也可以利用自身职权对资金的使用情况进行监督。

(三)积极帮助金融机构降低信贷风险

政府部门在金融扶贫攻坚工作中应充分发挥主导作用,制定更为详细和科学的扶贫发展指导规划,进而帮助金融机构明确金融扶贫工作的对象和实施范围,通过财政补贴、设立风险补偿基金、实施税收减免、建立政府征信体系等方式,努力帮助金融机构降低在贫困地区的信贷成本和风险。另外,政府还应该积极为贫困农户提供免费市场信息、技术和财务方面的支持和服务,有效降低农村地区金融机构的服务成本,促使农村贫困人口的自我发展能力得到显著的提升,提升农户对金融扶贫的适应性。

三、各金融机构在金融扶贫中的职能定位

(一)政策性金融职能定位

政策性金融应成为市场经济条件下引导各种资源配置和协调各方力量推进金融扶贫工作的基础平台,发挥引领作用。

一是要充分发挥自身在调整金融市场的宏观调控作用的特点和优势,完成一般性商业金融机构和市场无法完成的业务,特别是在对国家长远发展产生巨大影响力的领域以及商业价值相对较低、一般无法借助市场的自发调节实施的低收益项目和公益性项目等。例如基础设施建设,由于基础设施建设种类较多,各地对基础设施建设贷款需求比较旺盛,在支持基础设施建设上,应在防控风险的前提下优先支持更加紧迫、扶贫效果更加突出的项目;如对移民搬迁项目提供特定的贷款支持,促使贫困人口和贫困人口子孙后代的生存发展环境适当改善。政策性金融重点支持领域见表7-1。

二是要提高政策性资金的使用效率。运用开发性金融理念,要积极处理好自身的政策性发展职能和所涉及的商业性活动,在不会对政策性职能的发挥产生不良影响的基础上,严格坚持市场化的发展原则,保证能够独立承担盈利和亏损,独立承担风险,在激活农村金融市场、提升扶贫效果方面发挥出重要的作用。

三是政策性金融机构应该主动寻找市场,改变传统的"政府挖坑,

金融种树"的被动模式,将基础设施领域的成功经验应用到贫困地区新的资金需求领域,一方面寻求政策性金融机构新的利润增长点,实现"做大做强",为贫困地区的发展发挥更大的作用。另一方面在坚持做好自身工作的基础上也应该注意积极与财政部门和商业性金融机构等进行有效的协调和合作,加强贫困地区政府力量与市场机制的有效结合,使政府组织优势与融资优势进一步融合,共同形成金融扶贫的合力。

表 7-1　政策性金融机构重点支持领域一览表

支持领域	具体内容
贫困地区基础设施建设	全力支持经济欠发达地区水电、信息、公路等基础设施建设
	重点支持文化、教育、医疗卫生等公共服务设施建设
	高度关注小配套便民商业设施建设
	主要支持经济欠发达地区新型城镇化建设
贫困地区生态保护	全面支持经济欠发达地区植树造林、生态保护建设
	开展石漠化、荒漠化治理等主要生态修复项目建设
贫困地区特色产业发展	重点支持经济欠发达地区在发展过程中纳入具有特色的产业发展规划,具备良好的种植、养殖设施农业、林下经济等具有明显地区特色的产业发展资源
	重点支持各个地区的产业发展龙头,有效增强企业发展优势,促使经济欠发达地区农户能够实现稳步增产增收,重视特色支柱产业建设
贫困地区基础教育	重点支持经济欠发达地区学前教育工作、素质教育工作和特殊教育工作,逐步完善农村地区的教育设施和办学条件,构建职业技术教育实训基地,为经济困难的家庭提供一定的生源地助学贷款和国家助学贷款
易地搬迁	易地扶贫搬迁安置房建设(或购买)以及与易地扶贫搬迁直接相关的配套基础设施和公共服务设施建设等
	按照市场化的发展原则重点对安置后续产业发展提供支持,有效解决搬迁工作中贫困户的生产和生活问题。
贫困地区旅游项目	重点支持全国性的旅游金融扶贫和周边扶贫重点村的旅游设施建设,高度关注联通旅游景区和经济欠发达地区乡村公路及相关基础设施建设
贫困地区光伏项目	重点支持具备发展光伏产业良好条件的贫困县利用贫困地区荒山荒坡建设的县级地面光伏电站,以及这些县中具备发展光伏发电条件的村级小型电站建设等

(二)商业性金融职能定位

实践证明,商业性金融在国家扶贫开发中的作用越来越重要。商业性金融机构要勇于承担社会责任,要借助政府提供的优惠政策,积极介入到贫困地区的农村金融市场,为贫困地区经济发展提供资金支持,促使金融供给效率的提高。各类商业银行重点支持贫困地区主要领域见表7-2。

表7-2 商业银行重点支持贫困地区主要领域一览表

支持主要领域	具体内容
贫困地区龙头企业	重点支持实行农业产业化经营、带动贫困农户增收的农业龙头企业
贫困地区各类专业合作社	重点支持贫困地区由农民自发成立、带动贫困农户脱贫致富的各类专业合作社
贫困地区的农户种粮、养殖大户	重点支持贫困地区用于土地流转、扩大经营规模、起到致富示范作用的种养殖大户
贫困地区的小微企业	重点支持能增加贫困地区农村非农就业,为贫困人口提供就业岗位的小微企业
个体贫困农户	重点支持有发展意愿和能力、诚实守信、建档立卡的贫困农户创业
贫困地区非正规金融机构	重点支持贫困地区非正规金融机构的融资需求,如大型商业银行向小额信贷机构批发贷款

首先,农业银行要发挥大型商业银行资金、技术和管理优势,树立综合扶贫的理念,通过积极实施批量化操作、专业化经营逐步增强自身业务能力,促使业务运作效率得到显著的提升,把信贷业务重点放在资金需求量相对较大、发展规模大的贫困地区产业龙头企业上,逐步增强龙头企业在市场上的竞争能力,使农业产业链长度和经济附加值既能够得到逐步的提升,又能对经济欠发达地区产业发展产生一定的积极影响,间接帮助贫困农民摆脱贫困。其次要不断创新扶贫性金融产品,探索多种方式和多种渠道信贷资金供给方式,并采取一定的措施促使产业链融资工作得到优化开展,切实改善当前经济欠发达地区贷款难度大的问题,为农村贫困地区提供品种丰富的金融服务,满足农村地区居民对金融服务的需求。最后要进一步加大贫困地区 ATM 机和 POS

机的布放力度,设立农村专门金融服务工作站,探索多种形式和多种类型的服务渠道。

农村信用社在为农村居民提供相关金融服务的过程中也应该充分发挥自身贴近农村贫困地区的地理优势,牢固树立发展是根本、支农是方向、扶贫是责任的"三位一体"的扶贫战略思想,对建档立卡的贫困农户,充分利用"联保+信用等级"评分技术,进而有效扩大经济欠发达地区困难农户、种养加专业户和合作经济组织贷款额度,对金融业务中的扶贫贷款手续和审批流程进行适当的简化。基层信用社设定相对科学的贷款权限,进一步提升小额贷款的适用性、覆盖面和办贷效率。积极探索开展土地经营权和宅基地使用权抵押贷款产品创新,对获得金融机构所提供的政策性金融扶持后已经具备一定偿还贷款能力的农户和相关企业,将其积极引入到金融服务业务范围内,并通过扶持促使其获得更好的发展。提高金融服务质量和效率。要坚持规范运作,自主投放,确保扶贫信贷资金的安全,严格控制和避免金融扶贫工作中的信贷资金流入到国家产业政策进行相应限制的行业和企业中,有效规避贷款沉淀问题的出现。

中国邮政储蓄银行要善于利用网点优势,一方面要寻找市场空隙,积极开展小额信贷业务,实现与其他商业银行的错位地域竞争。另一方面通过在提供金融服务的过程中与相关农村信用社、农村发展银行等金融机构开展合作,进一步扩大小额存单质押贷款的覆盖面,促使农村地区所产生的资金重新返回到农村贫困地区的比重逐渐增加。

(三)合作性金融职能定位

根据各地的发展经验,坚持封闭运行、不对外吸储放贷、不支付固定回报等原则,积极推广"农村产业发展互助社",完善"贫困村资金互助社"运作机制,发展内生于农村生产、生活的合作性金融机构,形成并完善基于农村熟人社会的互助性、低成本、风险自担的合作金融体系,引导农民专业合作社在生产合作的基础上规范有序开展信用合作。

其一,局限于成员的内部。在开展信用合作对象确认和资金筹集的过程中应该注意保证对象的选择和资金筹集都在本社成员的限定范围内,并且在向成员筹集资金的过程中保证履行必要的手续,严格禁止向本社成员以外的个人或者组织筹集资金。

其二,严禁用于非生产活动。信用合作资金的存在仅仅是为了能够为本社成员在发展相关经济活动的过程中提供一定的信贷支持,因此严格禁止将这部分资金应用到其他非生产活动中。

其三,吸股不吸储。信用合作资金将本社内成员自愿缴纳的资金作为信用合作股金,因此应该按照社员的生产发展需求合理确定资金缴纳的时间和数额,严禁常年向社员收取一定数量的资金。

其四,分发红利但不分息。合作社通过开展一定的信用合作服务能够产生相应的收益,因此在一定时间后应该以成员的出资比例作为参照向成员分红,但是不能事先对分红比例加以确定,也不能对社员承诺定期会给予其一定的回报。

其五,风险能够被掌控。合作社在开展信用合作的过程中需要结合当前业务状况对可能存在的各项风险进行有效评估,进而建立健全的风险预警和防范工作机制,保证所筹集到的资金能够在特定的管理渠道中稳定地运行。合作性金融组织发展目标见表7-3。

表7-3 合作性金融组织发展目标设计

发展目标	内　容
近期目标	依托农民专业合作社开展社区内社员的资金互助,传播金融教育、合作理念、培养具有互助精神的现代农民
中期目标	在地方政府的支持和监督下,依托农民专业合作社创建区域性的农民资金互助合作社,创新贴近农民实际、满足资金需求的金融产品和服务品牌,促进互助金融的基点(村资金互助合作社)与网络(村与乡镇、县、市联合社之间)的协调发展,加强内部激励机制、利益分配、风险控制等制度化、规范化建设
远期目标	创办农民自己的合作金融组织,从基层农民资金互助社发展到县级、市级、省级直至全国性的农民合作金融机构

（四）政策性保险职责定位

一是积极发展政策性保险。国际上，很多国家都十分重视发展政策性保险。各国政府在发展政策性保险的过程中往往会从经济、法律和政策层面为保险工作的开展提供相应的优惠、支持和保障。如针对农业经济欠发达地区实施相应的税收减免政策，扶持当地经济发展等。

二是不断开发适合贫困农户需要的保险品种。政策性保险部门在工作中承担着为贫困地区提供农业保险的重要任务，在工作实践中应该注意这一保险具有强制性，并且不同的贫困农民能够享受到的保险层次也不尽相同，因此应该结合实际情况不断开发和探索与当前农业发展相适应的保险业务种类，如市场险、成本险等贫困农户负担小、保障能力强性的保险产品。

三是积极探索尝试保单抵押贷款，促使贫困农民的信用也能够得到适当的强化，有效分散和规避金融机构独立承担金融扶贫所形成的风险，有效引导金融资源向贫困地区转移。

四是建立农业保险的再保险机制。中央部门和省级政府设立农业巨灾保险专项资金，并针对不同地区农业发展情况实施差异化的税收政策，积极鼓励贫困地区尝试以商业保险的形式为农业投保，促使政策性保险能够得到持续稳定发展。

（五）政策性担保职能定位

政策性担保机构一般由地方财政安排资金来建立，按市场化方式运作，不是将盈利作为主要的发展目标，而是在发展过程中将贫困地区政府部门所设定的扶贫产业作为重点任务加以担保，以专项资金、企业化管理、市场化运作为经营模式，以风险管理和控制为基本准则，发挥政策性担保的金融杠杆作用，通过市场的调控，带动农户及其他贫困人群脱贫致富。其基本定位是政策性、专业性、独立性。

推动建立风险分担、补偿和救助机制，整合资源，形成合力，化解风险。建立风险分担机制是担保机构分散风险、保持持续经营能力最经济的风险应对策略。积极与地方政府沟通,推动建立地方农业担保基金。加强与省级农业主管部门对接,托管涉农行业担保资金。建立与银行的风险分担机制,承担约定比例的风险。

注重风险和价值发现,创新项目评审和反担保模式。积极探讨适合农业发展的组合贷款担保模式,采用发现风险和发掘价值并重的考察评审模式,创新农业担保的反担保方式,以土地经营权抵押为核心,辅以股权、商标权、专利权、实际控制人连带保证、财务监管以及第三方监管等设置组合反担保,为带动贫困农户增收的新型农业经营主体提供贷款担保。

完善农业担保体系内部控制制度,建立专业的风险管理信息系统。制定严格的业务操作纪律和责任追究制度,执行评审委员会集体评审决策制度,控制和减少不应有的人为干预,优化担保业务流程,推行全面风险管理。筹建专业的省农业担保体系风险管理信息系统,解决信息不对称风险和操作风险的问题。

农业担保收益部分反哺当地贫困农户。对当地产业龙头企业和产业农户在发展过程中所提出的扶贫贷款申请,可以按照现实需求由扶贫开发担保公司严格参照贷款的金额优惠比例收取担保费,担保费收入一部分持续转为扶贫担保基金,扩大担保实力,增强产业扶贫力度;一部分为转为扶贫开发担保公司的励志基金,扩大对贫困家庭子女就学的扶贫力度,减轻贫困家庭农户负担。

第二节　金融扶贫机制创新

经过长时间的发展,我国金融领域已经逐渐形成了多层次的正规金融机构和非正规金融机构共生,保险公司、担保机构、政策性金融、商业性金融、合作性金融、新型金融等并存的金融组织体系。通过建立金融扶贫协同合作机制、风险识别与防范机制、贷款定价机制、信用评级

机制,能够有效提高金融扶贫的效率和可持续性发展。

一、协同合作机制设计

(一)正规金融机构与非正规金融机构的合作机制

一般来说,面对金融扶贫这样一个特殊的制度安排,根据比较优势原理,正规金融机构与非正规金融机构存在合作的必要性和可能性,其结果对双方都有利。

比较优势分析:正规金融机构在资金、管理、研发和人才培训方面,都具有比较明显的优势,但在贷前审查、贷后管理及合约执行方面,存在成本较高的劣势;而非正规金融机构在速度、信息、成本等方面具有的优势,但在资金、管理和金融产品研发等方面具有明显的劣势。但双方合作后,一方面对相对正规的金融机构而言,和非正规金融机构合作,能够改善其与众多小额借款者之间存在的信息不对称现状,并且有助于道德风险的规避,能够对交易流程进行适当的简化,降低融资成本,增加贫困农户信贷资金的可获得性。另一方面对非正规金融机构来说,与正规金融机构合作,可以以较低的成本获得正规金融机构的资金支持,并利用自身信息优势,选择可以信赖的农户放贷,克服了自身规模小、资金少的问题。

合作机制探讨:一是批发零售垂直联接模式。即由商业银行或者政策性银行等正规金融机构担任小额信贷批发机构,批发机构选择一家或几家资信良好、有影响的非正规金融机构作为小额信贷零售机构,对其贷款授信,小额信贷机构以较低利率从大型商业银行获得批发贷款,然后再将其贷给农户的合作方式。在这种模式下,大型商业银行向小额贷款机构提供贷款资金,按照低于市场利率的比例收取批发贷款的利息费用。小额贷款机构获得批发贷款后,利用自身的地缘和信息优势,将贷款零售给有资金需求的农户。二是委托代理模式。即大型商业银行能够充分利用自身发展优势,在产品研发方面获得一定的竞争能力,进而在现有的非正规金融机构寻求产品代理。在这种合作模式下,大型商业银行主要提供产品、资金和服务,非正规金融机构主要提供渠道和销售。这样一方面解决了大机构的产品营销问题,另一方面非正规金融机构免于承担批发贷款的利息和违约风险,利用自身信息和地缘优势,确保贷款资金能够得到及时的发放和回收,并且能够从这一过程中收取适当的代理费用,获得相应的资金支持,改善资金来源不足的发展现状。

(二)商业银行与保险机构的合作机制

众所周知,保险具有分散风险的功能,作为对农业的一个重要屏障和支持农业发展的制度安排,提供保险服务是农村金融市场的重要功能之一。相对于美国、欧盟和日本等发达经济体,我国农业保险体系相对落后,银行业金融机构、保险机构在农村金融市场的参与程度十分薄弱。

比较优势分析:由于保险机构一般没有在农村地区设置相应的网点,并且保险机构进入农村地区的成本也相对较高。在农村开展业务,保险机构很难实现自身的财务可持续性。而银行机构特别是大型商业银行,在农村地区具有较高的品牌认可度,但存在信贷的风险。因此,保险公司与银行开展合作无疑能够降低保险公司进入农村市场的成本,开展双方的合作便是情理之中。在银保合作上,众多发达国家如美国、法国、日本和德国等开始尝试建立与本国农业发展相契合的"银行+保险"体系,并且取得了一定的成功,发达国家在这些方面获得的成功能够为我国提供一定的借鉴。据笔者在河北省阜平县调研发现,农业银行、农村信用社等金融机构开展涉农贷款时,对当地保险机构开展的涉农保险的发展情况保持着较高的关注度,并且将农民群众是否选择参保作为重点关注的内容,部分金融机构在保证各类农业保险已经开始办理和运行后,向农户明确提出参与农业保险后能够使用相关保单进行质押,进而享有本金融机构所提供的有限贷款权利。基于此与银保部门积极展开合作,设法实现银行与保险公司支持扶贫开发的协同合作机制十分必要,也应成为金融扶贫政策制定的主要着力点。

合作机制探讨:大型商业银行与涉农保险机构的合作机制建设,可以选择从以下方面分析:一是商业银行在发展过程中对自身网点和品牌优势进行开发,全力支持涉农保险机构,逐步缩减进入贫困地区的成本,协助涉农保险机构加大涉农保险产品的宣传力度。二是共同研发金融保险产品。银保双方共同开发设计扶贫性金融保险产品,而非是银行网点简单代理涉农保险产品。如2014年中国人民保险集团股份有限公司河北省分公司和中国农业银行河北省分行在国家级贫困县——阜平试点合作开发的"保险+信贷"组合式扶贫金融产品一经推出,便获得成功。三是结合实际情况积极建立相应的存贷款保险机制,充分激励银行能够更为积极、高效地为农民群众提供相应的金融服务,并有效降低涉农贷款可能产生的各类风险。四是保险公司充分利用好银行布设在贫困地区的电子机具,实现农民理赔便捷服务。

(三)商业银行与担保机构的合作机制

贫困农村地区普遍存在贷款难的问题,主要受到贫困农户缺少有效担保的影响,因此要想改善这一现状,既需要对农村地区当前现有的有效担保质押物品范围进行进一步拓展,也应该进一步提升农村担保机构体系建设速度,并实现金融机构与担保机构之间合作机制的创新。

比较优势分析:一方面从担保机构进行分析,担保机构所具有的主要优势基本集中在将自身所具备的资本作为基础性的信用,进而结合自身在专业化方面的优势,通过搜集和整理各类信息改善信息不对称现状,从而保证能够及时有效地识别各类风险,并适当借助反担保手段对风险进行规避,进而成为客户和金融机构之间的连接纽带。另一方面从商业银行来看,当前商业银行主要还是以抵、质押贷款为主,从形式上看,抵、质押方式虽然有可看得见的资产以及未来所能够获得的收益作为担保,但是由于这种看得见的资产以及未来收益属于第二还款源,因此一旦发生违约问题,必然会面临抵押品不能全面受偿和处置烦琐的困难。而商业银行选择与担保机构合作,一旦出现贷款违约情况,能够第一时间得到担保机构的代偿代还,起到及时化解信贷风险的作用。

合作机制探讨:金融机构与担保机构的合作,可从以下方面尝试进行改进,一是应本着"分工合作、风险共担、利益共享"的原则,共同在脱贫攻坚行动中形成合力。担保机构要与金融机构共享贫困地区的相关信息,保证在充分信息支持下金融机构能够在提供贷款服务时有效地规避风险。金融机构在工作中应该结合实际情况选择进一步提升贷款担保的放大倍数,进而促使担保机构的担保效率得到一定的强化,切实实现规模化的经济发展。二是要尝试建立金融和担保机构的风险分担工作机制,金融机构在提供金融服务的过程中承担部分风险,防止金融机构将所有的风险向担保机构转移。在此工作中,西方发达国家已经取得了一定的成果,其担保机构一般选择承担70%—80%的风险,而相关合作机构承担其他20%—30%的风险。

(四)金融机构与农民专业合作社的合作机制

金融机构在开展金融服务的过程中将农村地区的各类型专业合作社作为服务对象,是一种相对普遍的做法,虽然当前我国农民专业合作社发展水平相较于发达国家还存在较大的差距,且且农民专业合作社内部治理机构还存在一定的缺陷,但是从近几年我国政府部门的政策现状可以看出,在未来建设过程中农民专业合作社必然会迎来新的发展契机,

比较优势分析:从一定意义上说,合作社一般是由当地"种养殖大户+有自主发展能力的一般农户"共同带动发起成立,可以认为农民专业合作社集聚了县域从事农业经营的优质客户。一方面,从农民专业合作社角度进行分析,这部分农民一般具有相对旺盛的金融服务需求,并且其存在能够对融资的诸多障碍产生一定的制约作用,因此迫切需

要通过机制的创新,切实解决其存在的融资难困境。另一方面,从金融机构的角度进行分析,其在发展过程中需要面对未来我国农村地区先进生产力的代表性新型组织,因此对银行来说,可以看作是一个巨大的市场。这就要求金融机构在建设发展过程中与合作社的信贷机制进行全面的创新,进而同时推进两个目标的实现。

合作机制探讨:一是借助农民专业合作社的内部担保来积极构建合作工作机制。这一模式最关键的一点就是能够为具有资金实力和信用的成员提供相应的担保,并且在这一过程中合作社出具还贷承诺。其信贷获得成功的关键点是在合作社内部构建了完善的内部控制体系,当选择借贷的合作社成员向金融机构提出一定的贷款申请后,合作社内部会对其信用状况和借贷额度等进行审核,并由合作社内部负责担保,然后再向银行提出贷款申请,这就能够适当地缓解农民专业合作社与金融机构信息不对称的情况。由此可见,这一类型的合作模式一般适合应用于合作社成员所需要的小额度贷款需求。二是充分运用政策性的担保机构来实现外部担保工作借以构建合作机制。即合作社提出借款申请,政策性担保机构对合作社进行整体担保,合作社内部主要成员对政策性或具有一定商业性的担保机构提供特定的反担保服务,银行向合作社提供一定的借贷资金,政府部门也从政策层面对农民专业合作社提供一定的支持。需要注意的是,在应用这一模式的过程中,政府支持不是对农民专业合作社直接提供拨款,而是借助融资的方式提供支持。这一模式的应用能够取得较大成效的关键点是政府部门可以按照市场化的发展方式对银行金融机构和农民专业合作社提供支持,进而促使各个参与方的合作积极性得到显著的提升。由此可见,这一合作模式更适合于将合作社看作是整体对象的大额资金需求。

二、风险防范与分担机制设计

支持贫困地区经济社会发展,是金融机构应该承担的社会责任,但如果将信贷风险完全由金融机构来承担，必然导致金融机构出于谨慎而惜贷或少贷，甚至在发展过程中选择退出经济欠发达地区的农村金融市场，这会加剧农村经济欠发达地区的金融供求方面的矛盾。因此要想改善这一现状应该从政府部门、金融机构和市场方面入手，从贷前、贷中和贷后对贫困地区信贷风险进行防范、分担和补偿。

（一）贷前风险识别

战略风险。战略风险是金融机构对国家的大政方针和未来发展战略领会失误或把握不清而引起的损失或机会丧失。比如国家正在建设创新型、节约型社会，倡导可持续发展理念，因此对一些高能耗和高污染的产业，金融机构要履行好对生态环境保护的社会责任，对贷款进行一定程度的限制。此时金融机构也要配合国家的这个战略，调整自己的信贷结构，如果调整得不及时，高污染或高能耗企业一旦遭受国家执法部门的处罚，限制其生产或销售，企业利润就会下滑，金融机构的贷款可能难以收回。

当前国家最大的战略就是脱贫攻坚。党的十八大以来国家在这方面提出了许多新的战略举措，其中的核心突破是确保5000多万贫困人口在2020年前如期脱贫。从长远来说，农民增收与农业转型是我国未来长期经济增长必须解决的根本问题。党的十八大以来特别是十八届三中全会以来，在农村土地流转、农业新型经营主体、建立现代农村金融制度等方面都有所突破，尤其是强调农村金融体系的重建问题，强调农村金融机构要对脱贫攻坚事业提供大力度的信贷资金支持。可以预期，这些政策取向必定是长期的，在未来的几十年中，国家消除二元结构、促进城乡协调发展的战略不会改变，其力度只能越来越大，对此，各金融机构要有很清醒的认识，积极支持国家的扶贫开发战略，加大在贫困地区贷款投放力度，实施较低的利率水平，积极落实自己的社会责任。这些行动，会让金融机构得到政府的尊重和认同，赢得社会的肯定与褒扬，从而为金融机构自身赢得较好的社会资本和声誉。社会资本和声誉的提升,反过来给金融机构带来政府的各类优惠政策,从而为金融机构带来更多的利润和回报。

市场风险。市场风险在发展过程中主要涉及行业发展趋势、国家宏观经济走向以及市场动向和产业发展趋势等。对于市场风险的防范,主要取决于金融机构对宏观经济和市场动向的准确把握,要对经济发展的趋势有一种敏感性,对经济周期有一个准确的判断,这样才能采取相应的对策来应对宏观经济的变化。比如在当前供给侧结构性改革、"大众创业、万众创新"、产业结构升级、消费形态变革时期,金融机构对总体经济发展形势要有清晰的判断,并采取相应的机制来防范风险。如传统的种植业和养殖业风险很大,受气候、地理环境和疫病等的影响较大,极易导致市场出现剧烈的波动;在蔬菜种植业,蔬菜的价格波动往往出人意料。要防范市场风险,一种方法是引导农民加入农业保险,而另外一种方式则是对贫困农户实施适当的引导,促使他们能够关注市场预测方面的信息,并且进一步加强对这部分信息的追踪和分析。在机制构建和完善方面,现阶段对市场风险加以防范的最有效方式就是组织贫困农户加入由当地能人或种植大户发起成立的专业化的合作组织,增强对市场的判断能力,从而获取更多的利益。

(二)贷中风险管理

任何时候金融机构要合规经营,在整个信贷过程中要防范操作风险的发生,以最大限度地消除操作风险。

首先,在授信方面,应该有严格的标准与原则。正确合理的授信是贷款风险防范的第一个门槛。在贫困地区的农村,对农民授信工作不仅仅要考察其抵押物,还应该适当地分析其人品,看他在农村社区中的威望与口碑。对贫困地区农村中小企业的授信要看这个企业的发展前景,看企业的诚信观念。总之,授信时不仅要重视财务方面的"硬信息",更要注重人品、声誉、口碑等软信息,这样才能准确地授信。

其次,在对贷款流程进行设计的过程中,要对农村经济欠发达地区的居民和中小企业发展特点进行充分考虑,进而争取以最低的成本和最简便的方式提供贷款,同时要有相应的贷款风险防范措施。有些中小企业可以有抵押物,或者有正式的担保,有些则纯粹是信用放款,需要相应的承诺。比如,对于贫困农户小额信用贷款,可以要求农户撰写一定的承诺书,并要求农户的全体家庭成员(配偶和子女)联合签名。其主要是希望能够保证农户的所有家庭成员了解贷款的发放,进而在家庭成员和农户心中树立相应的诚信意识和责任意识,对借贷人产生积极的信用影响。这样,如果借贷人不按时还款,其行为必然会对子女产生不良影响,基于此,借贷人在家庭责任的驱动下一般会选择积极还款。由此可以看出,这一创新的承诺方式与农村地区的特殊金融文化具有一定的契合性。

最后,在收贷环节的设计方面,也要讲究科学性和对贫困地区农村社区的文化适应性。在当前我国一些小额信贷组织中,一般都选择积极实行具有一定集中性的集体还贷制度,如选择在特定的时间段内,要求所有贷款到期的人在特定的时间集中还款,这样不按时还款的人在群众的影响下也会产生较大的心理压力,这种在小额信贷技术上被称为"注意力压力"。当个人处在特定的群体高度注意环境中,其受到特殊心理活动的影响必然会对自身诚信意识加以强化,并且会采取一定的主动方式来最大限度地规避在群体中的负面影响。在这一过程中需要注意的是具体的收贷环节还应该追求灵活性,既要使贷款人感受到守信的重要性,还要让其感受到来自金融机构和政府部门的关怀,进一步增强贫困地区借贷人对信用理念的认同感。

(三)贷后风险分担和补偿

贫困地区的农村经济发展具有一定的特殊性,不仅存在弱质性,其风险也相对较高,这在一定程度上决定其只有在政府部门的保护下才能够促进经济的可持续发展,因此政府部门可以选择对参与到扶贫开发工作中的金融机构提供一定的政策支持,逐步降低这部分金融机构参与到扶贫开发工作中的负担,促使金融机构风险承担能力得到显著的提升,调动和保护各类金融机构参与扶贫开发的积极性。

一是积极发展农业保险工作,从根本上规避金融机构可能面临的信贷风险。基于经济欠发达地区农村金融机构市场运作存在较大风险的现状,只有发展农业保险,构建相对科学的农业保险体系,为金融机构提供相应的风险分担,才能够逐步改善金融机构的风险状况,从根本上解决农村金融市场供需矛盾问题。一般来说,可以从政策性保险和商业性保险两个层面建立相应的农业保险,全面减轻农村金融机构的风险负担,有效促进农村金融工作的发展。

二是在农村地区建立风险补偿基金,对政策性放贷或者自然灾害造成的损失加以补偿。由于贫困地区经济落后,灾害频发,因此农村金融机构的信贷服务具有特殊性,甚至承担着部分政策性的信贷工作,所以政府部门应该对其提供特定的补偿,最大限度地提升农村金融机构的可持续发展能力。

三是适当增设担保机构,对担保机制加以完善,保证信贷风险能够得到相应的分担。经济欠发达地区的农村信贷风险相对较高,并且只能够获得较低的收益,农民群众又一般无法提供银行认可的抵押物,因此只能够选择逐步增设相应的担保机构,通过对担保机制加以完善,构建健全的担保体系,最大限度地分担金融机构开展信贷服务的风险。

三、贷款定价机制设计

在利率市场化的发展背景下,定价能力对金融机构市场竞争力、风险防范能力以及盈利能力的强化产生着一定的影响,现阶段我国多家金融机构在借鉴国内外先进经验基础上已经构建了相对完善的贷款定价理论,并且建立了能够与市场竞争需求相吻合的定价方式,具体来说包含以下几种:基准利率加点方式、基于风险定价方式、客户盈利能力分析法、成本加成定价法。

但在贫困地区采取哪种定价方法较为合适,需加以进一步探讨。本书认为金融机构应结合自身经营状况,从社会责任的角度出发,认真研究贫困地区农村金融市场客户的多样化需求,合理定价,在增强自己盈利能力与风险控制能力的同时,培育独特的竞争优势,提升客户对自己的认同度。金融机构在贫困地区投放金融产品,其定价机制的构建应该遵循以下几方面的选择。

其一,成本效益原则。成本效益原则是指利率定价工作开展既需要一定的操作成本,也应该取得相应的收益。金融扶贫不能被看作是金融机构不顾成本地发放贷款,作为商业化运行的金融机构在扶贫开发中追求的目标虽不是效益和价值最大化,但也应保持合理化利润。金融扶贫产品虽具有扶贫性质,但其也是风险定价,收益要覆盖风险。因此对定价机制的构建应该将效益作为最基本的核心,并且对资金成本、预期合理的资金回报和承担风险等进行全面的分析,否则金融机构财务难以做到可持续,从长远来说不利于贫困地区信贷资金的可持续投入。

其二,市场竞争原则。市场竞争原则主要指在选择差异化定价的过程中必须对市场竞争情况进行充分的分析,进而在参照农村金融市场供需情况的基础上,制定出具有一定竞争优势的价格,扩大市场份额,获得一定的经济效益。

其三,阶梯式差异化原则。从履行社会责任角度看,金融机构在定价时应该充分考虑农村金融市场的个体需求差异,从贷款客户的性质、担保方式等方面对贷款的定价作出具体考量。

第四,简便规范原则。利率定价还应该适当对操作环节加以精简,保证可操作性,为信贷人员和客户提供一定的参考依据。

结合以上原则,贫困地区金融产品的利率定价采用"基准利率+浮动幅度"的差异化方式较为合适,一方面考虑合理利润,另一方面也体现社会责任担当。计算公式为:贷款利率=基准利率+风险溢价点数。

该定价模型属于市场导向模型,具有一定的应用优势,但这种"外向型"的定价模型却没有对借贷人的综合贡献度以及银行的经营成本进行充分分析,因此确定其风险溢价点数的浮动幅度需要参照以下四大因素。

政策因素。参照经济欠发达地区客户所属行业类型,对其进行分类,同时根据金融机构支持扶贫开发的战略定位,对建档立卡的贫困户进行重点划分,不同行业的农户所对应的浮动幅度也不尽相同。其中建档立卡的贫困农户上浮的幅度最低,充分彰显出金融机构的扶贫工作性质和社会责任意识。

经济因素。在确定浮动利率范围的过程中应该对贷款额度进行充分分析,并且贷款额度应该能够与贷款风险和管理成本形成正比例关系,对于贷款额度较高的企业,则应该结合实际情况选择使用更高利率,其浮动幅度也更大。

风险因素。基于风险因素主要应该对客户的信用等级进行分析,并确定合理的贷款抵押担保方式。在确定客户的信用等级方面,可以结合农村地区的实际情况选择科学的客户授信管理方式,并为信用等级较高的客户提供一定利率优惠。同时,应该按照抵押担保方式方面的差异,结合实际情况选择不同的担保方式。

其他因素。与金融机构进行了长时间的合作,并且彼此之间构建了稳固借贷关系的客户,其发生道德风险的可能性一般极低,因此可以对这部分客户实施较低的利率,而对于与金融机构新构建信贷关系的客户,能够带动贫困农户脱贫致富的龙头企业或新型农业经营主体,也要实行较低的利率水平。对于那些还完贷款本金和利息后,能享受到政府贴息的客户,可以结合实际情况实施较高的利率。在这一过程中利率浮动与合作方式之间存在着紧密的联系,并且能够适当地鼓励经济欠发达地区的农户与金融机构的长期合作。

四、信用评级机制设计

一般来说,贫困地区由于经济文化相对落后,在数代人的长期交往过程中,形成了相对封闭的熟人社会,其社会成员乡土文化和观念较为浓厚。正是这样相对封闭的乡土文化,对所有成员形成了一种无形的约束,一旦有人主观上故意失信,其自身和家庭及其后代会被其他成员排斥,违约成本极高。因此,在扶贫开发中,金融机构要始终坚持"贫困人口最讲诚信"这一信用理念,通过设计科学可行的信用评价标准和方案,对贫困地区农户开展信用等级评定工作,并且为不同等级的客户设定不同的授信额度,真正让农户的信用成为贷款的"抵押担保品"。

(一)信用评价指标选取

对农户资信情况进行评定主要涉及农户的个人品质、偿债能力以及生产条件等指标。具体来说,个人品质是评定农户信誉最主要的指标;偿债能力主要以家庭财产年收入以及有无外债等作为主要指标;生产条件将业务技术、自有资金以及产品的销售情况等作为主要指标。

依据以上指标可设计制作信用评级表,并赋予各项指标权重和分值,根据打分结果,将农户信用具体划分为三个等级,即优质、良好和一般。优质信用等级的基本标准限定为:农户所选择的经营项目具有市场,并且能够获得较高收益率,农户本身为人诚实守信,无不良信用记录;动产、房产抵押或有价证券、有价单证等质押物变现能力强;自有资产占据其开展生产所需资金的一半以上;良好的信用等级基本标准限定为:农户具有固定的收入来源、无不良信用记录、能够按时还款、家庭人均收入高于当地农村家庭的平均水平;一般信用等级的基本限定标准为:无不良信用记录并且家庭成员具有一定的劳动能力。虽无具体财产抵(质)押,但具有多个较强经济实力的客户予以联保。

(二)信用等级评定步骤

目前农村金融市场中利用信用评分技术进行的金融产品创新主要是小额信用贷款。金融机构主要是根据生产活动、农户收入以及以往的还款情况等各类因素对贷款额度进行衡量和核定。农户资信评定步骤主要分为以下方面:其一,由农户本人向其所在支行提出一定的申请,或者由村组织所在地区的支行提供相应的信用户候选名单;其二,由信贷人员对所提供的候选人生产资金需求、信用情况以及家庭经济收入情况等进行调查分析,并为这些农户建立相应的经济档案,提出合理的资信评定建议;其三,银行的农户资信评定小组对这部分候选人的参评资格进行全面的分析和审核,在这一过程中涉及的审核内容主要包括近期信用记录、在本行的存款情况和当前家庭经济收入情况等;其四,银行的资信评定小组结合相关标准对农户进行科学的资信评级,共同对这部分农户的资信等级加以确定。

(三)信用评级结果应用

金融机构根据评定的各个等级的信用客户,给予相应的优惠政策。政策优惠:各个不同等级的信用客户都能够享受到一定的资金优惠政策。但是具体来说,在同等的条件下,信用等级越高的客户,将先行受到优先受理借款申请、优先签订借款合同、优先满足相关资金信息和科技服务需求的待遇。利率优惠:不同的客户可以享受不同的利率,等级越高的客户,其贷款利率水平就越低。服务优惠:对其优质客户实行上门服务,尽可能满足其合理需求。时间优惠:对不同等级的客户可以采用便捷度不同的贷款、还款期限的安排。另外,金融机构还可根据农户的还款情况每年对农户的资信等级进行更新,以动态地反映农户信用等级的变化。唯有如此,才能够对客户产生激励性影响。

(四)政府征信体系建立

从实际情况来看,农户小额信用贷款数量和增长速度趋缓,其原因在于农户数量众多,且每次贷款额度较小,如果农村金融机构针对每个申请都进行详尽的调查,那么信息收集和整理量必然会显著提升,经营成本费用也会逐渐增多。另外,从理论层面进行分析,对信用体系的构建具有正向的外部性影响,并且在农村信贷市场中涉及的其他经营活动主体都能够选择利用某家金融机构审定的农户信用情况作为其发放贷款的依据。因此,从长远来看,仍需要由政府牵头逐步构建信息内容更加全面、覆盖面广的农户征信系统和指标体系,保证越来越多的农户信息进入体系中。而政府部门结合实际情况构建的信用评级体系则可以全面促进各类农村金融机构在信息层面的交流形成统一的整体,为农村地区各个金融机构的贷款决策提供特定的依据,进而有效改善信息不对称情况。

在建立农户征信系统的基础上,政府和金融机构可通过开展"信用村、信用乡镇"的方式,大力培养农户的信用意识和市场契约意识,树立守信光荣、失信可耻的市场经济道德风尚,促进贫困地区乡镇、村信用文化的形成,从而降低自身的监督成本,更好地防范信用风险。

第三节　金融扶贫模式创新

目前,随着我国扶贫开发战略的不断深入推进,初步形成了交通扶贫、水利扶贫、能源扶贫、农业扶贫、旅游扶贫和易地搬迁扶贫等主要扶贫形式。虽然这几种扶贫形式的扶贫领域和侧重点不同,但都面临着一个共性问题,即扶贫项目投融资的问题。本部分就以上六大扶贫形式,对其项目融资的机理、特点和适用条件三个层面进行深入探讨。

一、交通扶贫项目融资模式设计

(一)设计背景

在我国,贫困地区的交通运输等基础设施一直较为落后,集中连片特困地区的基础设施更为薄弱,处于落后地方的贫困地区不仅是全国交通运输发展的"短板",也是国家全面开展扶贫攻坚工作的重点和难点,对其与全国同步推进全面小康社会的进程产生严重的影响。随着改革开放工作的深入发展,集中连片特困地区在国家的支持下积极开展交通基础设施建设,逐步形成了包括铁路、公路、邮政线路和民航线路于一体的综合运输网络体系,在推进特困地区政治经济发展、社会稳定、民族团结和边疆巩固方面发挥着至关重要的作用。但是在发展过程中受到历史、社会、自然等多种因素的影响,集中连片特困地区的交通基础设施建设还存在一定的问题,与我国脱贫致富的基本发展需求还存在巨大的差距。从整体上看,集中连片特困地区的交通基础设施建设还存在以下方面的问题,如对外通道畅通性不足、高速公路断头路相对较多、国省干线建设技术水平偏低、干线发展规模不足、农村地区公路建设水平不高,无法有效抵御自然灾害,基本公共服务意识和服务能力差,对特困地区交通运输的发展产生不良影响。

交通运输本身所带有的基础性、服务性和现代性作用在一定程度上决定了在开展扶贫攻坚工作的过程中应该将交通运输建设作为基础工程,将集中连片特困区的交通运输建设作为开展扶贫攻坚工作的重要阵地,进而在特定的地区内构建现代化的立体交通运输基础网络,逐步改善特困地区交通滞后的发展现状,促使特困地区在交通条件的支持下自我发展能力逐步提升,为特困地区产业机构的调整、空间布局的改善以及城市化进程的推进创造良好的条件。同时,积极加强特困地区的交通基础设施建设,还能够促进特困地区国内和国际产业转移的承接能力得到进一步的增强,进而逐步将资源优势转化为经济方面的优势,真正破解经济建设和发展的困境,改善基本公共服务现状,推进基本公共服务均等化进程发展,促进贫困地区社会和谐稳定发展。

2015年12月2日,交通运输部审议通过《"十三五"交通扶贫规划》,指出到2020年,集中连片特困地区将逐步建设起以高速公路、干线铁路、民航机场和国省干线等为骨架的综合交通运输网络发展体系,国家高速公路主线基本贯通,经济发展状况良好的县城开通二级以上的公路,经济水平较高的乡镇组织村通硬化路筹建,为农村物流体系的建设创造良好的条件。这样,在完善交通运输体系的基础上,城乡客货运输效率必然会得到一定的提升,农村公路服务质量以及对各类灾害的预防和抵抗能力也会得到进一步的加强,交通安全和应急保障能力逐步提高,交通运输基本公共服务主要指标也得到了相应的丰富和发展,与全国平均水平逐渐接近,能够与经济社会的建设发展和全面建成小康社会的总体要求相适应。《"十三五"交通扶贫规划》主要包括了"百万公里农村公路工程"和"百项交通扶贫骨干通道工程"两大重点工程。即到2020年,剩余乡镇通硬化路1万公里、建制村通硬化路23万公里、易地扶贫搬迁安置点通硬化路5万公里、乡村旅游公路和产业园区公路5万公里、一定人口规模的自然村公路25万公里、改建不达标路段23万公里、改造油返砂公路20万公里和农村地区的公路危桥1.5万公里。建设32项高速公路项目、165项普通国道项目、16项铁路项目、14项机场项目,强化贫困地区骨干网络,着力增强交通"造血"功能。

(二)设计原则

1. 政府主导项目建设

交通运输建设项目既能够表现出一定的自然垄断特征,也具有竞争性;既具有公益性的特征,又能够表现出市场性的特质。作为影响国家经济发展的重要基础设施,交通运输项目与国民经济和公众利益高度相关,因此在所有权问题方面其所有权必须由政府部门主导建设工作,不能出现政府管理的真空地带,并且由政府部门或者相关能够代表政府部门的国有企业所拥有。而且,为保证项目的公平性与服务性,交通项目的投资建设也必须在政府的统筹管理下进行。

2. 引入多元化投资主体

交通运输项目能够获得的基本效益属于宏观社会效益的范畴,因此可以对地方经济的发展产生促进影响,满足地方群众的基本发展需求。而交通运输项目投资规模巨大,单靠政府投资很难实现,这就需要引入多元化的投资主体,实现交通运输项目的市场化。但是在市场化的过程中要注意实现社会效益和经济效益的动态平衡,要实现政府和市场的风险分担和利益共享,构建政府和市场的共生复合模式,这样才能形成适应交通运输项目建设与经营特点的产权制度、自我激励机制、自我规制机制。

3. 广泛应用 PPP 融资方式

PPP(Public Private Partnership)模式是指政府与私人企业之间合作建设城市基础设施项目或合作提供某种公共物品和服务。这种合作基于一种彼此伙伴式的合作关系,以特许权协议为基础,借助合同的签署对双方之间的权利和义务关系加以明确,进而保证相关项目和服务工作能够顺利完成。同时相关合作方能够获得超出预期单独行动的效果。PPP 作为各项融资模式的总称,具体包含了 TOT(Transfer-Operate-Transfer,移交—运营—移交)、BOT(Build-Operate-Transfer,建造—运营—移交)以及 DBFO(Design-Build-Finance-Operate,设计—建造—融资—经营)等多种类型的模式,应该在综合分析相关因素的基础上,选择使用 PPP 模式,并结合具体的情况进行适当的改进和调整。

(三)模式选择

1. CPPP 融资模式

CPPP(Complete-Public-Private-Partnership)是 PPP 模式的一种演化,是将政府资本、民间资本以及完整产权概念相融合的一种融资模式,其具体形式是"共同投资建设—补贴运营—政府控股下的完整产权"。

运行机理:首先由贫困县所在地市或省级政府和私人企业投资共同组建具有独立的法人资格,自主经营、自负盈亏的项目公司,项目公司主要负责交通运输项目的筹划、设计、建设以及运营,以项目为基础通过多种渠道进行筹资。政府部门在项目公司中占据控股地位,对项目具有控制权及对行业监督与价格管理的权利。交通运输项目的设计单位和施工单位等以私人投资者身份组成总承包商,参与到项目建设与运营过程中,并充分对项目的内源资金进行发掘。在项目建设和运营过程中,项目公司在政府提供担保的情况下,可以从金融机构或投资公司获得相应的资金支持(见图7-2)。

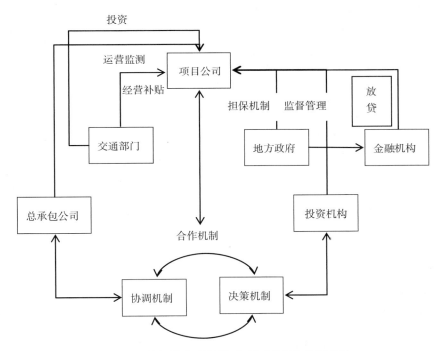

图7-2 交通扶贫项目的 CPPP 融资模式示意图

特点分析:这一模式是由政府部门和私人共同建设的,能够分享共同利益,并且政府部门可以借助补偿机制对参与其中的民间资本进行补偿的特殊模式。在该模式下,考虑到交通运输项目本身效益较低,无法完全实现对民间资本收益的满足,这一模式成功的关键在于开展项目的过程中政府须承诺对交通运输项目的低经济效益进行合理的补偿。政府承诺特指政府部门对私人企业所提出的未来能够获得经济效益方面的承诺,一旦私人企业无法在本项目中获得承诺的经济效益,政府部门应结合实际情况为私人企业提供包括税收优惠补偿、贴息补偿、交通运输项目附属项目的开发补偿等多种补偿方式。

适用条件:该模式一般适用于在集中连片特困区开展的投资数额巨大、收益低的铁路项目或高速公路项目。

2. BDOT 融资模式

BDOT(Build-Develop-Operate-Transfer,建设—开发—运营—移交)融资模式也是 PPP 模式的一种,具体而言就是对交通项目周边所进行的物业开发、周边土地管理以及与 BOT 模式相结合的一种特殊模式,主要包括"建设—开发—运营—移交"等几个阶段。

运行机理:在这一融资模式下,首先政府部门和项目承包商进行合作,共同成为这一项目的发起人,然后承包单位结合项目需求成立相应的项目公司,并为公司注入一定的发展资金,政府将土地特许权给予该项目公司,由其先投入一定数量的资金开展土地征用和场地清理工作。在完成路线的划定工作后,项目公司再投入一定数量的资金,也可以采用贷款融资等多种方式筹集资金,进而完成交通路线的设计、施工和设备采购等相关工作,独立承担此项目施工过程中所需要的项目建造费用和基础设备的购进费用。同时,基于这一融资模式,项目公司在开展施工的过程中除了要完成交通项目的基本建设外,还拥有对交通项目周边涉及的部分土地进行开发的权利,因此项目公司能够借助土地的开发来获取一定的资金,进而以更充足的资金全力支持交通项目的建设,以保证交通项目建设拥有充足的资金(见图7-3)。

特点分析:这一模式的应用就是在建设交通项目的过程中,将部分特定的外延收益返还给投资者,并支持其将这部分收益重新应用到项目建设工作中,而另一部分外延收益则以上缴政府的方式作为政府在土地开发方面的收益。这一模式的优点在于,政府在这一过程中不需要动用相应的财政资金支持交通建设项目的开展,只需要赋予项目公

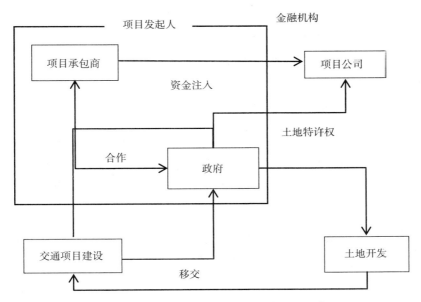

图 7-3　交通扶贫项目的 BDOT 融资模式示意图

司沿线的资源开发权力。同时投资者在这一过程中也能够获得特定的投资回报,并促进企业形成良性发展模式,交通基础设施建设也得以持续开展。在完成交通项目建设并保证项目运行后,项目公司一般对这一项目享受一定期限的独立运营权,在期限达到后政府部门对运营权进行回收,并且在对整个项目进行开发、建设、管理和运营等存续期限内,政府部门也应该积极发挥自身监督职能,为项目的顺利开展和运行提供相应的保障。

适用条件:这一模式适用于投资额相对较小的贫困地区省级、县乡公路或桥梁项目。

二、水利扶贫项目融资模式设计

(一)设计背景

水利作为国民经济和社会建设发展的重要保证,与民生有着极其紧密的联系。但是水资源问题已经成为受到世界各国普遍关注的问题,对贫困地区的经济建设和发展产生着重要的影响。联合国公布的水资源相关报告明确指出,对于当前人类世界的建设和发展来说,大量贫困人口的出现本身就是水资源出现危机的先兆,因此联合国针对水资源问题,提出资源的公平和充足的配置是消除贫困、改善教育和环境卫生必不可少的,这其中,水资源是最基本的资源。长期以来,我国一直受到水资源匮乏的限制,是一个缺水干旱的国家,水资源在时空分配方面存在不均衡的情况,特别是经济欠发达地区,由于水利设施建设条件相对较差,再加上水资源短缺,造成水资源的使用出现问题,严重限制了地区的发展。所以当前要想缓解贫困地区的发展现状,还应该保持对贫困地区水利扶贫工作的高度重视,结合贫困地区的实际情况积极开展基础设施建设,逐步解决贫困地区民生水利方面的问题,进而从根本上改善社会大众的生产生活条件,辅助扶贫攻坚工作的开展,为我国贫困地区经济发展和社会建设贡献一定的力量。

(二)设计原则

1. 注重公共化与使用私有化之间的协调

自实施农村水费改革以来,我国农业生产一直存在着水利设施公共化与用水私有化之间的矛盾。这种矛盾基本表现在农户虽然能够免费享受农村基本水利设施所带来的积极效用,但是却不承担相应的农田水利基础设施建设义务,而政府部门虽然积极加大对贫困地区农村水利技术设施建设方面的财政投入,但效率的低下使得农村水利设施建设基本上处于瘫痪状态。因此,采用以财政引导、财政补贴为基础的市场化融资方式一定程度上可以更好地将两者协调起来。

2. 注意水利建设项目的低营利性特点

不论是对于大中型还是微小型农田水利设施建设来说,其在建设过程中的高投入和低回报,以及自身所带有的公益性质在一定程度上决定了其经营性必然相对较差。再加上水利设施相对比较分散,不利于企业进行规模化经营,同时在开展经营活动的过程中,其投资的回收期限一般相对较长,所能够获得的收益较小,不利于企业在短时间内回收资本,因此在经济条件刺激不足的情况下,如果没有相应的措施安排,则很难通过市场化融资方式获得民间资本参与。

3. 注意自然因素和人为因素对项目的影响

在工程建设完工以后,与其他基础设施不同,水利项目会受到自然和人为两方面因素的影响,造成其极易受到损坏,因此需要高度重视日常管理和维护工作。但是农田水利设施的外部性决定了以家庭为基本单位的农户往往无法得到有效的投入激励,导致农户中普遍存在"搭便车"现象,最终致使农村地区的农田水利技术设施维护和管理工作空白,严重影响了农村地区水利设施的长期使用,水利设施损坏现象也时有出现。

(三)模式选择

1. BOT+土地开发+农户参与

BOT(Build-Operate-Transfer,建造—运营—移交)模式是经过改进的 PPP 模式的一种。

运行机理:首先政府部门授权开发商基于建设需求组建水利项目公司,对项目的建设、融资和运营情况负责。其次,政府积极与企业和农户达成合作,共同作为经营主体开展经营活动,在此过程中政府部门负责水利设施项目的规划和设计工作,保证能够结合水利设施建设项目的基本类型,合理选择具有一定资质和良好施工能力的企业承担水利设施的建设工作,并且在企业开展水利设施建设工作的过程中,政府部门对企业各项工作的开展进行监督,负责水利项目的验收工作,切实保障项目建设质量。最后,在完成水利设施的基本建设工作后,应该结合水利设施投资回报率方面的差异,保证参与水利设施建设的企业能够获得一定时期甚至较长期限的设施经营权,协议期满,水利设施连同周边土地开发权一并移交政府(见图7-4)。

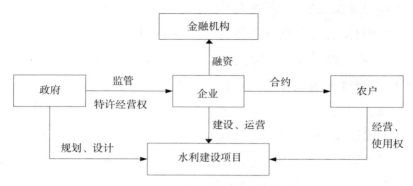

图 7-4　水利扶贫项目 BOT 融资模式示意图

特点分析:该模式优点在于既考虑了开发商在此过程中能够获得的合理投资回报,又能够有效地避免产权争端问题,对农民参与积极性的调动也产生着相应的积极影响。项目公司、承包单位所提供的工程完工担保和土地开发收益质押担保,也能够促使银行对水利项目贷款的积极性得到进一步提高。完善的特许经营协议以及合理的风险分担机制是项目能否成功的关键影响因素。

适用条件:该模式比较适用于贫困地区农村新建设的农田水利设施或河道的维护和疏通。

2. PFI 融资模式

PFI(Private Finance Initiative)模式,简单地说就是政府部门和私人部门开展有机合作。

运行机理:政府部门一般允许私人或者私人部门成立一个 SPC(Special Project Company,特别项目公司),并赋予其一定的特许经营权,由 SPC 负责水利建设项目的设计、融资、建设,在项目建成之后,政府可以赋予 SPC 一定期限的收费权,保证 SPC 对前期投入的相关资金进行及时回收,并在此过程中获得一定的收益;政府和特别项目公司共同运营和管理,则两者能够对项目的经营收益进行分成。而两者之间所涉及的具体收益分成问题则应该在最开始签订协议的过程中就进行合理约定（见图7-5）。

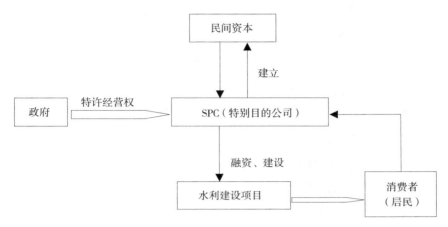

图7-5　水利扶贫项目 PFI 融资模式示意图

特点分析:这一模式要求政府部门在合作过程中赋予私人或者私人部门所建立的特别项目公司(SPC)一定的公共项目特许开发的权利,并且特别项目公司(SPC)在这一过程中需要承担政府相关公共物品的生产工作,或者按照政府要求提供一定的公共服务,政府购买 SPC 所提供的公共产品或者相关服务。另外政府部门也可以适当地给予 SPC 一定的特许收费经营权,或者政府部门可以联合 SPC 以合伙经营的方式对其实施运营管理,进而获得一定的收益,最终实现政府公共物品和服务的有效供给,促使资源在合理配置中获得最大的效率和产出。

适用条件:该模式适用于水资源较为丰富的贫困地区大中型水库项目的维护与开发。

三、光伏扶贫项目融资模式设计

(一)设计背景

中国广大农村地区在长时间的发展过程中,由于受到能源和资源贫困的限制,在生产和生活方面不得不以传统的物质燃料为依赖,如使用动物粪便、秸秆等完成烧水做饭工作等。能源与贫困关系密切,传统燃料的燃烧不仅会造成呼吸道等各种疾病的出现,也对环境造成巨大的破坏,能源的贫困严重限制了农村生产力水平和农民生活质量的提升,因此,从扶贫的角度看,在贫困地区推广和发展新能源是解决贫困问题的一项重要措施。我国贫困地区具有丰富的太阳能、风能等新能源资源,也具备发展新能源的良好基础。其中在光照资源条件较好的地区因地制宜地开展光伏发电扶贫,既符合精准扶贫、精准脱贫战略,又符合国家清洁低碳能源发展战略;在有效保护生态环境的同时,有利于促进贫困人口稳收增收。

光伏扶贫作为精准扶贫的创新应用模式之一,将在"十三五"期间迎来飞速发展。每年建设规模约3吉瓦,按照每千瓦投入8000元计算,"十三五"时期光伏扶贫工程总投资将达到1200亿元。2016年3月,国家发改委、国务院扶贫办、国家能源局、国家开发银行、中国农业发展银行联合发布《关于实施光伏发电扶贫工作的意见》(发改能源〔2016〕621号)。该意见指出:我国将在光照条件良好(年均利用小时数大于1100小时)的16个省(区)471个贫困县的3.57万个贫困村开展光伏扶贫工作,覆盖已建档立卡的无劳动能力约300万贫困户。据测算,到2020年仅分布式光伏发电扶贫项目规模就能达到5吉瓦;按平均每个家庭3千瓦计算,将实现166万个家庭屋顶分布式项目,为贫困户带来每户每年至少3000元的现金收入。同时,鼓励"光伏+"形式,即光伏发电与种植、养殖业结合,充分利用荒山、荒坡、鱼塘、大棚等农业设施建立光伏电站,增加贫困人口收入。据国务院扶贫办公布的数据显示,2015年我国光伏扶贫试点工作收到很大成效。全国建设规模达到1836兆瓦,年均收益22.6亿元,近43万建档立卡贫困户实现增收,解决了956个贫困村无集体收入的问题。

虽然国家在政策层面对光伏扶贫给予大力支持,但是在资金层面也面临一些难题,据测算,以3千瓦户用分布式光伏电站为例,价格一般在3万元左右,而通常每个地方到户的扶贫资金仅6000元至8000

元。其余的75%左右需要银行融资。因此,设计科学、操作性强的光伏扶贫项目融资模式显得尤为迫切。

(二)设计原则

1.因地制宜确定项目模式

根据扶贫对象数量、分布及光伏发电建设条件,在保障扶贫对象每年获得稳定收益的前提下,因地制宜地选择光伏扶贫建设模式和建设场址。如贫困农户房屋屋顶质量和空间尚可,可以户用分布式小型发电站为主;房屋质量较差、土地资源缺乏的地区,可以村级光伏电站为主;有荒山荒坡大面积闲置的地区,可建设适度规模集中式光伏电站。

2.统筹落实项目所需资金

根据光伏发电系统不同形式和规模,地方政府将产业扶贫和其他相关涉农资金进行有效整合,统筹解决光伏扶贫工程建设资金问题。户用分布式光伏电站,可鼓励贫困农户进行贷款,财政扶贫资金安排全额贴息。集中式电站,可鼓励民营企业积极参与光伏扶贫项目的投资、建设和管理,政府筹措资金可折股量化给贫困村和贫困户。政府可给予相应企业财政贴息优惠政策。政策性、开发性银行应大力支持光伏发电项目,提供优惠长期贷款。

3.采取资产收益制度安排

结合房屋、空地和荒山荒坡产权归属的不同,采取不用的资产收益安排。如果将光伏发电系统安装在贫困户屋顶或院落空地,产权和收益自然归贫困户所有;将光伏发电系统安装在村集体的土地上,产权应该归村集体所有,收益经村集体和贫困户协商后按比例分配;将光伏发电系统安装在农业大棚等现代农业设施上,产权和收益归投资企业和大棚户共有;将光伏发电系统安装在无主的荒山荒坡上,产权和收益归投资企业所有,之后企业应捐赠一部分股权,由当地政府将这部分股权收益分配给贫困户。

（三）模式选择

1. 政府+银行+贫困农户

运行机理：地方政府通过招标，选择具有较强资金实力和技术的企业承担光伏电站的建设。一般由地方政府整合中央扶贫资金和地方财政配套资金，按照一定比例承担光伏电站建设总投资，剩余不足部分由建档立卡的贫困农户向金融机构申请小额信贷。同时政府或第三方担保公司为建档立卡的贫困农户提供担保，银行为贫困农户提供中长期小额信用贷款，贷款利息由地方财政全额贴息。电站建成后，产权和收益归贫困农户所有，贫困农户从光伏发电收益中逐年偿还贷款本金。另外，负责光伏电站运营的企业负责电站建成后的后期维护，相关维护费用可从所管理或提供技术服务的光伏电站项目收益中按一定比例提取，见图7-6。

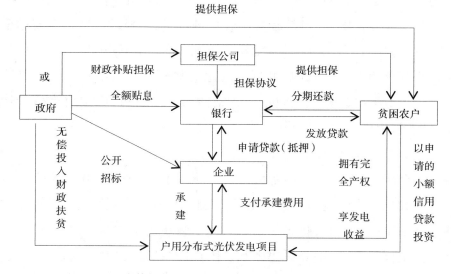

图7-6 光伏扶贫项目"政府+银行+贫困农户"融资模式图

特点分析：该模式下贫困农户不仅能够享受全额贴息贷款，而且能获得光伏电站的完整产权和长久收益。

适用条件:该模式适用于光照条件较好,农村房屋建筑质量较好的分布式光伏电站建设,贷款对象一般为有一定发展能力的建档立卡贫困农户。

2. 政府+企业+贫困农户

运行机理:地方政府通过特许经营的方式,依法依规、通过招标或其他竞争性比选方式公开选择具有较强资金实力和技术、管理能力的企业,承担光伏电站的建设、运营管理或技术服务。该模式下,资金投入主体由政府和负责光伏电站建设或运营的企业双方按照一定的比例投入相应的资金,其中政府筹措专项扶贫资金进行无偿投入,企业可采取两种形式投入资金:一是垫付;二是投资。如果企业垫付一定比例的资金,在某种程度上说企业是扮演了银行的角色,成为贷款主体。当然如果企业自有资金不足,企业本身也可向金融机构贷款,并可享受政府的全额财政贴息,图7-7。

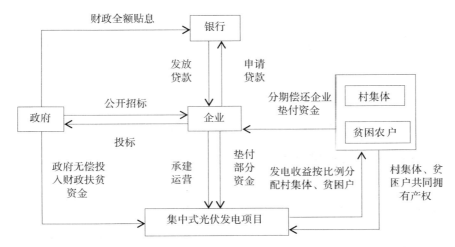

图7-7　光伏扶贫项目"政府+企业+贫困农户"融资模式图——企业垫付型

如果企业投入的资金是以投资的形式进行,企业就成为项目投资的主体,将承担大部分资金投入,产权完全归企业所有。若企业自有资金不足,可向金融机构申请项目贴息贷款,政府投入的财政扶贫资金一部分用来对企业或金融机构进行贴息,一部分是折股量化后直接无偿分配给贫困农户,这样贫困农户就成为光伏发电项目的股东之一,企业将发电所获取的收益的一部分每年以红利的形式发放给贫困农户,见图7-8。

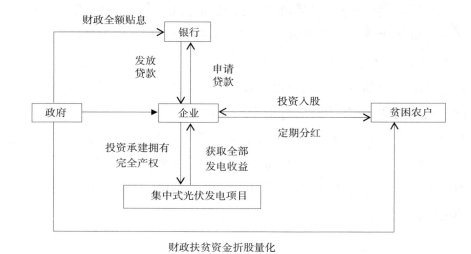

图7-8 光伏扶贫项目"政府+企业+贫困农户"融资模式图——企业投资型

特点分析:该模式下如果大部分投资资金主要由政府承担,企业只是垫付一小部分建设资金,电站建成后,政府将筹措的扶贫资金折股量化给贫困村和贫困户,电站产权不归企业而归村集体所有,收益由村集体和贫困户按一定比例分配。企业垫付的资金由村集体和贫困农户按照一定的比例分期偿还企业。如果投资主要由企业承担,则企业对电站拥有完全产权,企业负责光伏电站后期的维护运营。贫困农户以政府给予的资金入股,虽不参与电站的维修和运营,但每年定期可分享电站发电收益。

适用条件:"政府+企业+贫困农户"融资模式适合于在光照条件好的贫困地区荒山荒坡上或利用农业大棚等设施建设的集中式光伏电站。

四、农业扶贫项目融资模式设计

(一)设计背景

经济落后地区农民居住分散、收入有限,其中一个关键因素是农业产业级别不高,农业收入增收渠道不够广。实践证明,产业扶贫具备利用优势资源—集中生产—引入生产要素(如资本、技术、管理等各类稀缺资源)—产品增值—扩展市场—提高竞争力—增强扶贫效益的特征。开展农业产业扶贫,对贫困地区的扶贫开发工作起着相当重要的作用,其有助于增宽收入提升渠道,推动贫困人口加入到产业发展链条中,提升生产水平,安置赋闲人员,推动贫穷区域资源优势逐渐转变成经济增长的有利条件,促进贫穷区域经济增长,改进农民生活现状。为此,在《中国农村扶贫开发纲要》中,特别将发展特色优势产业作为 12 项重点工作任务之一,要求到 2020 年,初步构建特色支柱产业体系。2016 年 5 月 23 日,在全国产业扶贫电视电话会议上,国务院副总理、国务院扶贫开发领导小组组长汪洋强调,"产业是发展的根基,也是脱贫的主要依托。要紧紧围绕贫困人口脱贫目标,培育和发展特色优势产业",提出在第十三个五年规划期间,利用产业发展,达到三千万以上农村贫困人口脱贫目标。

产业扶贫是运营过程中利用生产和经营技术促进经济发展的一种形式,其注重产业运行的自身体系,经过近似于工业化的运行形式,将技术、管理、市场等每个方面的优势有效融合起来,达成生产环节、加工环节、销售环节的一体化运行。目前实施农业产业扶贫,其有利因素主要有:一是从产业扶贫的基本状况而言,当前贫穷区域的交通、灌溉等状况逐渐改进,自然条件优良,生产人员充足,满足农业产业化发展的各种要求。二是贫穷地区大多拥有丰富的特色资源,各贫困地区都有符合当地气候和水文条件的特色农产品,具备发展农业产业项目的产品与技术条件。三是城乡群众消费架构有了很大改变,环保、低碳消费成为新的焦点,具备发展生态农业、设施农业等产业项目的市场需求条件。但也存在着妨碍农业产业化发展、阻碍经济增长的要素,大致包括:产业帮扶资本不充分,尤其是后期资本跟不上,妨碍产业的稳定发展;龙头公司、农民专业合作社、种养大户等新型农业经营主体培育扶持不够,数量少、规模小、示范带动能力不强;产业项目与农户诉求不一致,不具有显著的市场竞争优势;产业革新体系不健全;等等。

总之,产业是发展的根基,脱贫攻坚离不开产业扶贫支撑,贫困地区应从当地实际出发,突出"产业+扶贫",结合产业根基、市场诉求、自然条件、资源拥有状况等要素,选取适宜本地发展的具有市场竞争力的产业,适合种草的便种草、适合放牧的便发展畜牧业、适合发展农业便发展农业,利用产业发展带动建档立卡贫困户脱贫增收。

(二)设计原则

1.以市场机制为核心

现代农业的生产、经营以市场为主导,在市场这只无形的手的指挥下对资源加以科学配置。第一,现代农业发展的土地、资本、人员、技术等生产要素均要通过市场机制进行科学配置;第二,现代农业的生产与营销也均要以市场为主导,农业产业唯有以市场为导向,生产的商品才可以全部销售出去,实现价值;第三,生产经营的主体,如农户、加工企业、销售企业等各方的利益分配也要按照市场机制进行。

2.构建多元化的投融资主体

农业产业化运营的不断深入,转变了以前以户为单位的农业生产经营模式,现代化的农业生产对资金的需求越来越多。而农业的高风险、低收益的特征制约了农业资金的可获得性。因此,构建以种养大户、农民专业合作社、龙头企业等新型农业经营主体多元化融资主体,成为解决现代农业发展的重要途径。

3. 着眼于农业产业链融资

过去只针对某个农户家庭进行信贷支持的思路无法从根本上解决农业产业项目的资金融通问题,农业产业项目的资金融通不应当拘泥于某个农户家庭,而应当站在农业产业链条的层面来考虑。产业链融资一方面可以缓解农业风险大、收入少的特点和金融资金寻求收益、回避风险特点的冲突,另一方面还能解决农民分化和农业生产运营形式改变所产生的系列新问题。

(三)模式选择

1. 银行+龙头企业+贫困农户

运行机理:"银行+龙头企业+农户"是一种比较常见的订单农业模式,在这种形式下,龙头企业和农民直接签署生产销售合同,且负责农产品生产、运送、营销、支付等环节。该融资模型见图7-9。

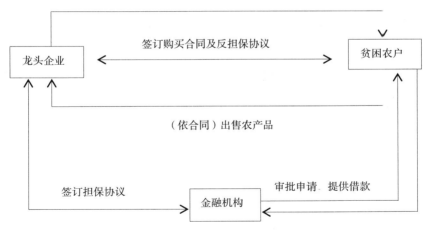

图7-9　"银行+龙头企业+贫困农户"融资模式示意图

此种模式的起点是先由农产品加工龙头企业和贫困农户签署农产品购买合同,且由企业依据合同的原料供需状况,以担保者的身份为签约的贫困农户提供贷款担保;金融机构与龙头企业签订担保协议、龙头企业与贫困农户签订反担保协议。金融机构对农户申请的借款加以调研、审查、确定数额等,审批之后向合同农户提供借款;最后由签订合同的农户向农产品加工企业出售依照合同规定生产的农产品,贫困农户从销售的农产品金额中减除相应的借款本息,将其支付给金融机构,剩余的款项为农户销售农产品的净收入所得。

特点分析:采取"银行+龙头企业+贫困农户"进行融资,对贫困农户而言,能够缓解初始生产资金不足的问题,同时无需担忧农产品无法销售,可以防止盲目种植,更有效地达成农民收益提升的目标;对于企业来说,这种模式的优势体现在可以获取较为固定的农产品,无需担忧原料不足而妨碍正常的生产,有利于提高企业规模收益;对金融机构来说,由于有国家认定的有资质的龙头企业为订单农户提供贷款担保,金融机构会对贫困农户更加信赖,信息不对称和信贷风险也随之降低,从而有效地支持企业和贫困农户按照订单生产和加工相应的农产品,获得相应收益。

适用条件:该模式能够成功运行的重要前提是当地有效益比较好的龙头企业实施订单生产。这里指的龙头企业,应该是国家抑或政府着重扶持的单位,并且在金融机构的信誉级别在 A 级以上(含 A 级)。

2. 银行+合作社+贫困农户

运行机理:"合作社+农户"的生产经营形式和"企业+农户"的生产经营方式近似,区别是"合作社+农户"这个产业链形式中发挥核心作用的并非企业而是农业合作组织。在该种模式下,由农业专业合作社向金融机构申请贷款并为贫困户提供担保,金融机构给信誉优良的农民专业合作组织提供整体授信和贷款,合作社将贷款转贷给贫困农户发展生产。在该模式下,合作社是成员的代表,和农业生产资料供应商、农产品贸易公司签订购销合同。此种融资模式的模型见图 7-10。

此种融资模式的步骤是:第一,贫困农户参加合作社,成为互助社的一员,且签署合同,将部分农产品出售和农业生产资料采购的经济权力授予合作社;第二,由合作社代表成员与农业生产资料供应商或农产

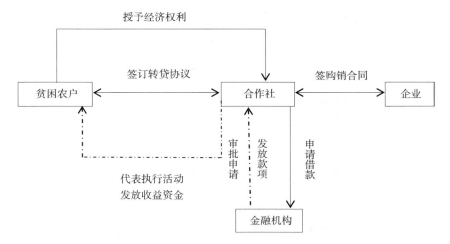

图 7-10 "银行+合作社+贫困农户"融资模式示意图

品贸易公司签署农产品购销合同;第三,合作社将全部订单进行打包,且将其作为基础,向金融机构申请借款;第四,金融机构对合作社申请的借款加以调研、审查、确定数额,确定后给合作社发放申请款项,合作社把款项转贷给合作社成员,与社员签订转贷协议,但贷款资金由合作社统一使用;第五,合作社为社员统一组织购买生产资料,统一组织农产品的销售,并将得到的销售收入扣除社员借款本息外,剩余资金发放给合作社成员。

特点分析:这种模式下,由农户自己组织形成的农业合作组织代表农户践行权责,所以在和农产品收购方和农业生产资料供应方谈判的时候,可以拥有更多的主动权和话语权,有助于产业化生产与农户收入的增加。

适用条件:该模式适用于农民专业合作社发展较好、农民组织化程度较高、具有一定特色农产品优势的贫困地区。

3.银行+担保公司+合作社+龙头企业+贫困农户

运行机理:此种融资形式的具体运行过程是:一是首先由政府、担保公司和农业龙头企业三方分别按照相关比例构成风险补偿金,用来补偿金融机构无法收回的贷款。风险补偿金成立以后,由担保公司为农资企业提供相应数额的担保,产业链条上的每一个成员,包括农资企业、龙头企业、合作社、农贸批发市场和贫困农户等在资本不足的状况下均能向金融机构申请借款。二是农资企业和农产品生产龙头公司、合作社、农户、农贸批发市场均形成了较为固定的合作关系,交往比较频繁和密切。如果贫困农户资金不足,农资企业甚至可以将生产资料赊销给贫困农户。三是贫困农户在合作社的统一指挥下依照农业龙头企业的需求种植相关农作物。另外,合作社也能够和距离较近的农户建立非固定合作关系,在收购农作物的时候两者可商谈价格。四是等到农产品成熟后由贫困农户统一交付给合作社,合作社进行初步验收,将验收合格的农产品供应给农业龙头企业,龙头企业对合作社供给的农产品加以检验,检验达标后,利用向金融机构申请的贷款,把相关款项经由合作社支付给农民。五是由龙头企业负责销售,将加工以后的农产品出售给农贸批发市场的零售商或超市,农贸批发市场也可向金融机构申请贷款。假如产业链条中的某个环节,金融机构到期无法收回信贷资金,便动用风险补偿金补偿有关损失。具体模式见图7-11。

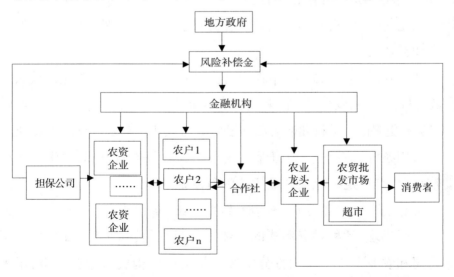

图7-11 "银行+担保公司+合作社+龙头企业+贫困农户"融资模式示意图

特点分析：该模式实现了农资企业、龙头企业、合作社、农贸批发市场和贫困农户的全产业链融资，核心是龙头企业与农民专业合作社。龙头企业的主要任务是合理预测市场需求情况，特别是依据前两年市场需求状况预估本年的市场需求，签订正规或非正规的订单，和农业互助合作组织确定农产品的数目、类别、规格、质量等级。此外，龙头企业还必须负责农产品的加工、生产、运送、出售等。合作社的作用是将农户和龙头企业连接在一起，由农业合作社将生产目标细分给所有的合作社成员，同时还要代替龙头企业统一收购农户的农产品。担保公司为产业链上的农资企业和农户、合作社、龙头企业提供融资担保。金融机构在担保公司担保的前提下，向产业链的融资主体提供信贷支持。

适用条件：该模式适用于农产品加工龙头企业和农民专业合作社发展都较好的贫困地区。该模式成功的关键是建立起以农产品加工龙头企业和农民专业合作社为核心环节的农业产业链，实现上中下游全产业链融资。

五、旅游扶贫项目融资模式设计

（一）设计背景

按照国际上的基本规律，当一个国家或地区经过长时间的发展，人均 GDP 已经超过 5000 美元时，这个国家和地区的社会建设必然会进入到一个具有日常性、大众化和普遍性旅游消费的发展阶段。现阶段，随着时间的发展和经济的进步，我国人均 GDP 已经逐渐超过 5000 美元，达到 7000 美元以上，社会大众的旅游消费需求也逐渐增多，甚至呈现出一种爆发式的发展态势，旅游消费需求的多元化也日渐显现，出国游、度假游、轮船游、乡村游等多种旅游形式蓬勃发展。而从旅游资源的供给角度来看，中国旅游资源最丰富的地区恰恰是中国经济最贫困的地区。在我国多达 823 个贫困县中，存在将近 300 个县区能够列入到国家总体功能区的限制开发县区范畴内，虽然经济发展相对落后，人民生活水平偏低，但是这些县区的生态环境却得到了一定的保护。在我国，大部分的优质旅游资源集中分布在经济条件相对较差的中西部地区和边境地区。2014年，在我国相关部门经过全面调查分析建立的2.8万个建档立卡的贫困村中，一半左右的村庄具有优美的资源环境，基本地势依山傍水，传统风俗文化资源具有浓郁的地域特色，旅游开发优势较为明显。

近些年，随着人民收入水平的提高、工作压力的增加以及城市环境污染愈加严重，越来越多的消费者倾向于原生态、绿色环保的旅游目的地，乡村旅游显现出勃勃生机。据《2014年中国旅游业统计公报》数据显示，2014年，我国旅游人次急剧增多，国内旅游人数达36.11亿人次，其中一半以上的游客将目的地选择在乡村，并且在这些游客中，由农民群众直接接待的已超过了6亿人次；在旅游业发展的刺激下，我国部分乡村选择建立适合游览的农家乐。现阶段在特色乡村，已经基本建设完成了超过190万家的农家乐。仅2014年，我国乡村旅游收入就高达3200亿元，大量的农民群众在乡村旅游中受益，我国贫困农村经济条件的改善状况较为明显，农民的脱贫致富成为可能。

在《中国农村扶贫开发纲要（2011—2020年）》中，首次提出要大力推进旅游扶贫。旅游扶贫工作更多地表现为一种特定的机会和能力扶贫，与传统的社会救助和资源供给等帮扶形式存在明显的差异，旅游扶贫在开展扶贫工作中主要是通过对旅游资源进行充分的开发，在贫困的乡村地区积极发展旅游业，进而在充分利用乡村自然资源的基础上，为乡村的贫困人口提供更为先进的创业、就业机会，促使乡村农民的自我发展能力得到全面的强化，最终促使农民群众能够通过辛勤劳动实现脱贫致富的目的，甚至走上致富发展的道路。与诸多相关产业相比较，旅游业在扶贫开发方面具有一定的优势，其产业链相对较长，并且产业面极其广泛，具体能够涉及衣食住行游购娱等多方面的内容。同时，国家在贫困乡村发展旅游业，社会大众的个人投入一般相对较小,产生的就业容量却相对较大,并且就业门槛低,村民可以灵活地选择相应的方式实现就业,如开展农家乐活动、办理家庭宾馆、制作和销售不同地区特色产品以及有机农产品等,能够保证大量的农民群众受益,促使农民群众的生产积极性得到充分的调动。此外,积极发展旅游业还能够促使不同地区的农村基础设施建设得到一定的改善,优化农民的生产生活环境,在带动贫困乡村经济发展的基础上,为贫困乡村的整体脱贫致富提供良好的支持。

2014 年,国家发改委发布《关于实施乡村旅游富民工程推进旅游扶贫工作的通知》,对旅游扶贫工作目标进行了全面的布局,"力争到 2020 年,争取每一个旅游扶贫的重点区域实现年 100 万元的旅游经营收入,并且每年借助乡村旅游活动的开展,带动 10 万人步入到脱贫致富的行列中,间接拉动 50 万人在旅游扶贫的积极影响下开展实现脱贫致富"。2015 年 7 月份,国家旅游局和国务院扶贫办公室也针对这一问题提出了相应的工作指导意见,提出到 2020 年,要借助旅游扶贫的力量全面支持贫困地区发展旅游业,最终促使 1200 万农村贫困人口摆脱贫困的生存环境,步入到致富的行列中。但是,旅游扶贫工作的开展在旅游资源的开发、旅游扶贫项目建设的过程中需要大量资金的投入,而目前的融资模式还难以满足旅游扶贫项目的资金缺口,必须深入研究、不断创新,设计不同的融资模式以满足旅游扶贫项目的资金需求。

(二)设计原则

1. 旅游项目的公益性和营利性

旅游景区可以具体划分为经济开发型和资源保护型两种类型,并且不同类型的景区常设的营利性项目也存在着一定差异,如建设资源保护型景区,其所涉及的森林公园资源属于不可再生资源,具有公益性质,主要收入来源为景区门票方面的收入。而景区在建设过程中相关基础设施如游山道等在建设和维护过程中所需费用一般较高,导致景区项目的营利性相对较低。因此,这些项目的融资工作需要政府的支持,具体包含财政部门直接投资、政府向银行贷款等多种形式;而对于经济开发型景区的建设,如度假村、生态农业观光园等营利性相对较高,主要通过个人或企业融资,并获取相应收益来带动当地经济的发展。

2.旅游项目资金流的可持续性

无论是景区的经营管理,还是景区中酒店和交通等经营管理,其涉及的资本和劳动力等相关要素具有高密集性,因此现金流相对充沛。旅游业的盈利模式与其他行业存在明显的差别,资金的进入和流出存在特定的时间差,并且从长期发展情况进行分析能够形成稳定的现金流,有助于旅游企业在发展中适当地降低融资成本。同时旅游交通和景区管理可以适当地开展收费权质押贷款工作,从而获得长期稳定的融资来源。

3.旅游项目融资的多环节性

任何一个旅游项目都不仅仅是简单的旅游,而是由景区、管理、交通、餐饮、娱乐、商业等多个环节组成的全游程消费服务链,这一服务链上的多个环节其实就是围绕景区旅游衍生出的多个行业,旅游项目的经营需要旅游服务链上不同环节的积极配合,因此各个服务环节之间存在较强的依赖性,并且存在利益关系。从单一的行业本身来说,旅游、住宿、餐饮、商业和娱乐业都属于劳动密集型的传统服务业,很难获得融资,而当各个环节联合起来后,形成的完整的服务链价值创造能力倍增,获利能力也将明显增强,更容易获得资金的青睐。

(三)模式选择

1."贷款+债券"组合式融资模式

运行机理:首先在当地政府的领导下成立特定的旅游投资开发公司,进而再借助相关公司的力量完成旅游扶贫项目的开发工作。其次,旅游开发公司以抵押或质押方式向银行等金融机构申请贷款(见图7-12)。抵押或质押方式也可以根据景区的特点进行创新,形式多样:

第一种是建筑物抵押,将景区范围内的配套设施等相关建筑物的所有权或使用权作为抵押进行贷款;第二种是土地抵押,将国有的土地使用权进行抵押贷款,不仅是景区范围内的山地和土地,还应包括景区周边由于旅游开发而大幅度增值的土地;第三种是景区开发经营权抵押,将旅游景区的开发经营权作为一项资产进行质押借贷;第四种是门票质押,以景区未来门票收入或连同其他经营项目收费权作为质押品向银行贷款。另外,旅游投资开发公司也可将本区域内有稳定收益的旅游项目进行捆绑打包,进而向特定的经济机构或者社会大众发行旅游扶贫建设项目相关债券进行融资。

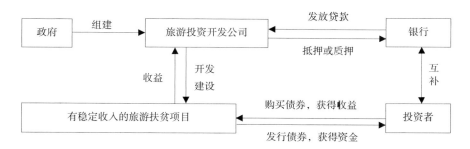

图 7-12　"贷款+债券"组合式融资模式示意图

特点分析:该模式下由政府主导的旅游开发公司可以通过多种抵押形式或发行旅游债券,将所筹集到的资金应用到旅游扶贫项目的开发建设工作中。以项目的门票收入或其他经营租金等用来偿还贷款和债券的本金和利息,对于金融机构和投资者来说放贷或投资风险较低,旅游开发公司比较容易融资。另外,如果发行债券,债券的偿还期限可以长短期相结合,这样可以和银行贷款形成资金流上的互补,以保证资金的连续性。

适用条件:对旅游扶贫项目中具有良好发展前景、未来有稳定现金流的旅游项目,可以通过"贷款+债券"组合的方式进行融资,以撬动银行和民间投资。

2. 期权开发合约模式

运行机理:期权合约设计的第一步,政府委托由从事期权交易的专业评估机构对旅游资源的收益潜力进行评估,对那些景区开发时间长、工程量大的项目,可以按照景区不同项目的开发阶段对开发合约进行合理的划分,并将下一期具有一定优先投资和开发权利的期权适当地嵌入到合约中。第二步,政府通过特许经营权等方式,吸引开发商投入开发资金,进而实现旅游项目的增值。第三步,将增值的开发项目形成实值期权开发合约,并拿到产权交易市场上进行公开交易,开发商将合约高价转手,实现套利(见图7-13)。

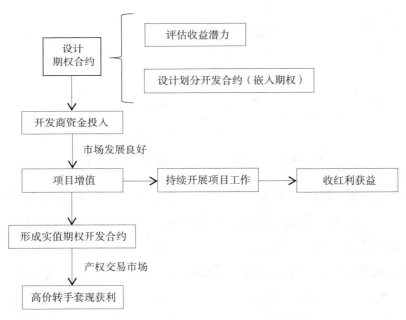

图7-13 嵌入期权的旅游扶贫项目开发合约融资模式图

特点分析:该模式下,如果相关旅游项目在具体的开发工作中表现出良好的市场发展形势,必然会促使下一个阶段的开发获益权利实现一定的增值,进而促使实值期权性质的开发合约逐步形成,并在产权交易市场的支持下实现高价转手,这样前期投入的各项资金就可以通过套现获得特定的收益,或者通过下一期的开发持续开展项目投资工作,获得特定的红利。

适用条件:该模式主要针对那些旅游资源丰富,但未得到有效开发的贫困地区。一般适用于景区开发时间长、工程量大,未来收益潜力大的全域式旅游资源的开发项目。

3.资产证券化融资模式

资产证券化,简单地说就是将流动性不足但是在发展中能够表现出预期未来稳定现金流的资产加以汇集,形成特定的资产池,并借助结构性重组逐步将这部分资产进行转化,具体转变为能够在市场上进行流通的证券,进而完成融资。

运行机理:首先,政府部门提供前期投资或者通过银行贷款,以使项目在开始运营后就能形成稳定的资金来源。其次,把这些相关旅游项目能够获得的未来现金流进行适当的打包形成资产池,然后将这部分资产向SPV出售管理,以获得一定的资金。最后,SPV在工作中将打包资产作为基础,借助增级机构对这部分资产实施增级,并在信用评级机构完成评定后,委托相关投资银行按照资产量发行相应的证券,这部分证券在市场上发行后所获得的资金重新应用于旅游扶贫开发工作中(见图7-14)。

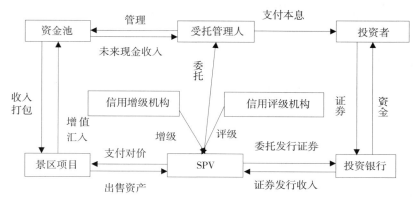

图7-14　旅游扶贫项目资产证券化融资模式

特点分析：该模式的优点是景区的经营收入作为证券投资人的收益来源。这样通过资产证券化的方式把项目资产流动起来以获得资金，而证券投资人也增加了收益的渠道，既起到了支持旅游扶贫的目的，还可以对资金的走向形成正确的引导。将政府支持和市场化运作有机地结合在一起，借助资产证券化的纽带，将政府提供的投资和贷款逐步转化为资本，这样在政府撤出资金和贷款后还能够充实到其他相关旅游扶贫项目的开发和运营工作中，实现二次运作。

适用条件：一般优质的旅游资源在经过运营和管理后能够形成相对稳定的现金流，可以为资产的证券化融资创造良好的条件。因此，该模式主要适用于贫困地区开发时间较长、管理运营较为成熟、景区收入稳定、在国内外享有较高知名度的 5A 景区及周边附属项目的开发。

六、易地搬迁扶贫项目融资模式设计

（一）设计背景

2001 年以来，国家安排中央投资，对居住在生存环境恶劣、"一方水土养不起一方人"地区的贫困人口组织实施了易地扶贫搬迁。按照"先行试点、逐步扩大"的原则，实施范围由最初的内蒙古、贵州、云南、宁夏 4 省区，扩大到目前的 17 个省份。据国家发改委的数据显示，"截至 2015 年，国家累计安排易地扶贫搬迁中央补助投资 363 亿元，搬迁贫困群众 680 万余人"。"十三五"时期易地扶贫搬迁对象主要是居住在深山、荒漠化、地方病多发等生存环境差、不具备基本发展条件，以及生态环境脆弱、限制或禁止开发地区的农村建档立卡贫困人口，其中"西北荒漠化地区、高寒山区约 300 万人，而西南高寒山区、大石山区约是 400 万人，中部深山区约 300 万人"。2015 年 12 月 8 日国家发展改革委、扶贫办、财政部、国土资源部、人民银行等 5 部门联合印发《"十三五"时期易地扶贫搬迁工作方案》，明确用 5 年时间对"一方水土养不起一方人"地方的建档立卡贫困人口实施易地扶贫搬迁，力争在"十三五"期间完成1000万人口搬迁任务,帮助他们与全国人民同步进入全面小康社会。

据测算,"十三五"时期易地扶贫搬迁总投资约6000亿元,"其中中央预算内投资安排1000亿元;省级政府发行地方政府债券筹集1000亿元;国家开发银行、中国农业发展银行发行专项建设债券筹集设立专项基金500亿元,剩余约3500亿元缺口,由开发银行和农业发展银行为省级投融资主体提供易地扶贫搬迁长期贷款"。中央财政对纳入易地扶贫搬迁规划的建档立卡贫困人口人均不超过"3.5万元搬迁贷款的实际贷款发生额予以贴息,其中2016年、2017年先对2000亿元贷款规模进行贴息"。

目前各地方政府都制定了本省异地搬迁总体规划。如何科学有效地安排资金,确定市场化运作的投融资主体,创新投融资方式成为易地扶贫搬迁的关键一环。

(二)设计原则

1.实现资金供给多元化

易地扶贫搬迁是一项系统工程,涉及易地扶贫搬迁住房和必要的附属设施建设,安置区水、电、路、网及垃圾、污水处理设施等配套基础设施建设,教育、卫生、文化体育和商业网点、便民超市、集贸市场、养老院、老人日间照料中心等配套公共服务设施建设,以及土地整治和迁出区生态恢复等,呈现建设项目多、资金需求量大的特点。因此异地搬迁融资渠道应实现多元化,要发挥政府、金融机构和搬迁农户三方积极性,建立起中央预算内投资、地方政府债券资金、专项建设基金、长期政策性低息贷款和农户自筹资金为一体的多元资金供给渠道。

2.建立政府偿债基金

由于易地扶贫搬迁的政策性、公益性和低收益性,决定了贷款最终仍由财政资金偿还。因此,政府有必要建立偿债基金,基金的主要来源为:一是中央、省移民搬迁项目基础设施、公共服务配套项目专项资金;

二是宅基地腾退后置换的建设用地指标出让净收入;三是国家划拨的扶贫资金、列入预算安排的财政资金、社会帮扶资金等。在贷款主体不能偿还贷款时,政府偿债基金作为银行第一还款来源。但贫困搬迁项目资金专项建设基金和长期政策性低息贷款不纳入地方政府债务。

3.加强贷款使用监管

易地扶贫搬迁贷款一般由农业发展银行和国家开发银行等政策开发性银行发放,其在性质上属于政策性贷款。因此,政府、贷款主体以及银行都有责任和义务对易地扶贫搬迁贷款进行监管,从不同方向对资金使用施加约束。对贷款资金使用,要签订政府、银行、相关部门和贷款主体多方监管协议,促使多个责任主体共同参与到项目管理中来,对贷款实行包括资本金充足率、抵押担保的规范性、资金流向及使用效率、还款资金来源和稳定性、财政风险程度以及信贷政策变化动向在内的全方位监控。

(三)模式选择

"债券+基金+贷款"组合模式

运行机理:首先,成立省、县两级易地搬迁项目投融资平台,主要是承接易地扶贫搬迁地方政府债券资金、专项建设基金、长期贷款以及政府整合统筹扶贫资金等各类资金;承担易地扶贫搬迁工程、扶贫重大民生工程和涉农重点项目建设投融资等业务。其次,省政府将发行的地方债券资金、易地扶贫搬迁整合的专项资金、政策性金融机构发行专项建设债券设立的专项建设基金等作为资本金先注入省级易地搬迁项目投融资平台。最后,省易地搬迁项目投融资平台根据各县易地扶贫搬迁建档立卡贫困人口规模,以及省扶贫办审定的分县分年度任务分解计划,以资本金形式注入县级易地搬迁项目投融资平台,并由省扶贫公司与县级政府签订股权委托管理协议;省易地搬迁项目投融资平台将已申请的统贷统还长期贷款,按照省扶贫办的指令转拨县级易地搬迁项目投融资平台,并由省易地搬迁项目投融资平台与县级易地搬迁项目投融资平台签订相关转贷协议。县投融资平台负责本地项目行政审批手续办理、项目组织实施、资金使用申请、贷款发放、工程质量监督管理、项目验收等工作。同时直接向易地搬迁贫困农户发放个人住房贴息贷款(见图7-15)。

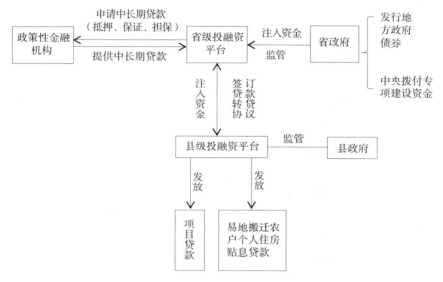

图7-15　易地搬迁扶贫项目融资模式图

特点分析:该模式下,省易地搬迁项目投融资平台根据"省级统贷、整体承诺、分笔签约"原则,通过保证、抵押、质押组合担保形式,如将资本金作为抵押,同时将当地国有或国有控股企业、上市企业以及各级政府控股的专业担保机构作为保证人,向政策性金融机构申请中长期贷款。也可采用政府委托代建购买服务的方式向政策性金融机构申请中长期贷款。地方政府委托代建购买服务模式的,可对纳入财政预算的购买服务协议项下应收账款设定质押担保。政策性金融机构则按照省政府制定的易地扶贫搬迁规划、年度计划和项目需求,分批将中长期贷款发放至省易地搬迁项目投融资平台。县级人民政府履行易地扶贫搬迁的主体责任,统筹可支配财力(包含土地出让形成的纯收益),

以提高平台公司财务能力。贷款偿还环节是由省、县两级按照省承担大头、县承担小头的原则,由省易地搬迁项目投融资平台统一偿还银行贷款。

适用条件:该模式适用于由政府主导的、建设周期长、资金需求巨大、工程量大的贫困村整村搬迁项目。

第四节　金融扶贫创新案例剖析

本部分重点剖析国家级贫困县河北阜平县扶贫小额信用贷款典型案例,讨论如何利用贫困农户的"软信息",通过政府、银行、保险和担保等金融扶贫主体间的协同合作机制,实现金融扶贫实践创新。

一、创新背景分析

中共中央办公厅《关于创新机制扎实推进农村扶贫开发工作的意见》(中办发〔2013〕25 号)和《关于全面做好扶贫开发金融服务工作的指导意见》(银发〔2014〕65 号)文件要求,完善扶贫贴息贷款政策和机制,推进扶贫小额信贷工作,促进贫困人口脱贫致富。2014 年,国务院扶贫开发办公室联合财政部、中国人民银行、证监会和保监会印发《关于创新发展扶贫小额信贷的指导意见》(国开办发〔2014〕78 号),进一步提出要丰富扶贫小额信贷的产品和形式,创新贫困村金融服务,改善贫困地区金融生态环境。扶贫小额信贷覆盖建档立卡贫困农户的比例和规模有较大增长,贷款满足率有明显的提高。努力促进贫困户贷得到、用得好、还得上、逐步富。把提高建档立卡贫困户贷款可获得性作为工作的基本出发点。在普惠政策的基础上,采取更具针对性的政策措施,进一步完善思路、改进办法、创新方式,提高扶贫小额信贷的精准性和有效性。对建档立卡贫困户进行评级授信,使建档立卡贫困户得到免抵押、免担保的信用贷款。发挥政府统筹协调作用,注重按市场规则推动扶贫小额信贷持续健康发展,协调金融机构为建档立卡贫困户量身定制贷款产品,完善信贷服务。金融机构自主调查评审放贷。2015年3月,全国扶贫小额信贷座谈会在湖南麻阳县召开,国务院扶贫办副主任欧青平在会上要求,全国各省各地要统一思想认识,进一步推动扶贫小额信贷发展;要根据各地实际,借鉴湖南经验,进一步完善小额信贷的政策和机制;要充分利用多种金融手段,完善小额信贷扶贫体系。2016年4月份,银监会下发了《关于银行业金融机构积极投入脱贫攻坚战的指导意见》,明确表示要加大扶贫开发信贷资金投放,优化调整贫困地区贷款结构,区别对待贫困户不良贷款等。地方银监局推动辖内各类金融机构在贫困地区的均等化配置,加大扶贫信贷投入,创新扶贫小额贷款产品等。

二、典型案例——阜平县小额信用贷款探索与实践

发展致富产业是贫困群众脱贫致富的根本途径,而缺乏资金是制约产业发展的主要瓶颈。阜平县委、县政府在脱贫攻坚实践中先行先试,以搭建三级金融服务网络为突破口,创建政府与保险公司合作、政府与银行合作的"政府+保险+银行"小额信用贷款模式,形成了金融支持脱贫攻坚的新动力。

(一)基本概况

阜平县是国家扶贫开发工作重点县、燕山—太行山集中连片特困地区扶贫开发重点县,地域面积2496平方公里,辖13个乡镇1个社管会,209个行政村(164个自然村)。2015年,全县实现GDP 30.5亿元,人均耕地仅为0.96亩,农村人均收入3913元。目前,阜平县有22.8万人,其中贫困人口10.98万人,占全县总人口的48%,在河北省农村扶贫研究中具有典型性和代表性。为落实习近平总书记"实施精准扶贫,增强内生动力"的批示精神,在河北省委、省政府及省市金融办领导的大力支持下,阜平开始创建金融扶贫示范县的各项工作。2014年

7月15日,省金融办下发了《关于支持阜平创建金融扶贫示范县的实施意见》,金融扶贫示范县创建工作全面启动,2014年11月,阜平县政府制定了《阜平县农业保险联办共保实施方案》;2015年,阜平县委、县政府制定了《关于加强农村金融服务促进产业扶贫的实施意见》《阜平县全面推进金融扶贫工作实施方案》等文件,为小额信贷的开展工作提供了良好的制度保障。

(二)主要做法

1.三级网络,覆盖乡村

该县通过整合现有行政资源,由县政府、乡政府和村政府分别组建承担金融扶贫服务工作的金融服务中心或金融工作办公室,并且由各级政府组建金融扶贫工作领导小组,党政一把手担任领导小组负责人。截至2017年,该县已经建成了保障小额信用贷款顺利开展的覆盖全县各乡镇、村的三级金融服务网络。

2.政府担保,三户联保

该县利用省拨付的扶贫资金组建惠农融资担保有限责任公司,担保基金总额达到了1.5亿元,引导相关商业银行按1:5的比例投放助力农村扶贫工作。建立"三户联保"无担保信贷机制,即三户或三户以上自愿组建联保小组,联保户之间互相连带互保,对任何一户的不良信用行为负连带责任,以此达到相互监督、相互制约、共同促进的目的。农户通过"三户联保"并结合保单质押,可获得5万—10万元贷款。

3.联合审查,财政贴息

探索出了一条新型的工作流程,由村、乡、县三级联动,商业银行与惠农担保公司联合进行审查工作。具体说来,贫困农户向所在村金融工作室提出书面申请(身份证、户口本、三户联保协议书)并填写申请表、村级三日内加盖印章、由村支书和村主任签字推荐到乡级,乡金融工作部初审后加盖印章、由乡镇长签字后三日内报县金融服务中心。

县惠农担保公司和合作银行联合下乡调查：①与借款人一起拍照，借款人在《农户短期借款申请书》《面签记录》上签字，夫妻双方在《共同债务书》上签字；②借款人在三户联保协议书上签字；③惠农担保公司出具《担保承诺书》，通知借款人到银行签订借款合同，入保险，进行贷款签约，在柜台放款。借款人还息时不用到柜台，卡内预留利息额，银行自动划款扣除。但凡贷款5万元以下的贫困农民能按时偿还贷款后，就可凭借贷款、还款的手续，向政府申请贷款贴息，政府相关部门会按照贷款利息的一半给予农民补贴，此外农民还可享受到最长不超过2年的贴息贷款期限优惠。

4. 保险托底，风险共担

申请扶贫小额贷款的前提条件之一就是必须参加农业保险。该县通过丰富保险产品、采用"联办共保"农业保险经营模式，实现农业保险在险种上全覆盖。具体险种见表7-4。由政府和保险公司按照5∶5比例分担赔付的方式推进农业保险，双方因地制宜，对当地特色种植业（比如大枣、核桃）、养殖业（比如肉牛、肉羊）设立农业保险专项政策，为其农业撑起保护伞。

表7-4 阜平县保险产品一览表

品　种		保险金额（元）	政府补贴保费（元）	农户承担保费（元）
政策性农险	玉米（亩）	400	19.2	4.8
	花生（亩）	500	16	4
	马铃薯（亩）	500	20	5
	能繁母猪（头）	1000	48	12
	奶牛（头）	5600	313.6	78.4
	育肥猪（头）	500	20	5
	设施农业（亩）	20000	500	500

品　种		保险金额 （元）	政府补贴保费 （元）	农户承担保费 （元）
商业性 农险	大枣（株）	10	0.54	0.36
	核桃（株）	30	1.26	0.84
	肉牛（头）	8000	480	320
	肉绵羊（只）	950	51.3	34.2
	肉鸡（只）	15	0.18	0.12
	种羊（只）	1200	36	24
农户平安 综合保险	家庭财产险	每户1.85万元	每户15元	0
	人身意外险	意外事故每人1万元	每户10元	0

资料来源：根据阜平县金融办调研整理所得。

养鸡保险和种羊养殖保险等县级财政补贴险种为成本价格损失险。其中，政策性农业保险由中央、省、县财政承担80%，个人承担20%；商业性农业保险由县政府承担60%，农业经营主体承担40%；农户平安综合保险每户25元由县政府全额承担。保费收入与发生保险赔付时，均由财政和保险公司共同承担各自相应的收入与风险。而且，为了保证保险的赔付水平，阜平县政府财政甚至拨付3000万元专门设立了保险基金，此外，县政府还设立了风险准备金制度，以政府当年农业保险费用收入的25%为上限，帮助贫困农民遇到灾害时获得赔付。

5. 信息共享、提高诚信

该县将金融信息与工商、税务、公安、环保、保险、信访等方面的信用信息进行整合，通过边采集、边办理的方式采集信息，并通过局域网实行信息资源共享，逐步建立覆盖全县各农户的失信黑名单制度和失信行为数据库。同时，帮助银行业金融机构清收不良贷款，建立守信激励和失信惩戒机制，严厉打击恶意骗保、骗贷等行为，树立"信用也是财产"的社会共识，提升社会信用管理水平，规范全县农村金融秩序。

该贷款运作模式首先是地方政府对有一定能力和信用良好的贫困农户建档立卡,并将扶贫系统与银行贷款系统、保险公司网络系统实行数据共享,为已经建档立卡的贫困农户建立个人信用档案。金融机构对建档立卡贫困农户的实际情况,根据相关的授信政策,对建档立卡的贫困农户进行授信额度的确认。对符合贷款条件的建档立卡贫困农户原则上提供 5 万元以下、3 年以内免抵押的信用贷款。承贷金融机构按照"保本微利"的原则,参照贷款基准利率,合理确定贷款利率水平。同时地方政府建立风险分担机制,多渠道筹措资金或设立小额信贷扶贫风险补偿机制,弥补由信贷风险所产生的坏账损失,金融机构原则上按照不低于 1∶5 的比例放大贷款规模。保险机构设立扶贫小额信贷保证保险,政府统筹安排财政扶贫资金,鼓励贷款户积极购买,分散贷款风险。地方政府统筹安排财政扶贫资金,对符合条件的贷款农户按照有关规定进行贴息。

(三)成效与经验分析

1. 主要成效

(1)有效解决了贷款难、贷款贵的难题

通过"三户联保"免抵押扶贫信贷机制,对于已经参加农业保险和三户联保的农民,经过由村、乡、县三级联动,商业银行与惠农担保公司联合进行审查,通过以后即可获得贷款。农民如果能按期还款,由政府相关部门按贷款利息的 50% 给予补贴。这种三户联保的联动机制破解了担保难与贷款难的两难境地,真正增强了贫困农户的筹资能力。从 2015 年 3 月该项工作开展以来,"全县共发放扶贫贷款 1.84 亿元,覆盖农户 4894 户,其中贫困户 3185 户。在小额扶贫贷款的支持下,该县大枣、核桃种植规模比 2012 年分别增加 2.5 万亩、5.37 万亩,肉牛肉羊饲养量比 2012 年增加 3600 头、14.5 万只,共计增收 6700 万元以上"[1]。

---

[1]　潘文静:《阜平形成金融支持脱贫攻坚新动力》,《河北日报》2016 年 3 月 12 日。

（2）有效降低了贫困农户的经营风险

政府和保险公司协同开发农业保险,构建了险种齐全、覆盖广泛、管理规范的农业保险体系,采取协和联通的机制,使得一系列农业保险尤其是农产品灾害险、成本价格损失险及质量安全险等惠民险种在农村得到广泛推行。其中,成本价格损失险的确立作为一个全新的险种,荣获2015年全国农业保险产品创新奖的殊荣。正如阜平县王快村曾经的贫困户张晓明所言:"死个羊,保险公司回收起来,按着成本价赔偿,还有一种是价格一旦不行,也保成本价,这就能保证我们在不利情况之下都有个赔,我借款也敢借了。""截至2015年年末,该县已办理政策性农业保险451单,保费1140.71万元,保险金额4.87亿元。通过理赔为农户减少损失1005.41万元,有效降低了贫困群众经营风险。"①

（3）有效增强了农户的诚信意识

基层金融机构在基层党组织的配合下,对农户基本情况进行了广泛的采集,并对已经建档立卡贫困农户的信用进行评定。目前通过"双基联动"模式已有5000多户农民建立了信用档案。此时该县的三级信用体系也正在逐渐形成。

2.基本经验

（1）三级金融服务网络解决信息不对称难题

信息不对称是农村金融服务中的一大难题,主要表现为农户"贷款难"、银行"难贷款"。问题的症结就在于银行与农户间缺乏有效的信息沟通和资源对接:一方面,农村种植、养殖需要资金扩大生产;另一方面,银行担心风险,不敢向农户轻易放贷。针对这一难题,阜平县通过政府工作机制的创新,建成了覆盖乡村的三级金融服务网络,利用农村基层党组织的信息优势和地缘优势,特别是通过驻村工作组第一书

---

①　潘文静:《阜平形成金融支持脱贫攻坚新动力》,《河北日报》2016年3月12日。

记的独立第三方身份,能够准确了解到借款人的道德品质、信用记录、经营能力、偿债能力的资信情况,有效解决金融进农村的信息不对称、交易成本高、道德风险等难题。

（2）政策性担保有力撬动了银行信贷资金

《中华人民共和国贷款通则》第十条规定:"除委托贷款以外,贷款人发放贷款,借款人应当提供担保,贷款人应当对保证人的偿还能力、抵押物、质物的权属和价值以及实现抵押权,质权的可行性进行严格审查。经贷款审查、评估、确认贷款人资信良好、确能偿还贷款的,可以不提供担保"。可见按照法律规定,农户向金融机构申请贷款,应提供担保。对于金融机构而言,显然更倾向接受抵押担保或质押担保方式。但由于农业本身的特点,特别是贫困地区的农户难以提供合格的抵押品和质押品,所以保证担保是贫困农户向商业银行贷款的唯一可以作为抵押的东西。但由于农户贷款单笔金额小、信息不对称等原因,商业性担保公司很难把农村定位为他们服务的区域,此时政策性担保应发挥主导作用。阜平县政府利用财政扶贫资金成立的惠农担保公司为贫困户贷款提供保证担保,在为农户增信的同时,撬动了银行信贷资金,使贫困农户在缺乏抵押品的情况下,也能从金融机构获得贷款的支持。

（3）涉农保险产品创新有利于风险分担

阜平县通过财政出资设立保险基金,采取"联办共保"模式,以贷款贫困户为对象,创新推出保费低廉、保单通俗的成本险、价格险等农业保险产品,合理确定理赔标准,提高理赔效率,提高了农户参保、保险机构开展农业保险的积极性;除农业保险外,阜平还向全县推广农户平安综合保险,为农户提供人身意外险保额1万元、家庭财产险保额1.85万元的综合风险保障。每户25元的保费由县财政全额承担,总计为农户提供29.66亿元的人身风险保障和10.97亿元的家庭财产风险保障。此外,县政府还推行"1元民生保险",即保费为1元钱,由县政府全额承担全县 22.8 万元的保费,保险金额为每人 10 万元,保险责任为见义勇为、自然灾害和火灾爆炸等方面。通过涉农保险产品的不断创新和财政对保费补贴,能够有效防止农户因意外致贫,因意外返贫,增加了农户有效信贷的需求。

结论与展望

一、研究结论

（一）金融扶贫具有应然性

金融具有准公共物品性质，信贷权是包括贫困人口在内的所有人的生存发展不可或缺的权利。但在农村贫困地区，贫困群体面临严重的金融排斥，导致信贷权缺失，加大对贫困地区的金融准公共物品的供给力度，增强群体的造血能力，既是金融企业的社会责任，又对提高我国扶贫开发效率具有重要意义。

（二）金融扶贫通过直接和间接两种机制影响贫困减缓

金融是现代经济的核心，具有资源配置、风险管理、金融服务等功能。金融通过间接和直接两种作用机制影响贫困的减缓。一是金融发展促进经济增长，经济增长效应有利于绝对贫困的减缓；但金融发展同时也会受到收入分配效应的间接影响，如果收入分配不合理，金融发展会加大相对贫困的程度。二是以小额信贷为主的金融服务可获得性与否对贫困群体的收入有比较明显的直接影响。

（三）金融扶贫面临商业性和公益性双重目标约束

向贫困地区提供信贷支持和金融服务，金融机构将面临着商业性和公益性双重目标约束，而贫困群体面临抵押物缺失和借贷风险的约束（自然风险、市场风险）。但通过相应的模式、机制的设计和扶贫性金融产品的开发，可以消除农村金融市场因信息不对称而产生的逆向选择和道德风险,使贫困群体获得享用金融准公共物品的机会,解决双重目标之间的内在冲突,从而使金融反贫困达到商业性与公益性的统一。

(四)政府需建立金融扶贫组织体系和政策支持

鉴于金融在反贫困中的作用,政府应有所作为,尽快建立起由各类金融机构深度参与、功能明确的金融反贫困组织体系和政策支持体系,大力发展普惠金融,加大对贫困地区产业发展和贫困群体信贷的金融支持力度,金融扶贫应成为我国反贫困战略的重要方向和路径选择。

二、政策建议

(一)创新金融扶贫统计评价与监管

1. 设立金融扶贫监督管理部门

金融扶贫区别于一般的金融业务,为了更好地发挥金融扶贫的作用,我国应设立专门针对金融扶贫的监督管理机构,在中国人民银行与银监会的指导下,金融扶贫监督管理部门对金融机构及其扶贫业务活动承担监督、管理的职责。人员构成可抽调当地中国人民银行分支机构和银监会派出机构及地方金融办的工作人员,并结合社会招聘。通过规范金融机构及其扶贫业务活动促进贫困地区摆脱贫困,实现持续发展。

2. 细化涉农贷款统计指标,优化金融扶贫统计制度

为了更全面地反映金融扶贫贷款情况,将涉农贷款按照贷款对象分为农户贷款、农业企业贷款、农民专业合作社贷款、助学贷款、农村基础设施建设贷款等五个方面。将农户贷款进一步细分为贫困农户贷款、普通农户贷款、优质农户贷款三类;将贫困农户贷款进一步细分为低保贫困户贷款和一般贫困户贷款两类。通过对涉农贷款的精细分类,进一步细化涉农贷款统计指标,优化扶贫金融统计制度。通过专业的扶贫统计制度更加全面地反映当地金融扶贫领域资金支持的整体

情况。

3. 建立金融扶贫综合考核评价机制

针对金融机构扶贫性金融业务的开展情况,建立金融扶贫综合考核评价体系。根据扶贫贷款、扶贫保险等业务的实际特点,具体从金融机构的涉农资金的总量与占比、对贫困地区基础设施建设的投入、对易地搬迁的支持、助学贷款的发放、对新型农业经营主体的支持等方面对金融机构及扶贫性金融业务进行综合考评,并进行等级划分。同时,将综合考评结果与金融监管、财税政策等挂钩,做到有奖有惩,奖惩分明。

(二)加大金融扶贫政策支持力度

1. 提高市场准入自由度

在资本金充足、风险可控、制度完善、符合审慎经营要求的前提下,取消同一区域村镇银行与农信项目管理公司开设数量限制并允许跨区域经营、鼓励在贫困地区试点探索建设地方性新型农村扶贫性金融机构。

2. 加大税收政策支持力度

利用上文提到的金融扶贫综合考核评价体系,按季度对金融机构及扶贫金融业务进行综合考评,并对金融机构进行等级划分,不同等级对应不同力度税收政策的奖惩机制。机构分类等级与奖惩界限要根据当地机构数量、总体贫困情况具体决定,不能一概而论。

3. 加大货币政策支持力度

对于符合我国金融业审慎经营要求且扶贫业务量达到一定比例的地方法人金融机构,中国人民银行通过差别存款准备金制度降低其法定存款准备金率。另外,根据各地区对扶贫资金的需求与供给情况、当地脱贫的实际情况,通过中国人民银行扶贫再贷款增加相应的扶贫贷款数量并确定相应的扶贫再贷款利率,以鼓励银行业金融机构增加扶贫性金融业务办理的动力和数量。

4.完善扶贫贷款贴息政策

政府建立扶贫贷款贴息政策,以降低农户借款成本,提高扶贫效果。在综合考虑扶贫贷款总量和政府贴息上限等因素下,视情况根据农户贫困程度(比如家庭年均收入)和农户扶贫贷款数量,脱贫带动和辐射作用的大小,对贷款额度、贴息年限制定科学合理的标准,核定不同比例的政府贴息补助,以增加农户贷款意愿,解决农户实际困难,加快农户脱贫进度,提高政府贴息资金使用效果。如对贫困户扶贫贷款额度每户不超过5万元,扶贫贴息年限为3年,第一年全额贴息,第二年贴息90%,第三年贴息80%。对产业大户、家庭农场、农业合作社,扶贫贷款额度不超过50万元,扶贫贴息年限为2年,每年贴息50%。其中,对带动贫困户占比达到50%或年带动贫困户脱贫达到10户以上的给予全额贴息。对县域龙头企业、中小微企业和个体工商户扶贫贷款额度不超过500万元,扶贫贴息年限为1年,贴息50%。

5.建立金融机构扶贫业务的风险补偿机制

扶贫业务具有低收益、高风险的特点,为了鼓励扶贫金融机构加强对扶贫的支持力度,弥补扶贫不良贷款对扶贫金融机构造成的损失,由省、市、县三级政府出资形成金融机构扶贫风险核销资金池(各级政府出资比例根据当地贫困情况具体确定),组建风险补偿基金,由省政府研究制定《××省扶贫金融机构风险核销资金运用与管理办法》,根据贷款对象,明确扶贫金融机构扶贫贷款坏账核销比例,利用财政资金建立阶梯性的扶贫金融机构风险核销机制,严格按照《风险核销资金运用与管理办法》减少扶贫金融机构的坏账损失。

(三)全面加强金融生态环境建设

1.建立基础信息共享数据库

采集农户、农业企业、农民专业合作社的基本信息、贫困信息、贷款的申请与使用情况、贷款还款记录等信息,形成贫困地区基础信息数据库。第一,建立信息采集制度,明确信息采集的工作流程,确保各项信息的准确性、全面性。第二,实现信用信息基础数据库与公安户籍系统、金融机构业务系统的互联互通,确保各项扶贫信息的及时更新。第三,信息基础数据库的信息是当地扶贫情况的真实反映,可以作为对当地金融扶贫工作开展、落实情况的评价依据,提高当地金融扶贫工作的监督管理效率。第四,根据信息基础数据库的各项信息,实现对农户贫困等级的认定,以及对农户、农业企业、农民专业合作社信用等级的评定。第五,金融机构可利用信息基础数据库的信息信用评级,作为对农户或农业企业的信用评价和为其发放贷款的主要依据,提高金融扶贫效率。

2. 营造信用生态环境

"良好的信用,永远的财富"。通过对贫困地区农户普及信用知识,强调信用的重要性。利用扶贫信用信息基础数据库,实现农户的信用评级与农户的贷款数量、贷款利率、是否提供担保、担保率等挂钩,即使信用记录与奖惩机制挂钩,充分发挥信用的作用。使农户能够积极主动地按时还款,自觉维护良好的信用,营造农村良好的信用生态环境。良好的社会信用环境也势必会吸引更多扶贫资金的引入,形成良性循环,显著提高扶贫效率。

3. 加强贫困地区金融基础设施建设

扶贫金融业务每笔交易金额相对较小,交易成本对业务的影响则更为凸显。为了更好地降低扶贫金融业务成本,应充分发挥现代化技术在扶贫支付结算等领域的作用,借助互联网平台,实现支付结算、业务办理的高效率。同时,应增加金融自助设备的研发与投放,提高贫困地区金融业务办理的自助化水平,实现"7×24"金融服务。

三、不足与展望

(一)变量指标深化与增加

由于贫困的界定既包括物质方面,也包括能力等非物质方面,因此,角度不同所选取的指标不同。本书在进行实证分析时,根据所使用的样本不同以及数据的可获得性,只选取了恩格尔系数作为反映贫困变化的指标,选取金融中介机构的指标(规模、效率、资产结构),作为金融发展的指标,没有特别分析资本市场。原因在于我国的金融发展是银行导向型的,另一个原因是从我国金融扶贫历程上看,主要是以金融中介作用为主。

虽然这些指标处理具有可靠性,不影响最终结论,但为了更全面地理解金融发展对贫困减缓的间接影响,未来的研究之一就是对人均收入分组数据进行分解,获得贫困深度、贫困距等指标,可以尝试从收入的门槛效应来进一步分析金融发展对贫困减缓的间接影响。另外,随着我国金融发展的不断深化,资本市场在反贫困中的作用会逐步发挥出来并扩大,因此,可以将资本市场发展的减贫效应作为未来的研究方向之一。

(二)研究对象可进一步拓展

由于金融服务机制涉及的范围较广泛,数据难以获得,因此,本书主要针对贫困村互助资金这种非正规金融的小额信贷的扶贫绩效做了分析,设计了家庭获得累计金额、贷款频率、贷款用途等指标,从微观的角度分析金融扶贫的直接效应。但由于研究范围较窄,可使用的样本数量仍然有限。未来可以通过调研积累正规金融在贫困地区的储蓄、汇兑和小额信贷的数据,从中观层面对正规金融与非正规金融扶贫绩效差异进行比较分析。

(三)研究重点可进一步聚焦

金融扶贫已成为我国扶贫开发重要组成部分。在金融扶贫实践中,不同地方政府和各金融机构探索创新了多种模式和经验,取得了良好成效。除了借鉴参考国外金融扶贫的经验外,未来应将研究重心放在金融扶贫中国经验的总结上,以期对世界其他欠发达国家的减贫事业提供经验与支持。

　　总之,金融扶贫是一个很大的课题,还有许多相关的问题值得我们去研究。完成 2020 年我国全面建成小康社会的目标,金融扶贫作用不可忽视。期望本书的研究能为我国脱贫攻坚事业提供参考与借鉴。

附　　录

A　金融扶贫直接效应实证数据一览表

（根据调研问卷整理）

序号	农户纯年收入（千元）	户主年龄（岁）	户主教育水平	劳动力人数（个）	拥有土地面积（亩）	农户贷款次数（次）	农户累计贷款金额（千元）	农户贷款项目
1	50	41	3	2	2.4	2	30	2
2	50	42	4	2	1	1	2	2
3	30	65	2	3	3	1	15	2
4	22	55	2	3	2	2	11	2
5	40	37	3	2	2	1	12	2
6	30	52	3	2	4.03	2	12	1
7	17	75	3	0	1.4	1	7	2
8	20	40	3	2	5	1	5	1
9	20	34	2	2	1.5	1	5	1
10	50	63	3	0	2	2	15	2
11	68	66	2	0	0	2	37	2
12	65	44	3	2	0	2	17	2
13	30	48	2	4	1.4	2	10	1
14	20	74	2	0	6	1	5	1
15	54	52	3	4	4	1	10	2
16	17	72	2	1	3	1	7	1
17	57	48	1	2	6	2	12	2
18	15	41	2	2	0	1	5	2

续表

序号	农户纯年收入（千元）	户主年龄（岁）	户主教育水平	劳动力人数（个）	拥有土地面积（亩）	农户贷款次数（次）	农户累计贷款金额（千元）	农户贷款项目
19	36	66	3	0	0	2	13	2
20	45	27	4	3	0	2	7	2
21	38	49	2	3	4.73	3	23	2
22	34	47	4	2	3	4	28	1
23	26	60	4	2	2	1	9	1
24	36	43	3	2	2.8	2	26	2
25	58	45	3	2	0	1	7	2
26	22	70	3	0	5.5	1	5	2
27	50	31	4	2	1	2	11	2
28	55	49	2	3	4	2	10	2
29	20	70	1	0	4	1	10	2
30	87	46	2	4	2.7	2	10	2
31	54	46	3	2	2.8	3	12	2
32	74	37	2	2	3	5	25	2
33	85	43	1	3	2.9	4	25	2
34	81	41	3	2	3	3	25	2
35	28	53	1	1	2	2	10	2
36	35	54	2	2	1.4	3	13	1
37	39	78	1	0	1.78	3	17	2
38	13	68	1	0	4.5	1	3	1
39	56	33	3	2	0.5	2	21	2
40	21	64	2	0	1	1	5	2
41	38	75	2	0	2.5	3	20	2
42	42	50	2	2	2	2	5	1
43	45	50	3	2	10.7	2	12	2
44	62	33	3	3	3	3	23	2
45	56	67	2	4	2.4	2	16	2
46	23	67	2	0	3	2	10	2
47	37	61	3	0	3	3	15	2
48	58	45	3	2	2.8	3	25	2

续表

序号	农户纯年收入（千元）	户主年龄（岁）	户主教育水平	劳动力人数（个）	拥有土地面积（亩）	农户贷款次数（次）	农户累计贷款金额（千元）	农户贷款项目
49	67	37	4	2	2.1	3	28	2
50	23	53	2	2	1.4	2	7	1
51	32	49	2	2	1.4	1	7	2
52	28	40	2	2	2.1	2	10	1
53	41.5	35	3	2	2.1	2	15	1
54	38	50	3	2	1.4	1	2	2
55	57	34	3	2	2.8	3	25	2
56	60	38	3	2	2.8	2	17	2
57	23	50	2	2	1.4	1	5	1
58	28	38	4	2	2.8	3	17	1
59	62	30	3	2	2.1	5	27	2
60	35.5	37	2	2	2.1	4	10	1
61	36	45	2	2	1	5	25	1
62	75	46	3	2	6	5	20	2
63	30	53	2	2	1.4	2	7	1
64	50	46	2	2	2	4	15	2
65	45	43	2	2	2.8	3	15	2
66	38	58	3	3	2	2	8	2
67	44	40	3	2	2	1	15	2
68	27	42	2	2	2.8	2	20	2
69	32	50	2	3	2.9	4	25	2
70	35	42	2	2	1	1	2	2
71	49	43	2	2	0	2	5	2
72	50	49	2	2	4	3	35	2
73	55	31	3	2	0.7	2	17	2
74	63	42	3	3	1.4	3	12	2
75	43	37	4	2	2.1	4	22	2
76	46	51	2	2	3	4	19	1
77	65	36	3	2	3	4	14	2
78	28	48	2	2	1.4	3	23	2

续表

序号	农户纯年收入（千元）	户主年龄（岁）	户主教育水平	劳动力人数（个）	拥有土地面积（亩）	农户贷款次数（次）	农户累计贷款金额（千元）	农户贷款项目
79	53	39	4	2	5	5	26	2
80	75	45	2	3	2.1	5	17	2
81	54	48	2	3	0.7	2	10	2
82	43.5	39	3	2	0.7	2	13	2
83	50	56	2	2	2.1	3	13	1
84	34	40	2	2	1.4	2	7	2
85	45	42	2	3	0.7	5	17	2
86	55	45	3	3	0	2	7	2
87	46	70	3	0	5	2	5	2
88	31	31	4	2	2	3	11	2
89	32	49	2	3	4	3	10	2
90	29	70	1	0	4	2	10	2
91	51	46	2	4	2.7	2	10	2
92	54	46	3	2	2.8	2	12	2
93	45	37	2	3	3	4	25	2
94	43	43	2	3	2.9	3	25	2
95	38	51	3	3	1.5	2	10	2
96	42	53	2	3	2.1	3	12	2
97	40	49	2	3	2.1	2	3	2
98	44	46	2	2	2.1	2	5	2
99	60	38	3	2	7	2	22	2
100	56	40	2	2	5.2	3	6	2
101	40	52	2	3	1.4	3	7	2
102	47	45	2	2	3	2	5	2
103	45	40	3	2	2.1	2	7	2
104	43	36	3	2	2.1	5	20	2
105	38	65	2	1	2.1	2	5	2
106	35.5	32	3	2	2.1	4	13	2
107	51	70	2	2	2.8	2	5	2

注：户主教育水平：1＝不识字；2＝小学；3＝中学；4＝高中；5＝其他。农户贷款用途：1＝消费；2＝投资。
资料来源：针对保定市涞水县下明峪村村资金互助社成员进行小额信贷与农户生计的社会调研。

B 金融扶贫间接效应实证数据一览表

年份	M2（亿元）	农村居民家庭恩格尔系数	城镇居民家庭人均可支配收入	农村居民家庭人均纯收入	GDP（亿元）	存款（亿元）	贷款（亿元）	人均GDP（元）	城市人口（千万）	财政支农（亿元）
1978		67.7	343.4	133.6	3678.7	1155.01	1890.42	385	17.92	76.95
1979		64.0	405.0	160.2	4100.5	1362.56	2082.47	423	18.96	89.97
1980		61.8	477.6	191.3	4587.6	1689.66	2478.08	468	19.39	82.12
1981		59.9	500.4	223.4	4935.8	2097.19	2853.29	497	20.16	73.68
1982		60.7	535.3	270.1	5373.4	2449.05	3162.7	533	21.13	79.88
1983		59.4	564.6	309.8	6020.9	2883.32	3566.56	588	21.62	86.66
1984		59.2	652.1	355.3	7278.5	3735.33	4746.8	702	23.01	95.93
1985		57.8	739.1	397.6	9098.9	4559.95	6198.38	866	23.71	101.04
1986		56.4	900.9	423.8	10376.2	5933.88	8142.72	973	24.52	124.30
1987		55.8	1002.1	462.6	12174.6	7392.4	9814.09	1123	25.32	134.16
1988		54.0	1180.2	544.9	15180.4	8810.36	11964.25	1378	25.81	158.74
1989		54.8	1373.9	601.5	17179.7	10709.57	14248.81	1536	26.21	197.12
1990	15293.4	58.8	1510.2	686.3	18872.9	13942.94	17511.02	1663	26.41	221.76
1991	19349.9	57.6	1700.6	708.6	22005.6	17972.84	21116.39	1912	26.94	243.55
1992	25402.2	57.6	2026.6	784.0	27194.5	23143.81	25742.81	2334	27.46	269.04
1993	34879.8	58.1	2577.4	921.6	35673.2	29645.99	32955.83	3027	27.99	323.42
1994	46923.5	58.9	3496.2	1221.0	48637.5	40502.54	39975.09	4081	28.51	399.70
1995	60750.5	58.6	4283.0	1577.7	61339.9	53882.1	50544.09	5091	29.04	430.22

年份	M2（亿元）	农村居民家庭恩格尔系数	城镇居民家庭人均可支配收入	农村居民家庭人均纯收入	GDP（亿元）	存款（亿元）	贷款（亿元）	人均GDP（元）	城市人口（千万）	财政支农（亿元）
1996	76094.9	56.3	4838.9	1926.1	71813.6	68595.59	61156.55	5898	30.48	510.07
1997	90995.3	55.1	5160.3	2090.1	79715	82392.79	74914.07	6481	31.91	560.77
1998	104498.5	53.4	5425.1	2162.0	85195.5	95697.94	86524.13	6860	33.35	626.02
1999	119897.9	52.6	5854.0	2210.3	90564.4	108778.94	93734.23	7229	34.78	677.46
2000	134610.3	49.1	6280.0	2253.4	100280.1	123804.35	99371.07	7942	36.22	766.89
2001	158301.9	47.7	6859.6	2366.4	110863.1	143617.17	112314.7	8717	37.66	917.96
2002	185007.0	46.2	7702.8	2475.6	121717.4	170917.4	131293.93	9506	39.09	1102.70
2003	221222.8	45.6	8472.2	2622.2	137422	208055.59	158996.23	10666	40.53	1134.86
2004	254107.0	47.2	9421.6	2936.4	161840.2	240525.07	177363.49	12487	41.76	1693.79
2005	298755.7	45.5	10493.0	3254.9	187318.9	287169.52	194690.39	14368	42.99	1792.40
2006	345603.6	43.0	11759.5	3587.0	219438.5	335434.1	225285.28	16738	44.34	2161.35
2007	403442.2	43.1	13785.8	4140.4	270232.3	389371.15	261690.88	20505	45.89	3404.70
2008	475166.6	43.7	15780.8	4760.6	319515.5	466203.32	303394.64	24121	46.99	4544.01
2009	606225.0	41.0	17174.7	5153.2	349081.4	597741.1	399684.82	26222	48.34	6720.41
2010	725851.8	41.1	19109.4	5919.0	413030.3	718237.93	479195.55	30876	49.95	8129.58
2011	851590.9	40.4	21809.8	6977.3	489300.6	809368.33	547946.69	36403	51.27	9937.55
2012	974159.5	39.3	24564.7	7916.6	540367.4	917554.77	629909.64	40007	52.57	11973.88
2013	1106525.0	37.7	26955.1	8895.9	595244.4	1043846.86	718961.46	43852	53.73	13349.55
2014	1228374.8	37.0	29381.0	9892.0	643974	1138644.64	816770.01	47203	54.77	14173.83

资料来源:《新中国六十年统计资料（1949—2009）》《2010—2015 年中国统计年鉴》，中国统计出版社。

C 金融扶贫间接效应各项指标数据一览表

（经计算整理）

年份	农村恩格尔系数	城镇与农村收入比	存款+贷款/GDP：X1	贷款/存款：X2	ln（PGDP）：X3	城市化率：X4	财政支农占比：X5	财政支农/财政支出
1978	0.6770	2.5704	0.8279	1.6367	5.9532	0.1792	0.020918	0.068577
1979	0.6396	2.5286	0.8401	1.5284	6.0286	0.1896	0.021941	0.079031
1980	0.6180	2.4966	0.9085	1.4666	6.0577	0.1939	0.017900	0.066828
1981	0.5986	2.2395	1.0030	1.3605	6.0935	0.2016	0.014928	0.059903
1982	0.6067	1.9818	1.0444	1.2914	6.1440	0.2113	0.014866	0.062319
1983	0.5941	1.8226	1.0712	1.2370	6.2223	0.2162	0.014393	0.061482
1984	0.5917	1.8352	1.1654	1.2708	6.3724	0.2301	0.013180	0.056396
1985	0.5780	1.8589	1.1824	1.3593	6.4931	0.2371	0.011105	0.050413
1986	0.5636	2.1260	1.3566	1.3722	6.5468	0.2452	0.011979	0.056374
1987	0.5575	2.1665	1.4133	1.3276	6.6196	0.2532	0.011020	0.059306
1988	0.5399	2.1657	1.3685	1.3580	6.6523	0.2581	0.010457	0.063720
1989	0.5481	2.2841	1.4528	1.3305	6.5955	0.2621	0.011474	0.069807
1990	0.5880	2.2005	1.6666	1.2559	6.6444	0.2641	0.011750	0.071916
1991	0.5760	2.3999	1.7763	1.1749	6.7503	0.2694	0.011068	0.071915
1992	0.5760	2.5849	1.7977	1.1123	6.8878	0.2746	0.009893	0.071894
1993	0.5810	2.7967	1.7549	1.1116	7.0107	0.2799	0.009066	0.069668
1994	0.5890	2.8634	1.6546	0.9870	7.0933	0.2851	0.008218	0.069002
1995	0.5860	2.7147	1.7024	0.9380	7.1567	0.2904	0.007014	0.063048

续表

年份	农村恩格尔系数	城镇与农村收入比	存款+贷款/GDP:X1	贷款/存款:X2	ln(PGDP):X3	城市化率:X4	财政支农占比:X5	财政支农/财政支出
1996	0.5630	2.5123	1.8068	0.8916	7.2240	0.3048	0.007103	0.064260
1997	0.5510	2.4689	1.9734	0.9092	7.2907	0.3191	0.007035	0.060732
1998	0.5340	2.5093	2.1389	0.9041	7.3555	0.3335	0.007348	0.057975
1999	0.5260	2.6485	2.2361	0.8617	7.4221	0.3478	0.007480	0.051371
2000	0.4910	2.7869	2.2255	0.8026	7.5120	0.3622	0.007647	0.048273
2001	0.4770	2.8987	2.3085	0.7820	7.5983	0.3766	0.008280	0.048563
2002	0.4620	3.1115	2.4829	0.7682	7.6930	0.3909	0.009060	0.050002
2003	0.4560	3.2310	2.6710	0.7642	7.7962	0.4053	0.008253	0.046039
2004	0.4720	3.2086	2.5821	0.7374	7.9156	0.4176	0.010465	0.059459
2005	0.4550	3.2238	2.5724	0.6780	8.0380	0.4299	0.009569	0.052826
2006	0.4300	3.2784	2.5552	0.6716	8.1757	0.4434	0.009849	0.053469
2007	0.4310	3.3296	2.4093	0.6721	8.3319	0.4589	0.012599	0.068393
2008	0.4367	3.3149	2.4086	0.6508	8.4370	0.4699	0.014222	0.072597
2009	0.4097	3.3328	2.8573	0.6687	8.5276	0.4834	0.019252	0.083079
2010	0.4109	3.2285	2.8991	0.6672	8.6586	0.4995	0.019683	0.090455
2011	0.4036	3.1258	2.7740	0.6770	8.7708	0.5127	0.020330	0.090963
2012	0.3933	3.1029	2.8637	0.6865	8.8395	0.5257	0.022159	0.095066
2013	0.3770	3.0301	2.9615	0.6888	8.9055	0.5373	0.022427	0.095210
2014	0.3700	2.9702	3.0365	0.7173	8.9593	0.5477	0.022010	0.093381

参 考 文 献

一、中文参考文献

1.［美］阿瑟·刘易斯:《贫困的文化》,贾仲益译,中央民族大学出版社 1998 年版。

2.［美］阿尔奇·B.卡罗尔等:《企业与社会——伦理与利益相关者管理》,黄煜平等译,机械工业出版社 2004 年版。

3.［美］保罗·萨缪尔森、威廉·D.诺德豪斯:《经济学》,萧琛译,人民邮电出版社 2007 年版。

4.［美］麦金农:《经济发展中的货币和资本》,陈昕、卢骢译,上海人民出版社 1997 年版。

5.［美］纳克斯:《不发达国家的资本形成》,谨斋译,商务印书馆 1966 年版。

6.［美］纳尔逊:《不发达国家的一种低水平均衡陷阱》,陶然译,北京大学出版社 2002 年版。

7.［美］西奥多·W.舒尔茨:《论人力资本投资》,吴珠华译,北京经济学院出版社 1990 年版。

8.［美］西奥多·W.舒尔茨:《改造传统农业》,梁小民译,商务印书馆 2010 年版。

9.［英］亚当·斯密:《国富论》,郭大力、王亚南译,商务印书馆 2015 年版。

10.［英］大卫·休谟:《人性论》,关文远译,陕西人民出版社 2007 年版。

11.［印度］阿玛蒂亚·森:《以自由看待发展序言》,任赜、于真译,中国人民大学出版社 2002 年版。

12.［印度］穆罕默德·尤努斯:《贫困人口的银行家》,吴士宏译,生活·读书·新知三联书店 2006 年版。

13.［瑞典］冈纳·缪尔达尔:《世界贫困的挑战》,北京经济学院出版社 1991 年版。

14.世界银行:《1997 年世界发展报告》,蔡秋生等译,中国人民大学出版社 1997 年版。

15.安卉:《我国制造业上市公司社会责任信息市场反应的实证研究》,首都经济贸易大学硕士学位论文 2012 年。

16. 白人朴:《关于贫困标准及其定量指标的研究》,《农业经济问题》1990 年第 8 期。

17. 巴曙松、栾雪剑:《农村小额信贷可获得性问题分析与对策》,《经济学家》2009 年第 4 期。

18. 程恩江:《小额信贷覆盖率的决定因素之一——来自中国北方四县调查的证据》,《经济学(季刊)》2008 年第 7 期。

19. 常红军:《强化金融支持,助推扶贫开发》,《甘肃日报》2013 年 11 月 1 日。

20. 成升魁、丁贤忠:《贫困本质与贫困地区发展》,《自然资源》1996 年第 2 期。

21. 陈宗胜:《中国农村贫困状况的绝对与相对变动——兼论相对贫困线的设定》,《管理世界》2013 年第 5 期。

22. 陈端计、詹向阳:《贫困理论研究的历史轨迹与展望》,《青海师专学报》2006 年第 1 期。

23. 程颖慧:《区域金融发展与二元经济结构的互动效应研究》,《工业技术经济》2015 年 8 月。

24. 程颖慧:《能源消费、技术进步与经济增长效应——基于脉冲响应函数和方差分解的分析》,《财经论丛》2014 年第 2 期。

25. 崔艳娟:《我国金融发展对贫困减缓的影响:理论与实证》,东北财经大学博士学位论文 2012 年。

26. 车耳:《金融扶贫模式创新研究——中国国际经济咨询公司方案》,《农场经济管理》2015 年第 12 期。

27. 楚建德:《转型时期政府在我国分配收入中的作用研究》,武汉大学博士学位论文 2011 年。

28. 楚永生、蔡霞:《农村新的扶贫标准上调政策深层次解读》,《理论学习》2012 年第 8 期。

29. 杜晓山、张保民、刘文璞、孙若梅:《中国小额信贷十年》,社会科学文献出版社 2005 年版。

30. 杜晓山:《小额信贷的发展与普惠性金融体系框架》,《中国农村经济》2006 年第 8 期。

31. 杜晓山、孙若梅:《中国小额信贷的实践和政策思考》,《财贸经济》2000 年第 7 期。

32. 杜凤莲、孙蜻芳:《经济增长、收入分配与减贫效应——基于 1991—2004 年面板数据的分析》,《经济科学》2009 年第 3 期。

33. 达日罕:《多维度贫困线测量研究》,内蒙古大学博士学位论文 2016 年。

34. 段应碧:《发展公益性小额信贷组织,破解贫困农户贷款难题》,《农业经济问题》2011 年第 1 期。

35. 戴正宗:《我国开启光伏扶贫模式》,《中国财经报》2016 年 5 月 12 日。

36. 冯果:《收入分配改革视野下的金融公平》,《检察风云》2013 年第 2 期。

37. 冯涓、邹帆:《农户小额信贷对农民增收绩效的实证研究——基于 2002—2006 年地区面板数据的实证分析》,《全国商情经济理论研究》2008 年第 22 期。

38. 冯文丽:《河北阜平农险全覆盖助推金融扶贫》,《中国保险报》2016 年 2 月 4 日。

39. 范小建:《用金融手段解决扶贫问题》,《国际融资》2013 年第 11 期。

40. 郭兴平:《新时期的金融扶贫:形势、问题与路径》,《农村金融研究》2013 年第 5 期。

41. 耿军会:《河北省旅游景区项目融资模式探析》,《合作经济与科技》2013 年第 3 期。

42. 黄承伟:《"十二五"时期我国反贫困理论研究述评》,《云南民族大学学报》2016 年第 3 期。

43. 韩俊:《推进农村金融体制的整体改革》,《中国金融》2003 年第 17 期。

44. 韩芳:《金融发展的减贫效应研究》,浙江工商大学硕士学位论文 2014 年。

45. 胡鞍钢:《欠发达地区如何加快发展与协调发展——以甘肃为例》,《开发研究》2004 年第 4 期。

46. 胡卫东:《金融发展与农村反贫困:基于内生视角的分析框架》,《金融与经济》2011 年第 9 期。

47. 何广文:《中国农村金融发展与制度变迁》,中国财政经济出版社 2005 年版。

48. 何勤:《经典世著〈国富论〉闪耀的人文思想》,《中国集体经济》2009 年第 8 期。

49. 何爱平:《不同时期贫困问题的经济学理论阐释及现代启示》,《福建论坛(人文社会科学版)》2011 年第 7 期。

50. 何爱平:《失地农民权益问题的新阐释:基于阿玛蒂亚·森交换权利理论的视角》,《人文杂志》2007 年第 11 期。

51. 姜霞:《我国普惠制农村金融体系发展的形势及对策分析》,《金融与经济》2012 年第 5 期。

52. 焦瑾璞:《探索发展小额信贷的有效模式》,《中国金融》2007 年第 2 期。

53. 焦瑾璞:《我国农村金融服务现状及发展建议》,《中国党政干部论坛》2006 年第 6 期。

54. 康晓光:《中国贫困与反贫困理论》,广西人民出版社 1995 年版。

55. 李海平:《论我国农村金融政策支持体系的建设》,《中央财经大学学报》2008 年第 5 期。

56. 李爱华:《我国农村金融的属性研究》,《商业时代》2014 年第 5 期。

57. 李国华:《普惠金融是怎么回事》,《求是》2014 年第 2 期。

58. 刘冬梅:《对中国农村反贫困中市场与政府作用的探讨》,《中国软科学》2003 年第 8 期。

59. 刘小宇、刘尚荣:《青海省普惠金融支持精准扶贫的研究》,《中国商论》2016 年第 11 期。

60. 刘克崮:《中国农村扶贫金融体系建设研究——基于甘黔贵金融扶贫案例》,《财政科学》2016 年第 1 期。

61. 刘西川、陈立辉、杨奇明：《中国贫困村互助资金研究述评》，《湖南农业大学学报（社会科学版）》2013 年第 8 期。

62. 刘宏博、唐庆生：《云南沿边金融开放中的普惠金融发展研究》，《时代金融》2014 年第 10 期。

63. 刘津：《构建我国可持续发展普惠金融体系研究》，云南财经大学硕士学位论文 2011 年。

64. 刘莉：《国有企业社会责任缺失问题及其对策研究》，《企业活力》2011 年第 7 期。

65. 林毅夫：《关于制度变迁的经济学理论：诱致性变迁与强制性变迁》，上海三联书店 1994 年版。

66. 林琳：《国有金融企业社会责任：内涵界定与路径选择》，《福州党校学报》2011 年第 2 期。

67. 林茹：《中国金融发展对贫困减缓的作用研究》，《长春理工大学学报（社会科学版）》2014 年第 5 期。

68. 陆磊：《农村金融组织体系的建设需要兼顾结构和效率因素》，《财经》2005 年第 10 期。

69. 李虹：《我国农村水利项目融资方案探析——基于 PPP 模式的思考》，《武汉理工大学学报》2013 年 6 月。

70. 李阳：《西部地区农村金融深化中的政府行为研究》，兰州大学博士学位论文 2009 年。

71. 李巧莎：《金融支持农业发展的国际比较及启示》，河北大学硕士学位论文 2006 年。

72. 李丹：《脱贫攻坚拔寨 金融如何参战》，《中国金融家》2016 年第 4 期。

73. 李秉龙、李金亚：《中国农村扶贫开发的成就、经验与未来》，《人民论坛》2011 年第 11 期。

74. 李晓红、周文：《贫困与反贫困的产权分析》，《马克思主义研究》2009 年第 8 期。

75. 吕勇斌、赵培培：《我国农村金融发展与反贫困绩效：基于 2003—2010 年的经验证据》，《农业经济问题》2014 年第 1 期。

76. 马建霞：《普惠金融促进法律制度研究》，西南政法大学博士学位论文 2012 年。

77. 孟倩：《中国农村反贫困法律制度研究》，湖南大学博士学位论文 2008 年。

78. 宁爱照：《新时期的中国金融扶贫》，《中国金融》2013 年第 8 期。

79. 彭蕾蕾：《公共物品的内涵和外延综述》，《中国市场》2011 年第 1 期。

80. 彭金辉：《准公共品视角下银行业监管模式的探讨》，《国家行政学院学报》2011 年第 6 期。

81. 屈锡华、左齐：《贫困与反贫困定义、度量与目标》，《社会学研究》1997 年第 3 期。

82. 人行湖南益阳中支课题组：《尤努斯格莱珉银行与农信社小额信贷管理模式》，

《青海金融》2008 年第 1 期。

83. 孙红蕾：《信息生态视域下新市民信息贫困成因及应对策略》，《图书与情报》2016 年第 1 期。

84. 孙天琦：《转轨经济中的政府行为研究——以商洛小额信贷扶贫模式变迁为例的分析》，《当代经济科学》2001 年第 5 期。

85. 孙篙、李凌云：《我国农村金融服务覆盖面状况分析——基于层次分析法的经验研究》，《经济问题探索》2011 年第 4 期。

86. 孙顺：《政经界聚焦"中国式责任"》，《中国信息报》2009 年 12 月 23 日。

87. 史月兰：《经济哲学视野中的贫困与发展》，《学习与探索》2009 年第 5 期。

88. 史林东：《疏通血脉，增强金融扶贫造血功能》，《甘肃金融》2015 年第 7 期。

89. 邵传林：《农村金融反贫困的逻辑：宁夏案例》，《当代经济管理》2014 年第 3 期。

90. 苏基溶、廖进中：《中国金融发展与收入分配、贫困关系的经验分析——基于动态面板数据的研究》，《财经科学》2009 年第 12 期。

91. 师荣蓉、徐璋勇、赵彦嘉：《金融减贫的门槛效应及其实证检验——基于中国西部省级面板数据的研究》，《中国软科学》2013 年第 3 期。

92. 苏静、胡宗义、肖攀：《中国农村金融发展的多维减贫效应非线性研究——基于面板平滑转换模型的分析》，《金融经济学研究》2014 年第 4 期。

93. 苏志鑫：《我国农村扶贫性金融的构建策略》，《农村经济》2008 年第 12 期。

94. 山西省扶贫办、山西省财政厅、山西省农研会联合调研组：《山西农村扶贫开发实践及提高扶贫质量的思考》，《农村财政与财务》2012 年第 6 期。

95. 田银华、李晨：《金融发展减缓了农村贫困吗？——基于省际面板数据的实证研究》，《首都经济贸易大学学报》2014 年第 5 期。

96. 谭剑锋：《中国微型金融模式及其反贫困绩效研究综述》，《中国财经政法大学研究生学报》2010 年第 6 期。

97. 陶珍生：《我国金融发展的收入分配效应研究》，华中科技大学博士学位论文 2011 年。

98. 伍艳：《我国农村金融发展的减贫效应研究——基于全国和区域的分析》，《湖北农业科学》2013 年第 1 期。

99. 温铁军：《中国"三农"：值得深思的三大问题》，《学习月刊》2005 年第 3 期。

100. 汪三贵：《贫困问题与经济发展政策》，农村读物出版社 1994 年版。

101. 王曙光：《农村金融与新农村建设》，华夏出版社 2006 年版。

102. 王曙光：《大型商业银行服务"三农"中的五大合作构想》，《农村金融研究》2011 年第 5 期。

103. 王曙光、王东宾：《金融减贫——中国农村微型金融发展的掌政模式》，中国发展出版社 2012 年版。

104. 王曙光：《告别贫困——农村金融创新与反贫困》，中国发展出版社 2012 年版。

105. 王成新、王格芳:《中国农村新的致贫因素与根治对策》,《农业现代化研究》2003年第5期。

106. 王国良:《微型金融与农村扶贫开发》,中国财政经济出版社2009年版。

107. 王宁:《金融扶贫模式调查与思考——以河北省为例》,《经营管理者》2014年第5期。

108. 王宁:《普惠金融发展与贫困减缓的内在逻辑》,《河北大学学报(哲学社会科学版)》2014年第3期。

109. 王铮:《上海现代农业发展的金融支持问题研究》,复旦大学硕士学位论文2010年。

110. 王海燕:《旅游扶贫大有可为》,《中国经济时报》2016年1月27日。

111. 王志标:《古典经济学家的贫困思想及其现代启示》,《河南社会科学》2009年第1期。

112. 王瑾瑜:《贫困村互助资金成效及发展对策——以四川省为例》,《农村经济》2013年第8期。

113. 王雪:《甘肃省小额担保贷款政策效应研究》,兰州大学硕士学位论文2010年。

114. 汪林:《我国微信金融扶贫与可持续发展的冲突与治理研究》,暨南大学硕士学位论文2012年。

115. 文秋良:《新时期中国农村反贫困问题研究》,华中农业大学博士学位论文2006年。

116. 吴理财:《贫困的经济学分析及其分析的贫困》,《经济评论》2001年第4期。

117. 吴芳、尹德志:《系统论视角下的中国农村贫困问题解读》,《世界农业》2015年第2期。

118. 吴国宝:《小额信贷对中国扶贫与发展的贡献》,《金融与经济》2003年第11期。

119. 解本远:《企业社会责任的道德基础探究》,《道德与文明》2012年第6期。

120. 薛永刚:《农村金融对农村经济发展的作用机理与作用效果研究》,中国矿业大学博士学位论文2013年。

121. 徐萍:《吉林农村金融发展现状、问题与对策研究》,东北师范大学硕士学位论文2007年。

122. 谢婷婷、郭艳芳:《民族地区金融反贫困效率的时空差异及影响因素研究》,《新疆大学学报(哲学·人文社会科学版)》2016年第3期。

123. 肖望新:《对中国农业利用世界银行贷款项目进行小额信贷的实证研究》,对外经济贸易大学博士学位论文2007年。

124. 向鑫:《定义角度看企业社会责任研究》,《商业时代》2010年第11期。

125. 夏慧:《普惠金融体系与和谐金融建设的思考》,《浙江金融》2009年第3期。

126. 叶松:《找准金融扶贫的点和根》,《金融时报》2015年1月27日。

127. 叶普万:《贫困概念及其类型研究述评》,《经济学动态》2006年第7期。

128. 杨小玲:《经济发展的金融支持——以四川省为例》,《经济与管理》2009年第3期。

129. 杨骏:《我国农村金融的覆盖面和可持续——一个系统性回顾和评价》,《金融与经济》2007年第2期。

130. 杨开太:《论亚当·斯密对中国的研究》,《经济问题探索》2004年第11期。

131. 杨伟坤:《河北省扶贫攻坚示范区金融减贫路径与创新研究》,中国农业出版社2015年版。

133. 禹钟华:《经济及经济学内涵辨析》,《社会科学辑刊》2006年第9期。

134. 朱乾宇、董学军:《少数民族贫困地区农户小额信贷扶贫绩效的实证研究——以湖北省恩施土家族苗族自治州为例》,《中南民族大学学报》2007年第1期。

135. 赵忠世:《银行的金融扶贫模式》,《中国金融》2016年第7期。

136. 张飞霞:《公共政策视角下西部地区农村金融反贫困问题研》,重庆大学硕士学位论文2014年。

137. 张玉卿:《和谐社会背景下的企业社会责任研究》,天津大学硕士学位论文2009年。

138. 张廷武:《农村扶贫开发的反思与对策》,《前沿》2003年第10期。

139. 周静茹:《六盘山回族地区反贫困研究》,兰州大学硕士学位论文2014年。

140. 左良平:《贫困农户信贷权及其实现的经济法分析》,《政治与法律》2010年第11期。

141. 周琛:《创新金融扶贫方式,着力提高精准扶贫成效》,《金融时报》2016年3月24日。

142. 郑长德:《中国的金融中介发展,收入分配和贫困减缓关系的实证研究》,《西部商学评论》2008年第4期。

143. 郑淞:《我国钢铁企业社会责任对账务绩效的影响研究》,河北经贸大学硕士学位论文2012年。

144. 朱仁友、高淑洁:《房地产企业履行社会责任存在的问题及对策》,《广西大学学报(哲学社会科学版)》2010年第12期。

145. 钟欣:《农发行全力以赴打好交通扶贫攻坚战》,《农民日报》2016年4月13日。

146. 曾小懿:《我国金融发展的反贫困效应研究》,《西南财经大学学报》2016年第3期。

147. 国家统计局:《中国农村贫困监测报告》,中国统计出版社2015年版。

二、英文参考文献

1. Aghion, Philippe and Bolton, Patrick, " A Trickle-Down Theory of Growth and Development with Debt-overhang", *Review of Economic Studies*, Vol.64, 1997, pp.151−172.

2. Anis Chowdhury, "Microfinance as a Poverty Reduction Tool—A Critical Assessment",

DESA Working Paper, No.89, 2009.

3. B.Seebohm Rowntree, *Poverty*, *A Study of Town Life*, London, Macmillan and Co, 1901.

4. Beveridge William, *Social Insurance and Allied Services*, British Library, BL. Retrieved, July 2014.

5. Beck, Thorsten & Demirguc-Kunt, Asli & Levine, Ross, "Finance, Inequality and Poverty: Cross-country Evidence", *World Bank Policy Research*, *Working*, Vol.3238, 2004, pp. 21-28.

6. Berhane. Gardebroek, "Does Microfrnance Reduce Rural Poverty? Evidence based on Household Panel Data from Northern Ethiopia", *International Association of Agricultural Economists Conference*, 2009, pp.16-22.

7. Clarke, Daniel, Stefan Dercon, "Insurance, Credit, and Safety Nets for the Poor in World of Risk", *DESA Working Paper* No.81, 2009.

8. Dichter, T. W, "Questioning the Future of NGOs in Microfinance', *Journal of International Development*, Vol.8, No.2, 1997, pp.259-270.

9. Department for International Development, "The Importance of Financial Sector Development for Growth and Poverty Reduction", Policy Division Working Paper, No.30, 2004.

10. Dollar Dand Kraay A, "Growth is good for the Poor", *Journal of Economic Growth*, No. 7, 2002, pp.195-225.

11. Ficawoyi Donou-Adonsou and Kevin Sylwester, "Financial Development and Poverty Reduction in Developing Countries: New Evidence from Banks and Microfinance Institutions", *Review of Development Finance*, Vol 6, No.1, June 2016, pp.82-90.

12. Frank C, "Stemming the Tide of Mission Drift: Microfinance Transformations and the Double Bottom Line" (*Stichting to Promote Women's World Banking Focus Note* 2008), http://www. swwb. org/publications/stemming-tide-mission-drift-microfinance-transformations-and-double-bottom-line.

13. Greenwood J. and Jocanovic B, "Financial Development, Growth and Distribution of Income", *Journal of Political Economy*, Vol.98, No.5, 1990, pp.1076-1107.

14. Galor and Zeira, "Income Distribution and Macroeconomics", *The Review of Economic Studies*, No.60, 1993, pp.35-52.

15. Jalilian.H.Colin K, "Does Financial Development Contribute to Poverty Reduction?", *The Journal of Development Studies*, Vol 41, No.4, 2005, pp.636-655.

16. Joseph Stiglitz, Andrew Weiss, "Credit Rationing in Markets with ImperfectInformation", *American Economic Review*, Vol.71, No.3, Jun1981, pp.393-410.

17. Jonathan Morduch, "Analysis of the Effects of Microfinance on Poverty Reduction", *NYU Wagner Working Paper* No.1014, June 2002.

18. Kamal Vatta, "Microfinance and Poverty Alleviation", *Economic and Political Weekly*,

Vol.38,No.5,2003,pp.1-7.

19. Manoel Bittencourt, "Financial Development and Inequality: Brazil 1985 – 1994", *Economic Change and Restructuring*, No.11, 2009, p.432.

20. Nazrul Islam, "Can Microfinance Reduce Economic Insecurity and Poverty? By How Much and How?", *DESA Working Paper* No.82, 2009.

21. Peter Saunders, "Towards a Credible Poverty Framework: From Income Poverty to Deprivations", *The Social Policy Research Centre(SPRC)*, No.131, 2004.

22. Robin Burgess and Robin Pande, "Do Rural Banks Matter? Evidence from the Indian Social Banking Experiment", *American Economic Review*, Vol.95, No.2, pp.780-795.

23. Raghuram G. Rajan, *Saving Capitalism from the Capitalists: Unleashing the Power of Financial Markets to Creat Wealth and Spread Opportunnity*, New York: Princeton University Press, 2004.

24. Robert A. Nisbet&Robert K Merton, *Contemporary Social Problems.* NewYork: Harcourt. Brace and World.Inc, pp.621-623.

25. S.Claessens and E.Feyen, *Financial Sector Development and the Millennium Development Goals*, World Bank Publications, 2006.

26. Sylviane Guillaumont Jeanneney; Kangni R Kpodar, "Financial Development and Poverty Reduction: Can There be a Benefit without a Cost?, *The Journal of Development Studies*, Vol.47, No.1, 2011, pp.143-163.

27. Selim Akhter, Yiyang Liu, Kevin Daly, "Cross Country Evidence on the Linkages between Financial Development and Poverty", *International Journal of Business and Management*, Vol.5, No.1, 2009, pp.3-19.

28. World Bank, *World Development Report 2000/2001: Attacking Poverty*, New York: Oxford University Press, 2001.

后　　记

　　历时两年零四个月,我的第一本学术专著终于完稿。本书是在我博士论文的基础上修改完善而成。两年多来,我边工作边上课,多是利用周六、周日或周一到周五晚上的时间来进行写作。在动笔之前,本人通过中国知网、互联网、报纸查阅搜集了多篇有关金融扶贫的政策文件和文献,阅读了多本相关专著,为本书的创作奠定了坚实的文献基础。在书稿创作的两年多时间里,我先后赴中国农业银行总行、中国金融教育发展基金会、河北省信用联社唐山办事处、保定市金融办、阜平县扶贫办、阜平县金融办、涞水县下明峪村等地进行实地调研,参加了多个关于扶贫开发、普惠金融的学术会议,使我对金融扶贫从碎片化的认知逐渐深入到系统化的把握,书稿框架结构、章节安排、数据获取、实证模型等关键节点在脑海里逐渐清晰,如今书稿完成,心中感慨万分,感恩多多!

　　由于本书是在我博士论文的基础上修改完善而成,感谢所有对我论文写作和书稿完善期间给予我帮助、支持的老师、同事、家人和朋友。

　　感谢导师张义珍教授。张老师平易近人、谦逊包容,在繁忙的政务中抽出宝贵时间,以高的视角站位和严谨的治学态度,通过面对面、电子邮件等方式,指导我确定选题、助力我开题、帮助我搭建研究框架,有针对性地提出了写作过程中应该注意的问题,逐字逐句帮我修改文中不规范用语和措辞,并提出书稿进一步优化的思路。总之在整个书稿写作期间,无论是书稿宏观结构的搭建还是微观细节的处理,张老师给我提供了全程、全面、及时的指导和帮助。张老师为人做事的格局与情怀,深深感染着我,让我永远敬仰!

感谢导师许月明教授。许老师性格柔和、工作严谨,经常鼓励我、肯定我,并第一时间将相关政策文件、学术研究前沿理论等传递给我。同时许老师将多年的研究经验和方法都毫无保留地传授给我,不断强化和训练我的学术思维。特别是在书稿写作期间,有幸跟随许老师多次赴基层调研,参与了阜平、望都、易县、涞水等国家级贫困县的扶贫开发规划编制工作,使我有机会获得大量数据和珍贵的第一手资料。跟随许老师基层调研的经历,极大地开阔了写作思路,让书稿的创作更加接地气。许老师长者和学者的风范,始终鞭策着我,让我永远难忘!

感谢王建忠教授、赵邦宏教授、赵慧峰教授、路建教授、梁山教授、王健教授、孙文生教授、张润清教授、王双进教授、国万忠教授、侯雁宾教授等专业课程和基础课程老师,同各位老师的交流请教,使我在写作过程中受益匪浅,收获颇多。

感谢单位领导杨兆廷校长、校办秦菊香主任、图书馆刘雁馆长给予我的关心和支持。感谢师姐杨伟坤教授、杨蕾博士给予的无私指导,感谢我的同事王健、魏洪福、方守林、司秋利和史玲燕老师的鼎力相助。

感谢父母、妻子和儿子,无论是工作上还是生活中都给我最大的支持和分担,使我能够全身心、毫无后顾之忧地投入到工作和本书的写作中去。

学术创作是人生中重要而又艰辛的一段经历,也是对我从事学术研究的决心、意志、行动的考验和磨炼,更是学术思维的系统训练。一段的结束意味着新一段的开始,我会将在本书创作过程中形成的学术情怀和思维,运用到今后的工作和科研中,潜心学术研究,多出更高水平的科研成果。

　　本书如有不妥之处,还请各位专家学者批评指正,期待与关心关注金融扶贫的各界人士交流探讨,共同为我国的扶贫事业贡献力量。

王　宁

2017 年 8 月 30 日于河北金融学院

策划编辑：郑海燕
封面设计：孙文君
责任校对：吕　飞

图书在版编目（CIP）数据

金融扶贫理论与实践创新研究/王宁　著．—北京：人民出版社，2018.3
ISBN 978－7－01－018840－9

Ⅰ．①金…　Ⅱ．①王…　Ⅲ．①金融-扶贫-研究-中国　Ⅳ．①F832.3

中国版本图书馆 CIP 数据核字（2018）第 007107 号

金融扶贫理论与实践创新研究
JINRONG FUPIN LILUN YU SHIJIAN CHUANGXIN YANJIU

王　宁　著

人民出版社 出版发行
（100706　北京市东城区隆福寺街 99 号）

北京中科印刷有限公司印刷　新华书店经销

2018 年 3 月第 1 版　2018 年 3 月北京第 1 次印刷
开本：710 毫米×1000 毫米 1/16　印张：18.5
字数：240 千字

ISBN 978－7－01－018840－9　定价：66.00 元

邮购地址　100706　北京市东城区隆福寺街 99 号
人民东方图书销售中心　电话（010）65250042　65289539